dtv

premium

Michel Baeriswyl

Chillout

Wege in eine neue Zeitkultur

Deutscher Taschenbuch Verlag

Originalausgabe
August 2000

www.dtv.de

Umschlagkonzept: Balk & Brumshagen
Umschlagbild: Ausschnitt aus dem Gemälde
›La persistance de la mémoire‹ (1931)
von Salvador Dali (© VG Bild-Kunst, Bonn 1999)
Satz und Gestaltung: Offizin Wissenbach, Höchberg bei Würzburg
Gesetzt aus der Monotype Walbaum und der Gill Sans
Druck und Bindung: Kösel, Kempten
Gedruckt auf säurefreiem, chlorfrei gebleichtem Papier
Printed in Germany · ISBN 3-423-24208-6

Chillout (engl.) to chill: (ab)kühlen. 1. Zeit nach einem Rave, um sich auszuruhen und abzukühlen; 2. Ausklingen der Drogenwirkung; 3. Synonym für Ambient; 4. Pause nach den Exerzitien.

Inhalt

Wir leben in einer Welt, die zu
erkunden wir noch nicht gelernt haben.
Wir müssen neu lernen,
den Raum *und die Zeit* zu denken.
Frei nach Marc Augé[1]

Prolog: Jenseits von Beschleunigung und Verlangsamung

Bis ins 18. Jahrhundert beruhte das abendländische Ordnungsgefüge des Wissens auf den Grundsätzen der Bestandserhaltung, der Einordnung und der Bewahrung der Tradition. Die Menschen waren geprägt vom Glauben an eine von Gott geschaffene Ordnung und von der Bereitschaft, sich in sie einzugliedern. Die Sonne ging wie eh und je morgens auf und abends wieder unter. Doch am Horizont zeichneten sich bereits die Umrisse einer neuen Zeit ab.

Das grelle Licht der Aufklärung, von Kant beschrieben als »Ausgang des Menschen aus seiner selbstverschuldeten Unmündigkeit«[2], fiel auf alles, was bis dahin im Schutz von Routine und Fraglosigkeit verblieben war, und zerschnitt mit der Klinge der Reflexion den langen Schlaf des okzidentalen Mittelalters. »Wo der Glaube tausend Jahre gesessen hat, eben da sitzt jetzt der Zweifel«, schrieb Bertolt Brecht.[3] Als Revolte gegen das bis dahin Selbstverständliche entfesselte sie im Verbund mit der Technik eine Dynamik, die die Menschen aus ihren unzähligen kleinen Welten mit überschaubaren Horizonten, aus ihren Dörfern und Kleinstädten mit in sich geschlossenen Sozialstrukturen, Existenzformen und Zeitordnungen herausriss. Die Welt ging in Selbstverwaltung über und einer offenen, strahlenden Zukunft entgegen.

Diese neue Zeit äußerte sich *auch* in einem neuen Verhältnis zur Zeit, in einem neuen Zeitbewusstsein. Vergangenheit, zuvor ein

Hort der Sicherheit und Geborgenheit, wurde zunehmend als Beengung erlebt, verkam zum Alten, zum Veralteten, zum Antiquierten, das es hinter sich zu lassen galt. Zeit wollte nicht mehr nur ertragen, erlitten, erlebt und erhofft, sondern auch gemacht, gestaltet und kontrolliert werden. Zukunft, mit religiösen Heilslehren und schicksalshafter Bestimmung besetzt, wurde mehr und mehr mit Handeln verknüpft und erlebte als offener Horizont, als Möglichkeitsraum, als Projektionsfläche eine beispiellose Aufwertung. Die Gegenwart aber, dieser einzige »Ort« der Zeit, schrumpfte zu einem transitorischen Augenblick, verkam zur Durchgangsstation, zur Zwischenphase in einem dynamischen, vorwärts treibenden und sich allmählich beschleunigenden Entwicklungsprozess. Die abendländische Welt bog in die Fortschrittsgerade ein und beschleunigte ihren Schritt.

Diese neue Zeit charakterisierte der Philosoph Peter Sloterdijk als »ein gigantisches Mobilmachungsunternehmen, als ein Produkt aus Unbewusstheit plus Höchstgeschwindigkeit«.[4] Der Geschwindigkeitstheoretiker Paul Virilio will gar die ganze Menschheitsgeschichte als Beschleunigungsprozess verstanden wissen. Ein Prozess, der sich heute, im Zeitalter globaler Telekommunikation, der Lichtgeschwindigkeit nähern soll.[5] Und der Soziologe Peter Gross erkannte als deren Kennzeichen einen »tief in die modernen Gesellschaften eingemeißelten und ins Herz des modernen Menschen implantierten Willen zur Steigerung, zum Vorwärts, zum Mehr«.[6]

Der Götze dieser kollektiven wie individuellen Mobilmachung hieß Fortschritt. Symptome dieses Willens zum Fort-Schritt lassen sich gemäß Gross überall verorten: als ein Mehr an Wissen und an Bildung, an Handel und an Markt, an Mobilität und an Freiheit, an Zeit und an Geld, an Gütern und an Wohlstand, an Gleichheit und an Gerechtigkeit; als ein Mehr an Intensität und an Genuss, an Selbstfindung und an Muße, an Glück und an Erfüllung – aber vor allem als ein Mehr an Technik und Maschinen.

Erst mit den Maschinen wurden Geschwindigkeit und Beschleunigung zur alles überschattenden Erfahrung der Modernisierung, zur Initialzündung einer globalen Mobilmachung, in der Beschleunigung zu einer »kollektiven Obsession«,[7] einer modernen Form der Besessenheit mutierte.

Die unheilige Allianz von Aufklärung und Technik katapultierte die abendländische Gesellschaft in eine Flugbahn, welche die Schallmauern von Zeit und Raum durchbrechen sollte. Immer fernere Räume wurden erobert, erschlossen und überwunden und immer weniger Zeit wurde dabei benötigt: »Welche Veränderungen müssen jetzt eintreten in unsrer Anschauungsweise und in unseren Vorstellungen«, schrieb Heinrich Heine 1843 beim Anblick einer mit 30 bis 40 Kilometern pro Stunde vorbeidonnernden Eisenbahn, »sogar die Elementarbegriffe von Zeit und Raum sind schwankend geworden. Durch die Eisenbahn wird der Raum getötet, und es bleibt uns nur noch die Zeit übrig.«[8]

Was den Raum betrifft, behielt Heine Recht. Die trennende Macht des Raumes ist heute weitgehend aufgehoben. Gebirge und Täler, Flüsse, Seen und Meere, die einst die Landschaft zerteilten, stellen kaum noch Hindernisse dar. Selbst Entfernungen zählen kaum noch. Die Orte haben ihr Hier, das bestimmt war von den Zwischen-Räumen und ihrer gegenseitigen Isolation, verloren. Doch bezüglich der Zeit irrte er: Auch die Zeit kam unter die Räder. Vernichtung von Raum *und* Zeit lautete folgerichtig der Topos, mit dem das frühe 19. Jahrhundert die Wirkung der Eisenbahn beschrieb.

Solange die Orte voneinander isoliert waren, hatten sie ihre lokale, von den spezifischen Verhältnissen geprägte und vom Stand der Sonne abhängige Eigenzeit. Diese buntscheckige Zeit störte so lange nicht, als Handel und Verkehr zwischen den Ortschaften so langsam vor sich gingen, dass die zeitliche Verschiebung darin gleichsam versickerte. Doch mit der zeitlichen Verkürzung der Strecken rückten die Orte nicht nur räumlich, sondern auch zeitlich zueinander, was die Einführung eines überregionalen, einheitlichen Zeitmaßes erforderlich machte. Diesen zeitlichen Standardisierungsprozess ermöglichte die mechanische Uhr. Nicht die Dampfmaschine, sondern die mechanische Uhr sei die Schlüsselmaschine des modernen Industriezeitalters, schrieb der Historiker Lewis Mumford treffend.[9]

Im 13. Jahrhundert vermutlich in Oberitalien erfunden, verbreitete sich die mechanische Uhr entlang der Handelswege vorerst über ganz Europa – und dann über die ganze Welt. Gab es noch 1860 in den USA etwa 300 verschiedene Lokalzeiten, trat 1882 für die Eisenbahn die Vier-Zonen-Zeit in Kraft. In Deutschland existierten noch 1893 zehn verschiedene Zeitrechnungen. Allein am Bodensee gab es die Karlsruher Zeit in Konstanz, die Stuttgarter Zeit in Friedrichshafen, die Münchner Zeit in Lindau, die Prager Zeit in Bregenz und die Berner Zeit in Rorschach und Romanshorn.[10]

1894 aber, also vor erst rund hundert Jahren, wurde diese Zeitvielfalt mit der Einteilung der Welt in 24 Zeitzonen vereinheitlicht. Die ungezählten Eigenzeiten wurden abgelöst von der Weltzeit des »zeitkompakten Globus«.[11]

Doch dabei sollte es nicht bleiben. Am 23. Oktober 1998 trat Nicolas Hayek jr., Direktionspräsident des »Swatch«-Imperiums, werbewirksam vor die mediale Weltöffentlichkeit und verkündete den Beginn einer neuen universalen Zeitordnung: den virtuellen Beat, den Taktschlag der Globalisierung. Der Tag zähle nun, so Hayek, im Himmel wie auf Erden, von Washington bis Wladiwostok, tausend Beat, ein jeder genau 1 Minute und 26,4 Sekunden lang. Und er beginne schlag Mitternacht in Biel (CH), dem Greenwich der Internet-Zeit. Was von den Cyberspace-Freaks beklagt wurde, dass in der Mitte des globalen Dorfes ein Kirchturm fehle, gilt seither nicht mehr. Die Welt kennt bloss noch einen Takt, und dessen Schlagzahl bestimmt die Wirtschaft.

Unter Druck geriet die Zeit aber auch in der Lebenswelt. Zeit, einst eine Emanation Gottes, ein »göttliches Gut«,[12] wurde durch die neue abstrakte, quantifizierbare und kontrollierbare Zeit der Uhr zu einem unheiligen Maß, mit dem die Arbeit berechnet wurde, und als Äquivalent von Geld zur knappen Ressource im Kampf um Produktivität und Effizienz. Zeit galt es daher genauestens zu kontrollieren, minutiös zu bewirtschaften und effizient einzusetzen.

Dieser bis heute als rationell und rational sich verstehende Umgang mit Zeit blieb jedoch nicht auf die ökonomische Sphäre beschränkt, sondern bildete auch den Kern des Zeitmusters der protestantischen Ethik, in der der Soziologe Max Weber[13] die Anforderungen des Industriekapitalismus mit der Lebensführung des Einzelnen verschränkt sah. Eine Ethik, die von Benjamin Franklin auf die berühmte Formel »Zeit ist Geld« gebracht und folgendermaßen beschrieben wurde: »Bedenke, dass Zeit Geld ist; wer täglich zehn Schilling durch seine Arbeit erwerben könnte und den halben Tag spazieren geht, oder auf seinem Zimmer faulenzt, der darf, auch wenn er nur sechs Pence für sein Vergnügen ausgibt, nicht dies allein berechnen, er hat nebendem noch fünf Schillinge ausgegeben oder vielmehr weggeworfen.«[14]

Zeitvergeudung galt daher als erste und prinzipiell schwerste aller Sünden. Doch nicht durch äußeren Zwang, sondern aus eigenem, verinnerlichtem Antrieb sollte der Mensch seine Pflicht erfüllen. Fremdzwang schlug in Selbstzwang um, Herrschaft ging in Selbstbeherrschung über und aus der Zeit wurde ein Zeitkorsett. Nichts Müßiges, nichts Überflüssiges sollte mehr zugelassen werden und der Alltag gänzlich von Nützlichkeitsmaximen beherrscht sein. »Was immer Dauer erfordert, dauert zu lang. Was immer Zeit beansprucht, beansprucht zu viel Zeit. Das Faktum, dass Handlungen Zeit kosten, gilt heute als Vergeudung«, kritisierte der Philosoph Günter Anders dieses Zeitbewusstsein.[15]

Da die Zeit jeder Handlung prinzipiell unterboten werden kann, wurde bis hinunter zu den ganz alltäglichen Gegenständen, der täglichen Besorgungen und der Küchengeräte alles schneller. Selbst die Dinge begannen die Sprache der Geschwindigkeit zu reden, wurden windschnittiger, aerodynamischer und stromlinienförmiger: Das Tempo rutschte förmlich in sie hinein.[16] Geschwindigkeit wurde zu einem Gütekriterium[17], und alles, womit sich Zeit sparen ließ, bekam »religiösen Glanz«.[18]

Zeitökonomie, Effizienzdenken und Nutzen maximierendes Verhalten wurden so zur Umgangsform mit Zeit in allen gesellschaftlichen Lebensbereichen bis hinein in die Mikroökonomie der Gefühle. Und alles, was sich nicht der ökonomischen Vernunft, dem unerbittlichen Diktat der Uhr und ihrer beider Maß an Berechenbarkeit, Kontrolle, Nützlichkeit und Rentabilität unterwarf, galt als verdächtig. Riten, Feste und Feiern wurden geschleift, Zwischenzeiten und Pausen zu unrentablen Zeiten erklärt, denen der Kampf angesagt werden muss. Selbst die Nacht wurde von diesem Säkularisierungsprozess erfasst und im Verbund von Elektrifizierung und künstlicher Beleuchtung zum helllichten Tag.

Die »Kolonisierung der Nacht«[19] war gleichsam die Geburtsstunde der »Nonstop-Gesellschaft«.[20] »Alles – zu jeder Zeit – überall – und sofort« wurde zur Losung einer Rund-um-die-Uhr-Gesellschaft, in der Raum und Zeit kaum noch zählen, letztendlich jedoch eine Menge kosten. Denn durch Automatisierung, Tag- und Nachtarbeit, Computer und schnelle, weltumspannende Verkehrs- und Kommunikationssysteme hat sich der Mensch in die Tretmühle eines 24-Stunden-Taktes begeben, die ihn überfordert.

So offenbart der Sturmlauf nach vorne, der Fort-Schritt als Sturz in den Schritt retrospektiv einen gewaltigen »Mangel an Getragenheit« (Sloterdijk).[21] In jüngster Zeit gleicht er gar mehr einem Vorwärtsfallen denn dem aufrechten Gang, ohne dass der Griff zur Notbremse im Zuge des Fortschritts gezogen werden könnte. Den Ratschlag der Soziologin Helga Nowotny, dass »zu jeder anständig konstruierten Maschine eine gut funktionierende Bremsvorrichtung gehört«,[22] haben die Ingenieure der Moderne nicht befolgt. Ungebremst aber führen die Geschwindigkeitsexzesse der »Dromokratien«, wie Virilio sie nennt, in eine ökonomische, ökologische, politische, soziale und psychologische Sackgasse.

Die »Entdeckung der Langsamkeit«[23] und der vielstimmige Ruf nach Entschleunigung erscheinen daher durchaus folgerichtig. So beklagen sich gemäß Umfragen vier von fünf Deutschen darüber, dass sich alles viel zu rasch verändere und sie es gerne etwas gemächlicher hätten.[24] Selbst in der Schweiz, wo bekanntlich seit je alles ein bisschen langsamer verläuft, kann ein verbreitetes Bedürfnis nach Verlangsamung festgestellt werden. Auch der Zulauf zu den »Slobbies«, den »slower but better working people«, sowie zum Verein »Tempus«, dessen erklärtes Ziel die »*aktive* Verzögerung der

Zeit« ist und dessen Mitglieder sich regelmäßig an Seminaren zwecks Austauschs von Erfolgsrezepten im Umgang mit Langsamkeit treffen, bestätigt diesen Trend. »Legen Sie hundert Meter in einer halben Stunde zurück«, soll eines ihrer sportlichen Rezepte lauten.[25]

Doch warum nicht rein gar nichts tun? Einer Katze gleich sich in die Sonne legen und dösen oder sich wie ein Faultier in die Baumgabeln hängen, schlafen und durch die grünen Wipfel der Bäume des Regenwaldes gen Himmel blinzeln? Kompensiert nicht gerade dieser Langsamkeitsaktivismus, diese Hyperaktivität im Zeichen hedonistischer Selbstentfaltung, diese permanente und penetrante Selbstmobilisierung jenen Mangel an Getragenheit, der schon den Fort-Schritt als Sturz in den Schritt in Bewegung setzte? Können wir wirklich nur selbstständig werden, indem wir den aufrechten Gang pervertieren zum Sturmlauf nach vorne?

Das Prinzip Langsamkeit bremst nicht den Tempowahn, sondern mildert als esoterischer Airbag bestenfalls den Aufschlag. Aber während die einen sich ekstatischen Langsamkeitswonnen hingeben, im Entschleunigungsrausch delirieren oder sich in der Kunst verzögerter Orgasmen üben, bleiben die wirklich Langsamen, die Kinder und die Alten, die Behinderten und die Kranken, die Mühseligen und die Beladenen weiterhin behindert, unbeweglich und ausgegrenzt draußen vor der Tür, geht der Raubbau an Regenwäldern, Wiesen, Böden und Ackerflächen in unvermindertem Tempo weiter, beschleunigt sich das Artensterben und steigen die Emissionen, der Ressourcen- und Naturverbrauch weiter an.

Es reicht somit nicht aus, wie Martin Held, einer der Initianten des Tutzinger Projektes einer »Ökologie der Zeit«, betont, »so naheliegend dies als erster Schritt erscheinen mag, in Umkehrung der Devise ›Schneller ist besser‹, das ›Lob der Langsamkeit‹ als Gegenmelodie« anzustimmen.[26] Dem Gütekriterium Geschwindigkeit kann nicht das sozialökologisch verträgliche Gütesiegel »Garantiert langsam« entgegengehalten werden. Allzu simpel ist die Gleichung, Geschwindigkeit gleich schlecht und Langsamkeit gleich gut, als dass sie bruchlos aufgehen könnte. Selbst physikalisch ist Verlangsamung bloß die Negation der Beschleunigung: Ein Minuszeichen, und schon wird aus der Beschleunigung die Formel für Verlangsamung.

So macht es beispielsweise wenig Sinn, bezüglich des ökologischen Umbaus der Industriegesellschaften einer Verlangsamung das Wort zu reden. Auch die Gleichstellung der Geschlechter benötigt weniger Weile als vielmehr Eile. Zudem gibt es bereits genügend Gelegenheiten, Erfahrungen mit Langsamkeit zu sammeln. Damit ist jedoch weniger die Tatsache gemeint, dass selbst die Erdrotation sich verlangsamt und die Tage um 1,6 Tausendstelsekunden pro Jahrhundert länger werden, als vielmehr die alltägliche Erfahrung, dass die durchschnittliche Fortbewegungsgeschwindigkeit im städtischen Nahverkehr sinkt, die Staus zu den Hauptreisezeiten sich vergrößern, die Warteschlangen an den Kassen der Supermärkte sich verlängern, die Geschwindigkeit der Postzustellung zumindest stagniert und selbst im Internet in den Hauptverkehrszeiten mit Wartezeiten zu rechnen ist.

Strategien der Verlangsamung gehören zudem längst zum Inventar der Moderne und werden in vielen Bereichen mit mehr oder weniger großem Aufwand mehr oder weniger erfolgreich praktiziert. Dabei ist der Kühlschrank wohl das auffälligste, aber längst nicht das einzige Verlangsamungsverfahren. In der Politik gehört die Verzögerungstaktik seit je zu einem probaten Mittel, um mit unliebsamen Forderungen fertig zu werden. Auch die Konservenindustrie oder die Erforschung des Rätsels vom Altern haben ihren Zweck einzig darin, Zerfallsprozesse zu verhindern oder zumindest zu verlangsamen. Und sind nicht auch die immensen Anstrengungen der Kosmetikindustrie und der Schönheitschirurgie ein einziger, vergeblicher Kampf gegen die Zeit? So wird mit immensem Aufwand geliftet, gestrafft und abgesaugt; gesalbt, gepudert und getönt; operiert, transplantiert und geklont; homogenisiert, pasteurisiert und sterilisiert; entrostet, poliert und versiegelt; geräuchert, gepökelt und dehydriert; vakuumisiert, gefriergetrocknet und tiefgekühlt – und dies alles, um die Zeichen der Zeit zu verhindern.

Verlangsamung ist weniger ein Phänomen kompensatorischer Entschleunigung als vielmehr eine weitere Taste auf der Klaviatur der »Multioptionsgesellschaft«, eine weitere Option im Meer der denk- und undenkbaren Möglichkeiten und Unmöglichkeiten und perpetuiert damit jene Mobilmachung, die sie entmobilisieren, jenen Fortschritt, den sie unterschreiten, jene Aufrüstung, die sie abrüsten, jene Anspannung, die sie entspannen, und jene Beschleunigung, die sie verlangsamen will. Kurzum: Verlangsamung ist bloß die leisere Stimme jenes gewaltigen Chors, dessen wahre Hymne die Kontrolle der Zeit ist: die willentliche und willkürliche Beschleunigung oder Verlangsamung von »Rhythmen und Eigenzeiten«.[27]

Eine neue, sozialökologische Zeitkultur besteht nicht im simplen Reflex eines machtvollen Griffs zur Bremse als vielmehr in der Suche nach kulturellen Zeitmaßen, die sich mit den Rhythmen und Eigenzeiten der inneren und äußeren Natur des Menschen vertragen. Auf Dauer kann Leben nur gelingen, wenn wir den Dingen ihre Zeit lassen und sie nicht unter das Diktat unserer kurzfristigen, zumeist ökonomisch motivierten Nutzungsinteressen und der von ihnen geprägten Zeitmaße stellen. Dies aber kommt einer Revision der Aufklärung gleich. Einer Aufklärung der Aufklärung, an deren Wurzel nicht mehr der Wille zur Herrschaft über die Natur steht, sondern die Bereitschaft, ihre Eigendynamik zuzulassen und sich auf eine diffizile Abstimmung zwischen der menschlichen und der natürlichen Dynamik einzulassen.

Eine Aufklärung, die gemäß dem Theologen und Biologen Günter Altner einem »neuen Vertragsverhältnis zwischen den Dingen und dem Menschen entspricht«.[28] Ein Vertragsverhältnis, das nicht mehr auf den Begriffen der Emanzipation und der Autonomie fußt, sondern auf den Begriffen der Einbettung, der Grenze und des Maßes. »Heute haben wir zu lernen«, schrieb der Religionsphilosoph Georg Picht, »dass die Befreiung aus einer bestimmten Ordnung der Maßverhältnisse uns nicht von dem Gesetz entbindet, dass Leben nur in Maßen möglich ist. Es lässt sich lernen, dass das menschliche Leben an die Einhaltung von Maßverhältnissen gebunden ist, die menschlicher

Verfügungsgewalt entzogen sind und von den Menschen selbst nicht gesetzt werden können. Die Erhaltung der Menschen hängt dann davon ab, ob sie fähig sind, die ihnen unverfügbaren Maßverhältnisse der Natur zu erkennen und sich in sie zu schicken.«[29]

Wenn also die gegenwärtige ökologische und soziale Krise in der Vernachlässigung der zentralen Bedeutung der Zeitdimension eine ihrer Wurzeln hat, kann erst die systematische Einbeziehung dieser Dimension uns einen wichtigen Schritt voranbringen, dieser Krise zu begegnen.[30] Entsprechend weit reichend ist die Aufgabe einer neuen Zeitkultur. Es gilt, den Zeitskalen ökologischer, sozialer und psychischer Systeme nachzuspüren, um eingebettete Zeitmaße für menschliches Handeln zu finden. Und es gilt, gesellschaftliche Rhythmen des Wechsels von Aktivität und Ruhe und Formen des Wirtschaftens zu erhalten beziehungsweise zu suchen, die zeitlich angepasst sind an die Rhythmen und Eigenzeiten anderer Systeme.

»Alles Tun der Menschen hat seine Zeit.«[31] Diese Erkenntnis des Predigers Salomo ist somit nicht veraltet, sondern erlangt für eine neue Zeitkultur geradezu erkenntnis- und handlungsleitenden Charakter. Zur Bestimmung der richtigen Zeitmaße hilft jedoch weder der Blick auf die Uhr noch auf den Kalender. Zwar symbolisiert die mechanische Zeit der Uhr das Zeitbewusstsein des modernen Menschen in jeder Beziehung. Ja, zeitgemäßes Leben ist ohne präzise Regelung der Zeit unvorstellbar. Der Lebensalltag der meisten Menschen wird weitgehend durch Uhr- und Kalenderzeiten strukturiert. Doch sowenig das Metermaß identisch ist mit dem Raum, sowenig entspricht die Uhrzeit der Zeitlichkeit der Welt! Zeit ist weder neutral noch ein äußerer, unabhängiger Parameter, vielmehr ist alles Seiende gezeitet. Auch wir Menschen – durch und durch.

Ein neuer Umgang mit Zeit besteht also darin, Zeit nicht bloß kontrollieren zu wollen und dabei die abstrakte Zeit der Uhr als Maß zu nehmen, sondern die Aufmerksamkeit wieder auf die Zeitlichkeit der Welt selbst zu richten. Wir müssen die Wahrnehmung für die Qualität der Zeit und die Vielfalt der zeitlichen Phänomene im Alltag schärfen, um eine neue, sozialökologische Zeitkultur zu schaffen, die sich an den Rhythmen und Eigenzeiten des Lebens orientiert.

Jeden Morgen wacht in Afrika eine Gazelle auf.
Sie weiß, dass sie schneller rennen muss als die
schnellste Löwin, sonst wird sie getötet.
Und jeden Morgen wacht in Afrika eine Löwin auf.
Sie weiß, dass sie schneller rennen muss als die
langsamste Gazelle, sonst verhungert sie.
Egal, ob man eine Gazelle oder eine Löwin ist:
Wenn die Sonne aufgeht, muss man rennen.
Afrikanische Weisheit[1]

I. Der Traum von der Herrschaft über die Zeit gebiert Ungeheuer

Seit je hat Mensch versucht, die Zeit zu beherrschen. Vor 60 000 Jahren begann er seine Toten rituell zu bestatten und mit Grabbeigaben für die ewigen Jagdgründe zu rüsten. Als Jäger und Sammler begann er Vorratslager anzulegen, um die Unwägbarkeiten des jahreszeitlichen Nahrungsangebotes zu mildern. Und während Schamanen noch über die Zukunft und Medizinmänner über Krankheitsverläufe orakelten, waren bereits vor 35 000 Jahren erste Mondkalender in Gebrauch, die die Wiederkehr von Himmelsphänomenen präzise bestimmten.

Vor 17 000 Jahren begann Mensch pflanzliche Nahrungsmittel zu kultivieren und Tiere zu domestizieren, um seine Abhängigkeit vom jahreszeitlichen Angebot mit seinen saisonalen Schwankungen weiter zu minimieren. Mit Opfergaben, religiösen Zeremonien und dem Bau von Tempeln und Pyramiden versuchte er die Götter für Aussaat und Ernte günstig zu stimmen. In Mythos, Religion und Kunst machte er sich Gedanken über Anfang und Ende der Welt. Und selbst heute versucht er mittels Horoskopen oder wissenschaftlicher Prognosen Schneisen ins Dickicht der Zukunft zu schlagen sowie mittels Geschichtsforschung und Museen die Vergangenheit durchsichtig zu halten.

Aber wo noch vor wenigen Jahrhunderten Zeit und Zukunft in den Händen weniger Götter lagen, werden sie heute »als Herausforderung zur menschlichen Einflussnahme verstanden«.[2] Zeit will nicht mehr nur erlebt, erlitten und ertragen, Zukunft nicht mehr bloß erwartet, erduldet und erhofft, sondern gestaltet, geplant und programmiert werden. So begann das Projekt der Moderne[3], das sich im Wesentlichen als Emanzipation von den Schranken der organischen Natur vollzog, in einem evolutionsgeschichtlich unvorstellbar schnellen Tempo alles zu ändern. Fortschritt und Freiheit wurden zu Götzen einer kollektiven Mobilmachung, in der alles machbar schien und Grenzen bloß noch als Einschränkung erlebt wurden.

Doch die unheilige Allianz von Aufklärung, Technik und Ökonomie katapultierte die moderne Gesellschaft zwar in eine Flugbahn, welche die Schallmauern von Raum und Zeit durchbrach, landete aber nicht in der grenzenlosen Freiheit, sondern führte in eine ökonomische, ökologische, politische, soziale und psychologische Sackgasse. Der Versuch, sich von den Rhythmen und Eigenzeiten der Natur unabhängig zu machen, produziert ungewollt neue Abhängigkeiten und neue Unsicherheiten. Jeder Zuwachs an Macht wird mit einem fortschreitenden Zuwachs an Ohnmacht bezahlt.

Zwar ist es menschlicher Initiative und Erfindungsgeist überlassen, wie die Kräfte der Natur kulturell auszuformen sind. Insofern trifft die Rede von der Freiheit zu. Aber diese Freiheit entfaltet sich nicht in einem kräftefreien Raum. Ja, wir sind gar so frei, gegen die Natur handeln zu können, aber wir sind nicht so frei, dies zum Nulltarif tun zu können. Wie es seinen Preis hat, die Beschaffenheit der Landschaft zu ignorieren, hat es seinen Preis, die Rhythmen und Eigenzeiten der Natur zu missachten. Und diesen Preis bestimmt die Natur selbst und niemand sonst.

»Alles – zu jeder Zeit – überall und sofort« – diese Losung der Nonstop-Gesellschaft, in der Raum und Zeit kaum noch zählen, kostet in der Endabrechnung jede Menge. Im Kampf gegen die Zeit gibt es nichts zu gewinnen, aber viel zu verlieren. Der Traum von der Herrschaft über die Zeit gebiert Ungeheuer.

Lost Highways: Die kultischen Dimensionen der totalen Automobilmachung

Seit je war Mensch ein mobiles Wesen. Als Jäger und Sammler durchstreifte Homo habilis die Gegend auf der Suche nach Nahrung. Als Homo erectus verließ er seine Heimat im Herzen Afrikas und erreichte vor 750 000 Jahren den eurasischen Kontinent. Weiterentwickelt zum Homo sapiens sapiens – Reisen ist die Mutter aller Erfahrung! – gelangte er vor 40 000 Jahren zum Inselkontinent Australien, obwohl mindestens 100 Kilometer offenes Meer zu überwinden waren. Und zu Fuß erreichten vor 19 000 Jahren die ersten Emigranten die Neue Welt. Möglich war dies, weil die Beringstraße zwischen Sibirien und Alaska auf dem Höhepunkt der Eiszeit infolge des um 100 Meter tieferen Wasserstandes trocken lag.

Und seit Menschengedenken gehören Macht und Mobilität untrennbar zusammen. Mächtig ist, wer die spezifische Mobilität einer Epoche organisiert – das gilt für die Beherrschung der körperlichen Kraft eines Pferdes ebenso wie für die Herrschaft über die immaterielle Macht des Internets. Macht hat, wer Menschen, Tiere, Geräte, Waren, Waffen, Truppen oder Informationen unter Missachtung aller Hemmnisse, die ihm die Natur entgegenstellt, dahin bewegen kann, wo er sie benötigt. Und ohnmächtig ist, wer von den Mächtigen oder drückender Not gezwungen wird, mobil zu sein.

Über die längste Zeit der Geschichte hatte deshalb Mobilität mit Freiwilligkeit kaum etwas gemein. Und noch heute klingt im militärischen Begriff der Mobilmachung der Zusammenhang von Macht und Mobilität an. Wen also wundert's, wenn die (Auto-)Werbung den Begriff der Mobilmachung nur aufzutrennen und umzukehren braucht, und schon ist aus der militärischen Anordnung, für den Tod bereit zu sein, ein Versprechen geworden, die Freiheit zu erringen: der neue GTI macht mobil![2]

Wo Macht und Mobilität paktieren, gewinnt zumeist der Schnellere. Dennoch blieb bis in die Neuzeit das zeitliche Grundmaß von

Bewegungen an die naturalen Voraussetzungen körperlicher Arbeit oder genutzter Windkraft gebunden. Sei es die Anstrengung eines zu Fuß gehenden Menschen, die Zugkraft eines eine Kutsche ziehenden Pferdes oder die vom Wind geblähten Segel einer Fregatte – das seit der Antike verbindliche Grundmaß zeitlicher Dauer für Bewegungen von Menschen, Waren und Nachrichten behielt seine soziale Gültigkeit. Nähe und Ferne bestimmten sich im Maß einer Tagesreise zu Fuß, zu Pferd oder zu Schiff.

Dies alles begann sich jedoch im Prozess der Modernisierung in einem evolutionsgeschichtlich betrachtet unvorstellbar schnellen Tempo grundlegend zu ändern. Spätestens seit Mitte des 19. Jahrhunderts ist eine ungeheure Mobilisierung der Gesellschaft zu beobachten. Ein Bestreben, räumliche und zeitliche Distanzen immer schneller zu überwinden und in Nah- und Nächstverhältnisse zu überführen. Neue Bewegungsmaschinen lösten die menschlichen Körper aus ihrer Gebundenheit an die natürliche Zeit und den natürlichen Raum und der damit verbundenen Beschränkungen. Und neue Kommunikationstechniken öffneten die natürliche Begrenztheit des menschlichen Wahrnehmungs- und Mitteilungsfeldes und bewirkten einen bis zur Lichtgeschwindigkeit beschleunigten Transport von Information. Verkehrs- und kommunikationstechnisch rückte die Welt räumlich und zeitlich zusammen.

Vernichtung von Raum und Zeit lautete folgerichtig der Topos, mit dem das frühe 19. Jahrhundert die Wirkung der Eisenbahn beschrieb. Benötigte man um 1750 für die Reise von Edinburgh nach London noch rund zehn Tage, konnte die gleiche Strecke bereits 1836 in rund zwei Tagen bewältigt werden.[3] Die Verdreifachung der Geschwindigkeit von rund 15 km/h für die schnellsten Postkutschen auf bis zu 45 km/h für die schnellsten Lokomotiven mag zwar aus heutiger Sicht angesichts des zurzeit gültigen Schienenrekords von 515 km/h durch den TGV Atlantique als läppische Temposteigerung erscheinen, sorgte damals jedoch für eine tief gehende Irritation des Raum-Zeit-Bewusstseins: »Mir ist, als kämen die Berge und Wälder aller Länder auf Paris angerückt. Ich rieche schon den Duft der deutschen Linden; vor meiner Tür brandet die Nordsee«, beschrieb Heinrich Heine 1843 anlässlich der Eröffnung der Eisenbahnlinien von Paris nach Rouen und Orléans die Erfahrung, dass die Weite des Raumes und die topografischen Verhältnisse beim Transport von Menschen, Tieren und Waren immer belangloser wurden.[4]

Doch bis heute werden weder Raum noch Zeit vernichtet, sondern allein Landschaften umgestaltet und Reisezeiten verkürzt. So kann heute eine räumliche Entfernung, für deren Überwindung traditionell eine bestimmte Reisezeit aufzuwenden war, in einem Bruchteil dieser Zeit bewältigt werden. Umgekehrt kann in derselben Zeit ein Mehrfaches der alten räumlichen Entfernung zurückgelegt werden. Entspricht Ersteres verkehrsökonomisch einer Schrumpfung der Zeit, entspricht Letzteres einer Schrumpfung des Raumes. Spezielle Zeitkarten für die Raumplanung zeigen denn auch Verzerrungen der Topografie: Während die verkehrsmäßig gut erschlossenen Zentren Europas näher zusammenrücken, klaffen sie im Osten und Süden immer weiter auseinander.[5]

Angesichts des Einbezugs immer weiterer Räume könnte zwar auch von einer Raumerweiterung gesprochen werden – eine Erweiterung, die heute den ganzen Globus umfasst. Doch ungeachtet dessen, wie man die Dialektik von Raumerweiterung und Raumschrumpfung auflöst, zumindest die Wahrnehmung von Raum und Zeit, die geprägt war von einer organisch in die Natur eingebetteten Verkehrstechnik, wurde verändert. So soll etwa der Indianerhäuptling Sitting Bull, als er per Eisenbahn seinen Amtskollegen im Weißen Haus besuchte, auf die Frage nach seinem Reiseerlebnis sinngemäß geantwortet haben: Es ging zu schnell, meine Seele ist noch nicht angekommen.

Die durch Dampfkraft entstandenen Transportmöglichkeiten waren aber nicht nur schneller, sie zeichneten sich auch durch eine vormals unerreichte Gleichförmigkeit der Bewegung aus. So schrieb etwa der Eisenbahnförderer Thomas Gray im Jahre 1820: »Keine tierische Kraft vermag unserem geschäftlichen Verkehr eine so gleichmäßige und regelmäßige Beschleunigung zu bieten, wie sie mit der Eisenbahn zu erzielen ist.«[6] Während Schiffe früher mit den Wasser-

und Windströmungen trieben oder an die Kraft der Ruderer gebunden waren und Bewegungen zu Lande sich an natürliche Unebenheiten der Landschaft oder die Launen der Zugtiere anpassen mussten, löste sich dieses Verhältnis zwischen Verkehr und Natur mit der Dampfkraft nicht nur auf, sondern verkehrte sich geradezu ins Gegenteil: Mensch, Tier und Landschaft hatten sich jetzt der durch Dampfkraft entwickelten Geschwindigkeit anzupassen: Mittels Aufschüttungen und Einschnitten, Viadukten und Tunnels, Unter- und Überführungen wurde die widerspenstige Landschaft gezähmt.

Was für die Eisenbahn galt, galt auch für den Straßenverkehr. Von dem Zeitpunkt an, wo die Straßenfahrzeuge nicht mehr von Zugpferden gezogen, sondern durch einen Motor automobil wurden, musste deren Fahrbahn ebenso konstruiert werden wie die der Eisenbahn. »Eine vollkommene Straße«, schrieb der Technikhistoriker Dionysius Lardner im Jahre 1851, »muss glatt, eben, hart und gerade sein.«[7] Entsprechend wurden Straßen fortan analog der technischen Prinzipien der Schienenwege konzipiert. Ein Prinzip, dessen verhängnisvollste Konsequenz die Autobahn ist.

In der architektonischen Gleichschaltung völlig unterschiedlicher Verkehrsmittel zeigt sich nämlich ein grundlegendes Unverständnis bezüglich deren spezifischer Funktionen und Möglichkeiten. Die Eigentümlichkeiten der Schiene, die ihrem technischen Konzept gemäß nicht für den Individualverkehr geschaffen ist, wurden anfänglich ebenso wenig erkannt wie heute die Eigentümlichkeit der Straße, deren Sinn ja darin liegen würde, Gebiete individuell zu erschließen, die mit dem kollektiven Verkehrsmittel Eisenbahn nicht erreicht werden können. So wurden einst Schienenwege genutzt wie zuvor Landstraßen. Die zirkulierenden kutschenähnlichen Fahrzeuge wurden für die Dauer der Benutzung der Schiene auf ein Fahrgestell gehoben. Musste wegen Gegenverkehr manövriert werden, wurde auf umständliche Weise eines der beiden Fahrzeuge von den Schienen gehoben, um nach dem Passieren wieder auf die Schiene gestellt zu werden.

Analog werden heute Autobahnen im Sinne von Schienensträngen konzipiert und ermöglichen dergestalt einen kollektiven Individualverkehr bzw. einen individuellen Kollektivverkehr, der mit der Eisenbahn nicht nur besser, billiger und ungefährlicher, sondern auch sparsamer und umweltschonender bewältigt werden könnte. In diesem Nichterkennen, dass eine neue Technik auch eine neue Organisation des Verkehrsablaufs bedingt, wiederholen sich somit heute ähnliche konzeptuelle Fehler wie bei der Einführung der Eisenbahn.

So erreichte die Straße mit ihrer Asphaltierung, Betonierung und Begradigung im 20. Jahrhundert den technischen Stand der Eisenbahn im 19. Jahrhundert. Wo einst Römerstraßen und Saumpfade sich gleichsam an die natürliche Topografie anschmiegten und Bergpfade sich serpentinengleich in die Höhe schlängelten, um den Kraft- und Energieaufwand möglichst gering zu halten, fräsen sich heute mehrspurige Autobahnen geradewegs durch die Landschaft, durchbohren via Tunnels massive Gebirge, zerschneiden mit Brücken idyllische Täler und schlagen rücksichtslos Schneisen durch verwinkelte Gassen.

Die Gerade als kürzeste Verbindung ist zum Konstruktionsideal der Moderne geworden. Als wenig zweckmäßig ist sie in der Natur jedoch kaum anzutreffen. Von einem Dialog zwischen Kultur und Natur ist somit in der heutigen Straßenarchitektur nichts zu sehen. Insofern jedoch Kultur identisch ist mit dem Umweg, mit Verzögerung und Muße, ist Zeitgewinn, Beschleunigung und Direktheit identisch mit Barbarei. Auch die Start- und Landepisten von Flugzeugen, die Gärten von Versailles oder begradigte Flussläufe und kanalisierte Bachbette sind somit weniger Symbole von Zivilisation als vielmehr Menetekel einer Kultur der Direktheit und Zeugnisse zivilisatorischer Rücksichtslosigkeit.

Parallel zur Entwicklung immer schnellerer Fortbewegungsmittel auf der Straße, der Schiene, zu Wasser oder in der Luft verdichteten sich die Verkehrswege und stieg der Landverbrauch. Blühende Wiesen, fruchtbare Äcker, Wälder, Wasserläufe, Moore und Auen wurden den wachsenden Mobilitätsbedürfnissen geopfert. In den USA wurde bis heute die vierfache Fläche der Schweiz für den Privatverkehr zugepflastert. In Deutschland entspricht die dem Verkehr zur Verfügung stehende Fläche mittlerweile derjenigen der Siedlungen. In Städten dienen durchschnittlich ein Drittel der Fläche als Straßen oder Parkplätze. Und mit jedem weiteren Kilometer Autobahn verschwindet eine Fläche von 23 Fußballfeldern unter dem Asphalt.[8]

Mit jeder neuen Verkehrsverbindung steigerte sich zudem das Verkehrsvolumen. Zirkulierten 1950 weltweit 53 Millionen Autos, waren es 1987 bereits 400 Millionen. Dabei rollen die meisten in den hoch industrialisierten Staaten: 16 Prozent der Weltbevölkerung in den USA, Kanada, Westeuropa und Japan benutzen 80 Prozent aller weltweit registrierten Personenwagen. China und Indien, die 38 Prozent der Weltbevölkerung ausmachen, bloß ein halbes Prozent. Entsprechend sind auch die Zahlen für den Zuwachs an Personenkilometern: Legte 1950 ein US-Amerikaner 5000 Kilometer pro Jahr und ein Deutscher 1500 Kilometer zurück, stiegen diese Werte 1985 auf 10 000 bzw. 9000 Kilometer. In China dagegen blieben sie im gleichen Zeitraum praktisch unverändert unter 300 Kilometern – zurückgelegt mit der Bahn oder dem Fahrrad wohl verstanden.

Doch die vormals von der Mobilisierung verschonten Staaten holen gewaltig auf. Gab es bis 1990 in Albanien noch kaum Privatautos, waren es 1997 bereits eine Viertelmillion – fast alles Gebrauchtwagen aus Westeuropa.[9] Auch China rast ins Automobilzeitalter. Bei einer Gesamtbevölkerung von 1,2 Milliarden Menschen verkehren im Reich der Mitte heute erst sieben Millionen Autos. Doch die Chinesen, bekannt als ein Volk von Radfahrern, sollen gemäß einem Pakt ihrer kommunistischen Regierung mit den kapitalistischen Automobilkonzernen auf den Pkw umsteigen.[10]

Die Frage, ob das Kopieren des westlichen Entwicklungsmodells zu einer ökologischen Katastrophe führen könnte, bleibt bei diesem Wettrennen um Milliarden US-Dollar auf der Strecke – notfalls mit Gewalt: Eine chinesische Journalistin, die forderte, dass die chinesische Regierung besser den Gebrauch von Fahrrädern statt von Autos propagieren solle, wurde mit einem Schreibverbot belegt. Wer die Mobilität der Menschen erzwingen kann, hat die Macht. Einmal mehr erweist es sich, dass Mobilität nicht nur mit Freiheit, sondern auch mit Gewalt zu tun hat.

Die Kosten dieses weltweiten Mobilitätswahns sind gewaltig. Für Westeuropa werden die Folgen des Verkehrs pro Jahr auf 450 Mrd. Franken geschätzt.[11] Die von den Verursachern ungedeckten Kosten belaufen sich allein in der Schweiz auf etwa 2 Milliarden Franken. Bezieht man die schwer bezifferbaren Auswirkungen auf Gesundheit und Wohlbefinden, die verminderten Agrarerträge, das Ozonloch, das zerstörte Landschaftsbild, Gebäudeschäden, die Gefährdung von anderen Verkehrsteilnehmern sowie die staubedingten Zeitverluste mit ein, kann gar eine Summe von mindestens 4 Milliarden veranschlagt werden.[12]

Der Mobilitätswahn der Moderne ist aber nicht nur für Mensch und Umwelt eine Katastrophe, sondern schlägt auch auf die Mobilität negativ zurück. Die Freiheit des Fahrens weicht dem Zwang eines »rasenden Stillstands« (Virilio). Die individuelle Beschleunigung schlägt um in eine kollektive Zwangsverlangsamung. In den Städten kommt man zu Fuß, per Inlineskates oder mit dem Fahrrad oft schneller voran als die auf Höchstgeschwindigkeiten von über 200 km/h getrimmten Blechpanzer, die mit durchschnittlich 5 km/h von Ampel zu Ampel schleichen. 1,3 Jahre seines Lebens soll ein Mensch durchschnittlicher Lebenserwartung bereits im Verkehrsstau verbringen, haben deutsche Statistiker berechnet. Die Mobilitätsversprechen der Moderne erweisen sich als Mythos.

Staus allerorten und bald zu jeder Zeit weisen zudem darauf hin, dass die Geschwindigkeit der Verkehrsmittel zusätzlich deren Masse erhöht. Die vom Kulturphilosophen Leopold Kohr so genannte »Velozität«[13] beschreibt den Umstand, dass eine schnellere Menge denselben Effekt hat wie eine größere. So benötigt beispielsweise ein Fußgänger bei 5 km/h gerade mal 0,8 Quadratmeter Bodenfläche. Setzt er sich dagegen aufs Fahrrad und erhöht seine Geschwindigkeit auf 10 km/h, benötigt er bereits 3 Quadratmeter. Bei gleicher Geschwindigkeit im Auto sitzend versechsfacht sich sein Platzbedarf auf über 18 Quadratmeter. Erhöht er jetzt noch die Geschwindigkeit auf 40 km/h, sind es gar 60 Quadratmeter, also etwa 75-mal mehr als ein Fußgänger. Städte mit Populationen von 600 000 Personen blähen sich dergestalt auf eine Größe von bis zu zwei Millionen auf, während das Straßennetz bloß für 100 000 Personen konzipiert ist.

Seit acht Jahrtausenden Wiege der Kultur, der Technik und des Handels, ersticken die Städte heute im Individualverkehr. Doch über die richtigen Strategien zur Reduktion des Privatverkehrs wird noch gestritten. Während die Automobilkonzerne auf kleinere Autos und bessere Technik setzen, hoffen die Ökonomen auf Preissignale und die Verhaltensforscher auf den Wandel in den Köpfen. Allein der Fuß drückt weiter unbeeindruckt aufs Gaspedal. Entsprechend ist es bis heute keiner Regierung gelungen, die Mobilität in den Griff zu bekommen.

Im Gegenteil, dem steigenden Verkehrsvolumen wird nach wie vor mit der Erweiterung des Straßennetzes begegnet. Analog einem Theater, das neben den gewöhnlichen Ausgängen über Notausgänge verfügen muss für den Fall, dass im Publikum Panik ausbricht und es den Saal schneller als mit der üblichen Geschwindigkeit verlassen will, werden durch zusätzliche Straßen »Notausgänge« geschaffen. Doch wer Straßen sät, wird Verkehr ernten. Das wachsende Verkehrsvolumen führt somit nicht trotz, sondern wegen neuer Straßen zu immer größerem Chaos. Denn für jede zusätzliche Straße vergrößert sich die Velozitätspopulation in einem geometrischen Verhältnis.

Allein das Aufheben von Straßen, das Errichten von Mobilitätshindernissen, das Einlegen von Mobilitätspausen sowie drastische Temporeduktionen wären adäquate Kühlverfahren überhitzter Verkehrsmassen. Als Referenzgröße für den innerstädtischen Verkehr könnte dabei, wie bereits 1902 (!) von den beiden Schweizer Automobilverbänden empfohlen wurde, der Trab eines Pferdes dienen, also rund 10 km/h. Für den Verkehr außerorts würde der Galopp verbindlich, also etwa 30 km/h.[14]

Am erfolgversprechendsten wäre jedoch die Verbannung des Autos aus den Städten. Doch wer den Tanz ums goldene Blechkalb als Fetischierung kritisiert, rührt an ein Sakrileg der Moderne. Denn

Autos, so der Philosoph Roland Barthes, »sind heute das genaue Äquivalent der großen gotischen Kathedralen: eine große Schöpfung der Epoche, die mit Leidenschaft von unbekannten Künstlern erdacht wurde und die in ihrem Bild, wenn nicht überhaupt im Gebrauch, von einem ganzen Volk benutzt wird, das sich in ihr ein magisches Objekt zurüstet und aneignet.«[15]

Straßen sind in der automobilen Gesellschaft nicht bloß eine Welt für sich, sondern das Maß aller Dinge. Die gigantischen Autobahnkreuze, die den Raum mit ihrer Ästhetik prägen und formen, erwecken laut Jean Baudrillard gar »den Eindruck einer kollektiven Dramaturgie, ja Liturgie«.[16] Highways sind nicht bloß Transportwege, sondern bilden das Nervensystem der US-amerikanischen Gesellschaft. Im Motel übernachten, morgens ins Auto steigen und losfahren steht sinnbildlich für die US-amerikanische Urszene. Nicht die Geburtsurkunde, sondern der Führerschein ist das eigentliche Dokument der amerikanischen Staatsbürgerschaft:[17] Er ermöglicht den Eintrag ins amerikanische Wahlregister oder wird verlangt bei der Gewährung von Krediten.

Die »kultischen Dimensionen der totalen Automobilmachung« (Jochen Hörisch) sind unübersehbar.[18] Dieser Kult hat seit der Erfindung des Autos weltweit 30 Millionen Unfalltote gefordert. In New York werden jährlich 12 730 Fußgänger angefahren – alle 41 Minuten einer. Für 250 endet die Begegnung tödlich.[19] Argentinien zählt jährlich rund 11 000 Verkehrstote, davon ein Drittel im Inferno von Buenos Aires. Europaweit kommen jährlich 45 000 und weltweit an die 250 000 Verkehrstote dazu.

In Deutschland sind seit 1950 gegen 600 000 Menschen aufgrund von Verkehrsunfällen gestorben. Mehrere Millionen wurden so schwer verletzt, dass sie lebenslange Schäden davontrugen.

Zwar sinken in den Industrieländern allmählich die Unfallzahlen, diese werden jedoch kompensiert durch den Autoboom in den Schwellenländern. In Deutschland wurden die sinkenden Unfallzahlen in den alten Bundesländern von den neuen wettgemacht. So starben in der ehemaligen DDR im Jahre 1990, also im Jahr nach der Wende, 3 130 Personen bei Verkehrsunfällen – 75,4 Prozent mehr als im Vorjahr. Die deutsche Einigung hat, so Jochen Hörisch, »auf den Alleen Mecklenburgs, im märkischen Sand und auf sächsischen Straßen in einem Jahr durch Verkehrsunfälle mehr Blutzoll gefordert als der Schießbefehl in den knapp dreißig Jahren seiner Existenz.«[20]

Mit dem Verschwinden der räumlichen Grenzen zwischen Ost und West ist somit nicht nur eine politische Grenze gefallen, sondern auch jene, die zwei verschiedene Zeitsphären trennte. Benötigte beispielsweise der West-Intercity für die 450 Kilometer von Hamburg nach Düsseldorf 3,5 Stunden, brauchte die Ostbahn für die gleiche Strecke von Rostock nach Dresden 6 Stunden. Die Vereinigung der beiden ungleichen deutschen Länder gestaltete sich, schrieb ›Der Spiegel‹, wie »die Verbindung eines Acht-Zylinder-Pkw-Motors Baujahr 1990 mit einem Traktormotor Baujahr 1957 zu einem Antriebsaggregat«.[21]

Das Auto steht nicht im Einklang mit der Zeit, wie es der Slogan des Genfer Automobilsalons 1997 verkündete, sondern ist ein permanenter und penetranter Missklang. Nicht als Ausdruck einer mobilen, sondern als Symbol einer immobilen Gesellschaft läutet der tägliche Verkehrskollaps in den Metropolen das Ende jener Mobilität ein, wie wir sie bisher kannten. Während Familien mit Kindern und Privilegierte aus den Städten flüchten, verlieren die noch in den Städten verbliebenen, auf schmale Gehsteige, muffige U-Bahn-Schächte und trostlose Unterführungen verbannten Menschen allmählich den Glauben, dass auch Straßen soziale Räume sein könnten.[22]

Das Automobil stört oder verhindert jedoch nicht nur den Aufenthalt auf öffentlichen Plätzen, es behindert auch das Gehen als ureigenzeitlichste Form der Fortbewegung. Denn keine andere Geschwindigkeit, so der Schriftsteller Italo Svevo, »ist einem organischen Körper angemessener als die, die er sich selbst verdankt«.[23]

Kurzum: Das Auto stört, sobald es aufhört, ein einzelnes zu sein – und ein Auto kommt bekanntlich selten allein – jede Wahrnehmung von Zeit, von Raum und von Natur. Denn, so Theodor W.

Adorno, »was das eilende Auge bloß im Auto gesehen hat, kann es nicht behalten, und es versinkt so spurlos, wie ihm selber die Spuren abgehen«.[24] Und mit zunehmender Geschwindigkeit verengt sich der Wahrnehmungshorizont, bis man gar nichts mehr wahrnimmt, um sich in der Unendlichkeit der Fluchtlinien zu verlieren.

> Im Cyberspace gibt es keine Jahreszeiten.
> Die virtuelle Welt kennt weder Tag noch Nacht.
> *Nicholas Negroponte*

http://www.echtzeit: Hetze und Warten auf Godot

Seit je war Mensch ein kommunikatives Wesen. Bereits vor 230 000 Jahren besaß Homo sapiens ein rudimentäres Sprachvermögen, das es ihm erlaubte, Namen zu artikulieren. Verbesserungen der Sprechwerkzeuge sowie ein Anschwellen der zuständigen Hirnregionen ermöglichten es ihm vor 45 000 Jahren gar, Worte zu klaren und deutlichen Sätzen zusammenzufügen. Sätze, die Informationen, Bitten, Versprechungen, Kritik, Erinnerungen, Mitgefühl und Pläne übermitteln konnten.

Kommunikationstechnisch jedoch verblieb die Welt noch lange Zeit im Dorf. Genau wie der Transport von Menschen, Waren und Tieren blieb auch der Transport von Informationen an die naturalen Voraussetzungen körperlicher Arbeit oder genutzter Windkraft gebunden. Aktualität bestimmte sich im Maß einer Tagesreise eines Boten zu Fuß, zu Pferd oder zu Schiff. Daran vermochten auch schnellere Methoden der Nachrichtenübermittlung wie Rauch- oder Feuerzeichen, Flaggen, Trommeln oder Brieftauben kaum etwas zu ändern. Ein Regenguss, ein Windstoß oder ein Raubvogel zur falschen Zeit am falschen Ort – und die Botschaft blieb auf der Strecke.[1]

Doch spätestens seit dem 19. Jahrhundert ist auch im Kommunikationswesen eine ungeheure Mobilisierung der Gesellschaft zu beobachten, eine »wachsende symbolische Verfügung über nichtanwesende ferne Zeiten und ferne Räume«[2] und ein Bestreben, räumliche und zeitliche Distanzen kommunikationstechnisch immer schneller zu überwinden und in Nah- und Nächstverhältnisse zu überführen.

Die Telegrafie ermöglichte es erstmals, dass Informationen fast gleichzeitig abgeschickt und empfangen wurden. 1847 wurde in den USA die erste öffentliche Telegrafenstation eingerichtet. Bereits 15 Jahre später gab es ein Netz von 120 000 Kilometern. Und seit 1850 ist auch Europa durch ein Seekabel mit den USA verbunden. Benötigte eine Nachricht über den Atlantik zuvor mit dem Schiff zwölf Tage, brauchte sie jetzt bloß noch Sekundenbruchteile.

»Elektrisch zusammengezogen ist die Welt nur mehr ein Dorf, ein globales Dorf«, brachte der Medienwissenschaftler Marshall McLuhan diese Veränderungen auf den Punkt.[3] »Alles – immer – überall und sofort« wurde zur Losung einer Informationsgesellschaft, in der die Bindung an Ort und Zeit eingetauscht wurde gegen die Anbindung an die weltweiten Datennetze.[4]

Aber nicht nur die Übermittlung, auch die Aufzeichnung von Nachrichten erfuhr eine Beschleunigung. Lag die zeitliche Grenze für die Integration von Ereignis und Bild bei der frühen Fotografie noch bei acht, später bei ein bis zwei Stunden, konnte diese Zeitspanne rapide gesenkt werden und erreichten um 1840 die Drei-Sekunden-Grenze. Damit war fototechnisch die subjektive Gegenwart menschlicher Wahrnehmung erreicht.

Und nur wenig später verkürzte sich die Aufnahmedauer gar auf eine Tausendstelsekunde – mit einschneidenden Konsequenzen: Indem das menschliche Wahrnehmungsvermögen in zeitlicher Hinsicht erstmals unterschritten wurde, eröffneten sich nicht nur neue, künstliche Wahrnehmungsfelder, vor allem begann das fotografische Abbild einer vergangenen Gegenwart mit den inneren Bildern des Gedächtnisses in eine Wechselbeziehung zu treten und mit ihnen zu konkurrieren. Wahrheit stützte sich fortan immer weniger auf die unmittelbare Wahrnehmung als vielmehr auf ein technisches Abbild.

Noch einen Schritt weiter in der technischen Nachahmung der Welt ging der Film. Mit der Entdeckung, dass man den Eindruck einer kontinuierlichen Bewegung erzeugen kann, wenn man pro Sekunde 24 Phasenbilder an den Augen vorbeizieht, erreichte der Film erstmals eine adäquate Abbildung von Bewegung und Geschwindigkeit. Und mit der Montage als einem der wichtigsten erzählerischen Mittel des Films konnte man Gleichzeitigkeit in einem ästhetisch-virtuellen beziehungsweise symbolischen Zeitraum herstellen. Tendenzen, die durch die telekommunikativen Maschinen der folgenden Generationen, das Fernsehen und schließlich den Computer als »Universalmaschine«[5] schlechthin, noch verstärkt werden sollten.

Mit dem Fernsehen haben sich die Möglichkeiten der Übermittlung visueller Information erweitert und die Übertragung hat sich beschleunigt. Alles Geschehen, so entfernt es auch sein mag, kann prinzipiell in das enge Sichtfenster medialer Aktualität und Präsenz eingepasst werden. Ereignisse, wo und wann immer sie stattfinden, wie entfernt der Ort auch sein mag, werden live – in Echtzeit – über ein mediales Abbild zum Nahereignis. Unfälle und Begräbnisse, Kriege und Sportveranstaltungen, Geiseldramen und Raumflüge werden zu Schauspielen auf der privaten Bühne des Wohnzimmers und die Akteure in diesen Dramen werden beinahe so erlebt, als säßen sie mit auf dem Sofa.

Die zeitlichen und räumlichen Grenzen zwischen nah und fern, privat und öffentlich, intim und spektakulär, vergangen und gegenwärtig, gegenwärtig und zukünftig beginnen zu verwischen. Nicht die »Gegenwartsschrumpfung«[6], sondern die um ihre Horizonte »erstreckte Gegenwart«[7] charakterisiert unsere Medienlandschaft.

Der letzte Quantensprung in der Erschaffung synthetischer Bildwelten erfolgte durch den Computer. War noch das Fernsehbild auf ein reales Vor-Bild angewiesen, entfällt diese Vorgabe bei computergenerierten Bildern. Erzeugung tritt an die Stelle von Nachahmung. Creatio ex nihilo statt ästhetischer Mimesis. Virtuelle Realitäten an Stelle von Wirklichkeit. Dass damit auch der Täuschung und der Manipulation Tür und Tor geöffnet werden, ist spätestens seit der medialen Inszenierung des Golfkrieges bekannt.[8]

In den neuen virtuellen Räumen des »Cyberspace« haben die alten mimetischen Verfahren ausgedient. Verbunden durch Schnittstellen und vernetzt durch die Datenautobahnen des Internets scheint die neue Medienwelt die raumzeitliche Welt harter Fakten hinter sich gelassen zu haben. »Alles ist Simulation!«, lautet folgerichtig der Schlachtruf der Postmoderne: Anything goes! Doch geht wirklich alles? Lässt die neue Medienwirklichkeit tatsächlich »die Konturen der traditionellen und uns vertrauten soziokulturellen Topografie verblassen«, wie der Kulturwissenschaftler Götz Grossklaus postulierte?[9]

Die Annahme, einige wenige Jahrzehnte der Beschäftigung mit dem Computer würden genügen, um die in Jahrtausenden gewachsenen und auf die Umwelt abgestimmten kognitiven Strukturen des menschlichen Wahrnehmungsapparates grundlegend zu verändern, ist jedoch naiv. Der Mensch ist und bleibt auf die natürlichen zeitlichen Grundlagen bezogen. Daran vermögen weder die Cyberspace-Träume eines Lebens ohne Jahreszeiten noch die von der Schweizer Uhrenfirma »Swatch« fürs Internet entworfene Zeitzonen unabhängige BMT-Zeit (»Biel Meridian Time«) etwas zu ändern. Mag auch die Sonne im Reich des Internet nie untergehen, für die User scheint sie dennoch nicht zur gleichen Zeit. Den Lokalzeiten können sie nicht entfliehen.

Auch der Traum eines Internet-Freaks, von der Harley-Davidson aus per E-Mail die Espressomaschine zu programmieren, auf dass zu Hause ein frischer, heißer Espresso bereitstehe, ist abhängig von real und nicht nur virtuell vorhandenem Wasser und Kaffeepulver. Trotz Internet bleiben für weltweit operierende Firmen die Reisekosten gerade deswegen hoch, weil die räumlichen Distanzen eben nicht virtuell, sondern real sind. Und selbst der Strom aus der Steckdose, aus dem sämtliche virtuellen Fantastereien energetisch gespeist werden, stammt noch aus jener »musealen Natur«, jener vermeintlich antiquierten »Welt der Materialitäten«. Welche Welt in Wirklichkeit welcher aufruht, zeigt die Probe aufs Exempel: Stecker raus und alle virtuellen geistigen Höhenflüge enden als reale Bruchlandung.

Medienrealität ist nicht Wirklichkeit! Selbst in der Welt der Hacker, deren Arbeit im Netz treffend als »Hetze und Warten auf Godot« beschrieben wurde[10], müssen ständig zwei sehr unterschiedliche Zeitmodi ertragen werden: die extreme Beschleunigung des Mediums einerseits und das reale Warten, bis Bilder und Töne hochgeladen oder Verbindungen hergestellt sind, anderseits.

Zwar will ein Internet-Surfer alles und sofort, doch gerade deswegen, so Peter Glaser, »zerren Programme, die länger als einen Atemzug brauchen, um von einer Diskette in den Rechner geladen zu werden, an den Nerven.«[11] Auch der Datenstau im World Wide Web, treffend als World Wide Wait bezeichnet, ist allen Usern eine geläufige Erfahrung und nur durch ein Ausweichen auf die frühen Morgenstunden zu umgehen: wenn Amerika schon und Europa noch schläft. Empirische Studien bestätigen denn auch, dass medientypische Zeitvorstellungen in der Regel nur auf Medienprodukte bezogen und nicht ohne weiteres auf die Alltagswelt übertragen werden.[12]

Medien sind zugleich Symptom und Ursache sozialer Zeitmuster. Dabei kam bis anhin dem »Leitmedium Fernsehen« eine besondere Bedeutung zu. Über zweieinhalb Stunden täglich, mit einer Spannbreite von etwa einer halben bis über sechseinhalb Stunden, verbringt der durchschnittliche Mitteleuropäer heute vor dem Fernsehapparat.[13] Auf ein Jahr hochgerechnet ergeben sich etwa 40 Tage Nonstop-Fernsehen. Legt man die durchschnittliche Lebenserwartung zugrunde, ist der männliche Durchschnittsbürger während 17,5 Jahren und die weibliche Durchschnittsbürgerin aufgrund der höheren Lebenserwartung gar 19 Lebensjahre mit der Rezeption von Massenmedien beschäftigt.

Das muss beileibe nicht schlecht sein. Im Gegenteil! Je länger die Menschen zu Hause vorm Fernseher sitzen, desto weniger kommen sie dazu, die Umwelt zu belasten. Allein durch das Senden des Sonnenaufgangs von Rio de Janeiro könnten, wie die Autoren Wolf Schneider und Christoph Fasel schreiben, jährlich gegen 100 000 Flugreisen aus Deutschland eingespart werden.[14] Auch das Bevölkerungswachstum ließe sich in den Griff kriegen. Denn wer fernsieht, kommt sich bekanntlich nicht zu nahe. So steigen neun Monate nach einem größeren Stromausfall die Geburtenraten. Wenn zudem alle ihre Fernseh- und Computerecke zu Hause zur virtuellen Nische umgebaut haben und die mediale Vernetzung so weit gediehen ist, dass der Arbeitsplatz daheim eingerichtet werden kann, werden möglicherweise auch die Pendlerströme und die Staus verschwinden. Neue Medien und Nachhaltigkeit müssen sich somit nicht grundsätzlich ausschließen.

Medien prägen auch den Tagesablauf der Menschen. TV-Dinner wegen einer Fußballübertragung oder Frühstück mit dem Internationalen Frühschoppen – wer hat nicht schon den Tagesablauf nach der Programmstruktur des Fernsehens ausgerichtet? Auch die sogenannten »Straßenfeger« und der Urin- und Wasserschwall in der Kanalisation im Anschluss an den Krimi sind ja nichts anderes als ein Beleg dafür, wie Massenmedien den Alltag der Menschen strukturieren und synchronisieren. Ob jedoch Fernsehen als Hauptbeschäftigung die individuelle Eigenzeit maßgeblich strukturiert, als marginale Nebenbeschäftigung andere Aktivitäten begleitet, als Ritual einen fest umrissenen Platz im Tages-, Wochen- oder Jahresverlauf einnimmt oder zeitliche Lücken füllt – dazwischen können Welten liegen.

Neue Rezeptionsweisen – Stichwort Zappen – belegen zudem, dass Medienkonsumenten nicht bloß zur Abhängigkeit verdammt sind. Solche zeitökonomischen Komprimierungstechniken, die darauf abzielen, in möglichst kurzer Zeit möglichst viele Bild- und Tonreize aufzunehmen, können gar zu neuen ästhetischen Ausdrucksmitteln führen, wie die Cut-up-Schnitttechnik von Musikvideos belegt. Diese Ästhetik, die mittlerweile das subkulturelle Ghetto verlassen hat, zunächst in der Werbung stilbildend wurde und anschließend selbst das Erscheinungsbild arrivierter Sender prägte, beeinflusst rückwirkend auch andere Medien.

In der Filmindustrie beispielsweise hat die Werbeästhetik Modellcharakter erlangt. Insbesondere US-amerikanische Spielfilme sind häufig kaum mehr als auf Spielfilmlänge aufgeblähte Videos für das von MTV formatierte Publikum. Dass Filme auch ein Mittel zur Erkenntnis, eine Expedition ins Unbekannte, eine Hypothese in Bildern sein können, solche ästhetischen Ansätze gehen aber zunehmend verloren. Leises, Behutsames, Poetisches hat im Unterhaltungstaumel der »Erlebnisgesellschaft«[15] kaum noch Platz. Was nicht der hektischen Schnittfolge gehorcht, wird als langweilig erlebt.

Auch die Printmedien haben sich mittlerweile dem Diktat der Schnelligkeit und dem Zwang zur Kürze gebeugt. Artikel über mehrere Seiten sind immer seltener, mit großzügigem Bildmaterial, Grafiken und Kästen farbig aufgepeppte Informationshäppchen dagegen immer häufiger. Und selbst im vergleichsweise langsamen Buchhandel verkürzen sich sowohl die Produktionszeiten als auch die Verweildauer der Bücher im Laden. Was sich nicht rasch verkauft, wird verramscht.

Dem Tempodiktat der elektronischen Medien gebeugt hat sich auch die Politik. Sie spielt sich inzwischen bis in die Kapillaren nach den dramaturgischen Regeln des Fernsehens ab. So darf ein Politiker über (fast) alles reden, sofern sein Statement 1 Minute und 30 Sekunden nicht überschreitet. Im amerikanischen Präsidentschaftswahlkampf von 1988 ist diese Zeiteinheit, das so genannte Soundbite, gar auf zehn Sekunden geschrumpft. Und in Live-Diskussionsrunden entschuldigen sich Politiker dafür, dass sie diese wegen wichtiger Sitzungen haben warten lassen.

Auch auf Wahlresultate muss nicht mehr gewartet werden. Kurz nach Schluss der Wahllokale – oder gar zuvor, wie bei den letzten Bundestagswahlen in Deutschland – verkünden Hochrechnungen erste Ergebnisse. Und auch Sportarten werden bald so reglementiert, dass sie fernseh- beziehungsweise werbeblocktauglich werden. So hat der Chef eines Privatsenders verkündet, er werde sich für Viertelzeiten im Fußball stark machen, weil dadurch die Werbezeiten verdreifacht werden könnten.

Entsprechend werden Fernsehprogramme immer hektischer. Wie eine Analyse des Fachblattes ›Media Perspektiven‹ ergab, wiesen die Programme der beiden deutschen öffentlich-rechtlichen Fernsehsender ARD und ZDF im Jahre 1988 pro Sendestunde 2,4 beziehungsweise 2,3 unterscheidbare Programmeinheiten auf. Bis 1993 hat sich deren Zahl auf 5,6 beziehungsweise 4,8 Einheiten erhöht. Im Vergleich mit den Privatsendern ist diese Gangart jedoch geradezu gemächlich. SAT 1 wies bereits 1988 etwa 5,7 Elemente pro Stunde auf, 1993 nicht weniger als 9,9. Und RTL lag schon 1988 mit 7,1 Einheiten an der Spitze, 1993 waren es gar 11,2. Das heißt, alle 5,3 Minuten wird der Sendeablauf abrupt unterbrochen und der Moderator bittet: »Bleiben Sie dran, wir kommen gleich wieder!« [16]

Dank der digitalen Revolution steigt auch die Zahl der Sender. In den USA zählte man bereits 1994 über 1500 verschiedene Kanäle, zumeist Special-Interest-Programme, wobei vier Fünftel profitorientiert arbeiten. Ende Februar 1996 meldete der Europarat 300 Fernsehkanäle in seinen Mitgliedstaaten, allein 1995 sind 98 Sender dazugekommen. In Zukunft werden gar über 500 Sender um die Aufmerksamkeit des Publikums buhlen. Doch was sollen wir mit 500 Kanälen? Hätte jemand dieselbe Anzahl Zeitungen abonniert, würde man ihn für verrückt erklären.

Die quantitative Vielfalt darf zudem nicht über die qualitative Einfalt hinwegtäuschen. Denn nicht das öffentlich-rechtliche Fernsehen nach europäischem Vorbild hat sich weltweit durchgesetzt, wie der Schriftsteller und Journalist Eduardo Galeano meint, sondern ein »tödlicher Cocktail aus Blut, Valium und Werbung«.[17] 2 745 Gewalt- und Totschlagszenen gehen in einer Fernsehwoche über den Bildschirm – vorwiegend zur Hauptsendezeit für Jugendliche zwischen 18 und 20 Uhr. Laut einer Untersuchung des bayerischen Justizministeriums hat ein 12-jähriger Mitteleuropäer bereits rund 14 000 TV-Tötungen betrachtet.[18]

Die strukturelle Gleichheit kommerzieller Sender folgt dem Wettlauf um das größte Publikum. Als Grundregel gilt, das Publikum beim Sehen und Hören ja nicht zu überfordern. Dies geschieht jedoch nicht aus humanitären, sondern allein aus ökonomischen Überlegungen. Denn »nicht der Mensch, sondern der Spot ist das Maß aller Dinge«.[19] Durch die Einschaltquoten wird die von Millionen Menschen gelieferte Lebenszeit in bares Geld umgetauscht. Entsprechend werden die Sendezeiten auch immer weiter ausgedehnt. »Nonstop-Fernsehen« nannte Südwest 3 sinnigerweise seine Wochenvorschau, die nachts endlos über den Bildschirm flimmerte. Wo noch vor wenigen Jahren die öffentlich-rechtlichen Anstalten gegen Mitternacht Feierabend machten und unter den Klängen der Nationalhymne die Fahne im Wind wehen ließen, bevor das Testbild erschien, haben heute die meisten ihren Sendeschluss entweder weit in die Nacht verlegt oder ganz abgeschafft.

Die Macht folgt der Signaltechnik. Entsprechend entfaltet sich Macht heute weniger über materielle Elemente wie Boden oder natürliche Ressourcen, sondern über immaterielle wie Zeit, Information, Kommunikation, Werbung und globale Geldströme: »Datenautobahnen«, so Al Gore, Vizepräsident der USA, »haben heute dieselbe Bedeutung wie in den fünfziger Jahren die Highways.«[20] Auf die Geopolitik folgt die Chronopolitik, auf den Imperialismus des Raumes der Imperialismus der Zeit, auf die Unterwerfung der räumlichen Nischen die Unterwerfung der zeitlichen Nischen.

Rückwirkend führen die neuen Kommunikationstechniken auch zu ganz neuen Machtverhältnissen. Machtverhältnisse, die den politischen Gremien immer mehr entgleiten und, so der ehemalige UN-Generalsekretär Butros Butros-Ghali »über staatliche Strukturen hinausgehen«.[21] Laut einer Erhebung der französischen Zeitschrift ›Le Nouvel Observateur‹ aus dem Jahr 1995 befinden sich unter den fünfzig einflussreichsten Männern der Erde weder ein Staatsoberhaupt noch ein Regierungschef.[22] Fand sich vor zwanzig Jahren noch kein einziges Unternehmen aus den Bereichen der Mikroelektronik und Informatik unter den 20 größten Industrieunternehmen, sind es heute bereits sechs.

Entsprechend sind Medienkonzerne mittlerweile mächtiger als Staaten. Doch weder Jeff Turner von CNN noch Rupert Murdoch von der News Corporation Limited, weder Bill Gates noch sein Nachfolger Steve Ballmer von Microsoft haben ihre Projekte je von der allgemeinen Zustimmung abhängig gemacht, noch wurden sie demokratisch gewählt. Diese »neuen Herren« der medialen Weltordnung respektieren keine Grenzen, keine Staaten und keine Kulturen. Sie spotten über nationale Souveränitäten und die sozialen und ökologischen Folgen ihrer Arbeit kümmern sie nicht.[23]

Angesichts der realpolitischen Machtverhältnisse ist das von Internet-Theoretikern viel beschworene demokratische Potenzial der elektronischen Kommunikation pure Demagogie. Zwar wächst in den Industriestaaten die Anzahl der Internetanschlüsse in rasantem Tempo. Benötigte noch das Radio fünfzig Jahre, um ein Publikum von 160 Millionen zu erreichen, und das Fernsehen gerade mal 14 Jahre, schaffte es das Internet in nur drei Jahren. Doch während in den USA mittlerweile jeder fünfte und in Westeuropa jeder zwanzigste Haushalt Zugang zum Internet hat, verfügt die Mehrheit der Menschheit noch nicht einmal über die Errungenschaften der industriellen Revolution.

Die »Modernisierung der Demokratie durch die elektronischen Medien«, so der Titel einer 1997 abgehaltenen Tagung des Burda-Konzerns, meinte denn auch weniger elektronische Demokratie – was auch immer das sein mag – als vielmehr eine neue Marketingtechnik. So ist in weniger als einem Vierteljahrhundert der ganze Planet zu einem einzigen Wirtschaftsraum geworden. Ein Wirtschaftsraum, der keine Völker mehr kennt, sondern nur noch Märkte, keine Bürger, sondern Konsumenten, keine Nationen, sondern Unternehmen, keine Beziehungen zwischen Individuen, sondern nur noch Wettbewerb unter Marktteilnehmern. Ein Wirtschaftsraum, so Eduardo Galeano, »der alle zum Bankett einlädt, aber der Mehrzahl die Türe vor der Nase zuschlägt«.[24] Ein Wirtschaftsraum, der pausenlos neue Bedürfnisse erzeugt, sie via Fernsehen, Werbung und Internet auf die ganze Welt projiziert und deren Botschaft lautet: Nichts ist, wer nichts hat, ein menschliches Auslaufmodell ist, wer kein Auto besitzt, und weg vom Fenster ist, wer keine E-Mail-Adresse hat. Schöne neue Welt!

Alles, was die Arbeit hemmt, ist Verschwendung.
Thomas Alva Edison, Erfinder der Glühbirne[1]

Die Kolonisierung der Nacht und die Konturen der Nonstop-Gesellschaft

Seit jeher war Mensch ein Tagtier. Ausgestattet mit einem Sehorgan, das in der Dunkelheit nahezu blind ist, einem Riechorgan, das gegen den Wind praktisch nichts und mit dem Wind nur wenig mehr riecht, einem Hörorgan, das im Vergleich zu den meisten Säugetieren nahezu taub ist, und einer Körperbehaarung, die schon bei Tage kaum Schutz vor Nässe und Kälte bietet, war er für das Nachtleben schlecht gerüstet. Kein Wunder, dass Mensch die Dunkelheit fürchtete und die Nacht bekämpfte.

Ein großer Schritt für Homo habilis, aber erst ein kleiner Schritt in der Eroberung der Nacht war die Beherrschung des Feuers. Als Wärmespender brauchbar, war Feuer als Lichtquelle jedoch zu schwach, um die Nacht großräumig zu erhellen. Selbst der Gebrauch von Kerzen, Fackeln und Öllampen eignete sich höchstens zur Beleuchtung von Innenräumen. So blieb der Wechsel von Tag und Nacht auch für den Menschen noch lange Zeit der Grundrhythmus des Lebens. Gearbeitet wurde bei Tage, geschlafen bei Nacht.

Dies begann sich jedoch mit der Erfindung der künstlichen Beleuchtung grundlegend zu ändern. Als im Jahre 1820 die nächtliche Pall Mall Street in London vom Schimmer vieler Gaslampen erhellt wurde, war die vormals unüberwindbare Grenze der Nacht überschritten. Den Durchbruch in der »Kolonisierung der Nacht«[2] – und damit gleichsam die Geburtsstunde der »Nonstop-Gesellschaft« (Martin Moore-Ede)[3] – bildete jedoch die Domestizierung des elektrischen Lichts Ende des 19. Jahrhunderts.[4]

Die letzte große Eroberung des Menschen fand nicht im Raum, sondern in der Zeit statt: in der Ausbreitung von Wachaktivität während der gesamten 24 Stunden des Tages. Es gibt, so der Sozialhistoriker Murray Melbin, »mehr Wechselschichtarbeit in der Fabrik, mehr polizeiliche Erfassungen, eine stärkere Benutzung des Telefons zu allen Stunden. Es gibt mehr Krankenhäuser, Apotheken, Flüge, Herbergen, durchgehend geöffnete Restaurants, Leihwagenbüros, Tankstellen, Autoreparaturwerkstätten, Kegelbahnen und Radiostationen, die immer aktiv sind. Es gibt mehr Notdienste, wie Autoabschleppfirmen, Schlosser, Beratungsstellen für Drogensüchtige und Selbstmordgefährdete oder auch ›heiße Drähte‹ für Spieler, die unaufhörlich verfügbar sind.«[5]

Die treibenden Kräfte in Richtung Nonstop-Gesellschaft sind die Wirtschaft, die Globalisierung und die Metropolen.[6] Die Wirtschaft, seit langem mit der Nutzung der Ressource Zeit befasst, ist durch Just-in-time-Konzepte immer mehr auf die präzise Einhaltung von Produktions- und Lieferterminen angewiesen. Entsprechend dem Slogan »Freie Fahrt für freie Bürger« benötigt sie freie Fahrt für ihre Waren und ist auf verkehrsärmere Zeiten ausgewichen. Forderungen nach Aufhebung von Nachtfahr- und Nachtflugverboten und anderen Ruhezeitverordnungen sind die logische Konsequenz.

Die Internationalisierung von Märkten, die Intensivierung weltweiter Wirtschaftsbeziehungen und die globale verkehrstechnische und telekommunikative Vernetzung macht es international tätigen Unternehmen unmöglich, im globalen Kampf um Marktanteile auf lokale Zeitverhältnisse und Zeitdifferenzen Rücksicht zu nehmen. So berücksichtigt der internationale Flugplan lokale Ruhezeiten ebenso wenig wie die weltweit vernetzten elektronischen Massenmedien. Auch Intercityzüge sind bekanntlich längst abgefahren, wenn lokale Bahnverbindungen verspätet sind. Das fundamentale Prinzip sozialen Zusammenlebens, wonach sich der Stärkere nach dem Schwächeren, der Schnellere nach dem Langsameren richten soll, kommt im Namen der Globalisierung unter die Räder.

Städte weisen die für eine Nonstop-Gesellschaft wesentlichen Voraussetzungen auf: künstliche Beleuchtung, dichte Verkehrs- und Kommunikationsnetze sowie eine hohe Bevölkerungsdichte als Nachfragegarant. Sie verfügen über die am weitesten ausgebauten, für das Nachtleben charakteristischen Dienstleistungs-, Freizeit- und Unterhaltungssektoren. Alle Formen automatisierter Dienste wie Verkaufs- und Geldautomaten, Tankstellen oder Waschsalons konzentrieren sich auf Städte ebenso wie alle Formen von Bereitschaftsdiensten sowie die Wartungsfirmen der technischen Versorgungsnetze. Stadtzentren weisen bereits heute den höchsten Anteil an Nacht-, Samstags- und Sonntagsarbeit auf. Als Konsequenz ist auch eine Zunahme von Polizei-, Feuerwehr- oder Notfalleinsätzen zu verzeichnen.

Doch die Anzeichen, dass wir für die Welt, die wir uns geschaffen haben, nicht geschaffen sind, mehren sich. Durch Automatisierung, Computer, Großtechnologien und schnelle, weltumspannende Verkehrs- und Kommunikationssysteme hat der Mensch sich in die Tretmühle eines 24-Stunden-Taktes begeben, dem er physisch und psychisch nicht gewachsen ist. Nicht nur die Reaktorunfälle von Harrisburg und Tschernobyl, die Giftgaskatastrophe in Bhopal, das Chemieunglück in Schweizerhalle oder die Havarie des Riesentankers »Exxon Valdez« ereigneten sich alle zwischen Mitternacht und vier Uhr morgens. Auch in Krankenhäusern kommt es zu gravierenden Fehlern aufgrund von Unaufmerksamkeiten und Konzentrationsstörungen, weil das Personal Tag und Nacht in 36-Stunden-Schichten arbeitet. Fernfahrer, Piloten und Kapitäne werden zu apathischen Zombies, weil sie ohne ausreichend Schlaf dauernd unterwegs sind. Und in den technischen Großanlagen sinkt nachts die Aufmerksamkeit des Überwachungspersonals, weil sie übermüdet monotone Tätigkeiten verrichten müssen.

Aber nicht nur die großen Katastrophen der letzten Jahrzehnte stehen als Fanale der technisch-industriellen Zivilisation für den vermessenen Versuch des modernen Menschen, sich den natürlichen Tag-Nacht-Rhythmus untertan zu machen und die biologischen Rhythmen des Organismus zu ignorieren. Übermüdung als Folge der Vernachlässigung des grundlegenden Zyklus von Tag und Nacht, Ruhe und Aktivität, Schlafen und Wachen ist auch die Hauptursache vieler kleiner, weit weniger spektakulärer Unfälle in Haushalt und Sport, am Arbeitsplatz und im Verkehr. Fast zwei Drittel aller Verkehrsunfälle auf den Autobahnen in Bayern im Jahre 1991 sind auf Übermüdung, gesunkene Aufmerksamkeit und reduzierte Reaktionsgeschwindigkeit zurückzuführen.[7]

Für die USA schätzt die nationale Straßensicherheitsbehörde, dass sich wegen Übermüdung am Steuer pro Jahr mindestens 100 000 Unfälle ereignen. Über 2000 Menschen müssen dabei ihr Leben lassen; 1,4 Millionen werden verletzt. Dabei sind es aber längst nicht nur übermüdete Lastwagenfahrer, die andere Verkehrsteilnehmer gefährden. Die Berufsfahrer sind bloß für etwa drei Prozent aller tödlichen Verkehrsunfälle aufgrund von Übermüdung verantwortlich. Alle übrigen werden von Pkw-Fahrern verursacht.

Laut einer Umfrage der amerikanischen Ärztegesellschaft im US-Bundesstaat New York gaben 55 Prozent der befragten Fahrer an, trotz starker Müdigkeit ein Auto gelenkt zu haben. 23 Prozent räumten ein, am Steuer eingenickt zu sein. Und fünf Prozent hatten wegen Schläfrigkeit einen Unfall verursacht. Besonders gefährdet sind junge männliche Autofahrer im Alter von 16 bis 29 Jahren sowie Personen, die in Nachtschicht arbeiten. Umfragen in Großbritannien zeigen ähnliche Ergebnisse.[8]

Wie sensibel wir auf Schlafentzug reagieren, belegt eine Untersuchung des amerikanischen Psychologen Stanley Coren. Die Auswertung von 6,5 Millionen im Zeitraum zwischen 1986 und 1988 vom National Center for Health Statistics (NCHS) ausgestellten Totenscheinen ergab, dass in den ersten vier Tagen nach der alljährlichen Umstellung von Winter- auf Sommerzeit, also nach bloß einer Stunde weniger Schlaf, die unfallbedingten Todesfälle um sieben Prozent anstiegen. Umgekehrt sanken sie im Herbst mit der Umstellung auf Winterzeit dank einer Stunde mehr Schlaf um sieben Prozent.[9]

Die Kosten durch Müdigkeit verursachter Unfälle sind denn auch gewaltig und betragen laut Coren in den USA jährlich 56 Milliarden Dollar.[10] Veranschlagt man den Anteil der USA an der Weltwirtschaft mit etwa 20 Prozent, dürften die Unfallkosten weltweit gegen 300 Milliarden Dollar betragen. Die jährlichen Produktionsverluste infolge Übermüdung belaufen sich Martin Moore-Ede zufolge allein für die USA auf rund 55 Milliarden Dollar und weltweit gar auf 267 Milliarden Dollar.[11]

Berücksichtigt man noch die erhöhten Gesundheitsfürsorgekosten infolge chronischer Schlafstörungen, Magen-Darm-Problemen, Herz-

Kreislauf-Beschwerden, psychischer Störungen und chronischer Erkrankungen in der Höhe von weltweit rund 30 Milliarden Dollar sowie die kaum bezifferbaren sozialen Kosten für Belastungen des Familienlebens lassen sich die gesamten Folgekosten für menschliches Versagen in der 24-Stunden-Gesellschaft auf jährlich über 600 Milliarden Dollar veranschlagen. Die Summe, die sich allein mit Schlafen einsparen ließ, ist beachtlich. Kaum je war Schlafen lukrativer.

Schlaf aber gilt in der rastlosen Nonstop-Gesellschaft bloß als lästiges Übel, als ineffiziente, tote Zeit, die sinnvoller eingesetzt und daher so kurz wie möglich gehalten werden soll. Der Volksmund weiß: »Wer den Morgen verschläft, muss am Nachmittag betteln gehen« oder »Wer rastet, rostet«. »Erquicklich ist die Mittagsruh', nur kommt man oftmals nicht dazu«, kalauerte Wilhelm Busch.[12] Und Thomas Alva Edison war der Überzeugung: »Ein Mensch, der acht oder zehn Stunden pro Nacht schläft, wird nie richtig schlafen und nie richtig wach sein – er döst lediglich in verschiedenen Stufen vor sich hin, 24 Stunden am Tag.«[13]

Also erfand er die elektrische Glühbirne, auf dass diese die Finsternis der Nacht banne und es den Menschen ermögliche, die ganze Nacht hindurch zu arbeiten. So gehören in High-Tech-Firmen im kalifornischen Silicon Valley durchgearbeitete Nächte mittlerweile zu einem unumgänglichen Initiationsritual für junge Mitarbeiter.[14] Dass Müdigkeit und Schlaf, abgesehen von ihrer physiologischen Notwendigkeit, auch eine Form der Welterfahrung sein könnte, ist den Mitgliedern der Nonstop-Gesellschaft fremd. Weit geläufiger ist, dass gegen die Müdigkeit gekämpft werden muss. Denn Müdigkeit ist, so Moore-Ede, die »Achillesferse der Nonstop-Gesellschaft«.[15]

Zahlreiche neuartige Techniken wurden entwickelt, um den Menschen wach zu halten. Technische Geräte überwachen die Gehirntätigkeit, um beim Auftreten erster Anzeichen von Schläfrigkeit Alarm zu schlagen. Ein Gerät hinter dem Ohr zeigt an, wenn sich die Muskulatur im Nacken entspannt und der Kopf nach vorne sinkt. Künstliches Sonnenlicht soll munter machen, sei es durch großzügige Raumbeleuchtung oder durch tragbare Lichtboxen, die permanent ins Auge leuchten. Selbst auf Erkenntnisse der Chronopharmakologie wird mittlerweile zurückgegriffen. Mit der Abgabe von Melatonin oder anderen Medikamenten wird die biologische Uhr bedarfsgerecht umgestellt. Auf die Schaffung künstlicher »Zeitkokons« hat sich gar die Firma »Circadian Technologies« spezialisiert. Um Reisenden durch die Zeitzonen den Jetlag zu ersparen, sollen in Hotels mittels künstlicher Beleuchtung beziehungsweise Verdunkelung Zeitzonen simuliert werden, sodass der Zeitreisende gemäß seiner eigenen inneren Uhr schlafen oder essen kann.[16]

Doch der Kampf gegen die Müdigkeit, diese moderne Don-Quichotterie im Zeichen weltwirtschaftlicher Aufrüstung, besteht aus ungleichen Gegnern. Das zentrale Problem der Nonstop-Gesellschaft besteht laut Martin Moore-Ede in einem »fundamentalen Konflikt zwischen den Anforderungen unserer selbstgeschaffenen technischen Zivilisation und der Beschaffenheit des menschlichen Gehirns und Körpers«.[17] Während unser Körper in jahrtausendelanger Anpassung an seine natürliche Umwelt dazu geschaffen ist, tagsüber zu arbeiten, nachts zu schlafen und kaum mehr als ein paar Dutzend Kilometer zwischen Sonnenaufgang und Sonnenuntergang zurückzulegen, arbeiten wir mittlerweile Tag und Nacht, sausen per Flugzeug quer durch die Zeitzonen und treffen wichtige Entscheidungen mitten in der Nacht. Die Technik bestimmt das Tempo – doch dieses Tempo überfordert den Menschen.

Alle Versuche, der Rhythmen und Eigenzeiten der inneren und äußeren Natur des Menschen Herr zu werden, sind zum Scheitern verurteilt. Künstlich erzeugte Jetlags bei Fliegen haben gezeigt, dass die »nicht reisenden« Fliegen bis zu 125 Tage leben, die »reisenden« jedoch nur 98 Tage.[18] Auch viel fliegende Menschen haben häufiger mit gesundheitlichen Störungen zu rechnen. Dass es einen Zusammenhang zwischen der Zahl der Geschäftsreisen und der Zahl der Arztvisiten gibt, belegt auch eine Studie der Gesundheitsabteilung der Weltbank. Die Auswertung aller Anträge der Weltbankmitarbeiter an die Krankenversicherung im Jahre 1993 hat ergeben, dass Vielflieger bis zu 80 Prozent mehr Krankenkassenleistungen benötigen als Sesselkleber.[19]

Auch Nacht- und Schichtarbeit führt zu gesundheitlichen Störungen. Für die in ihrem biologischen Zeitprogramm nicht anpassungsfähigen Menschen bedeutet Nachtarbeit eine permanente Leistungsanforderung ohne Leistungsbereitschaft. Und umgekehrt ist die auf den Tag verlegte Schlafzeit eine Erholung ohne Erholungsbereitschaft. Unvermeidliche Folge dieses anwachsenden Erholungsdefizits sind Schlafstörungen, Konzentrationsschwäche, Nervosität, Kopfschmerzen, Kreislaufstörungen, Magen-Darm-Beschwerden, Muskel- und Gelenkschmerzen und erhöhter Arzneimittelkonsum. Zunächst rein funktioneller Natur, können solche Störungen bei längerer Dauer chronisch werden und zu organischen Krankheiten führen.[20]

Und nicht zuletzt leiden unter Schichtarbeit die sozialen Strukturen, insbesondere Familien mit kleinen Kindern.[21] Das »Auseinanderdriften gemeinsamer Zeiten«[22] beschreibt eine Mutter folgendermaßen: »Wenn er Nachtschicht hatte, war das ganz schlimm für mich. Du musstest die Kinder ja praktisch immer ruhig halten. Im Sommer ging das. Da ging ich mit den Kindern runter auf den Spielplatz. Aber wenn ich unsere Kinder nicht bändigen konnte, dann kam er wütend raus und hat geschimpft: ›Verflucht noch mal! Kannst du nicht mal die Kinder im Zaum halten? Ich muss doch schlafen!‹«

Häufig blieb ihr jedoch auch im Winter keine andere Möglichkeit, als die Enge der Zwei-Zimmer-Wohnung zu verlassen: »Dann bin ich aus Verzweiflung in der Kälte mit den Kindern spazieren gegangen – wenigstens vormittags zwei, drei Stunden, bis er richtig fest geschlafen hat. Dann wieder rein: ›Psst, seid leise, der Papa schläft!‹«[23] Schichtarbeit ist nicht bloß eine Variante der Arbeitsorganisation, sondern vor allem ein tiefer Eingriff in die Lebenszeit von Menschen.

Wenn man also eine am Menschen orientierte Zeitordnung erschaffen will, muss man die biologischen Rhythmen berücksichtigen. Von dieser fundamentalen Erkenntnis sind wir in der zeitlichen Organisation der Arbeitswelt jedoch noch Lichtjahre entfernt. Denn die Kolonisierung der Nacht ist nur ein Kennzeichen der Nonstop-

Gesellschaft. Dem ökonomischen Zeitdiktat fallen nicht nur biologische, sondern auch soziale Rhythmen zum Opfer. Die Vorstöße vieler Unternehmen, die Arbeitszeiten nicht nur auf die Nachtstunden, sondern auch auf die arbeitsfreien Wochenenden auszuweiten, ja selbst die Feiertage in ihr Kalkül mit einzubeziehen, stellen jedoch letztlich den Wert kollektiv geregelter Ruhezeiten und den Sinn gesellschaftlich definierter Ruhepausen überhaupt in Frage. Pausen gelten als unrentable Zeiten, die eliminiert werden müssen.

So werden Arbeitszeitordnungen flexibilisiert, um noch mehr gesundheitsschädigende Nachtarbeit zu ermöglichen; Ladenschlusszeiten werden dereguliert, um das Einkaufen rund um die Uhr zu fördern; das Gastgewerbegesetz wird liberalisiert, um bis in die Morgenstunden durchzuzechen; Telefongebühren werden in der Nacht gesenkt, um die Infrastruktur rund um die Uhr auszulasten, und Mobilitätsoptionen werden erweitert, um das Weekend-Shopping quer durch die Zeitzonen zu fördern. Die Jahreszeiten sind in den Gemüse- und Früchteregalen kaum noch erkennbar, in Fastfood-Restaurants kann gegessen werden, wann man will, und zwischen Wochentagen und Sonntag verschwindet jeder Unterschied.

Erst kürzlich wurde in Großbritannien, getarnt als Kreuzzug gegen staatliche Bevormundung, der Sonntag zu Grabe getragen.[24] Dem Profit geopfert wurde die alte britische Sabbat-Regel aus dem Jahre 1781, nach der Pubs, Rennbahnen, Theater und Tanzsäle sonntags geschlossen bleiben müssen. Allein bei der Großhandelskette Sainsbury's sollen jetzt allsonntäglich 1,5 Millionen Menschen einkaufen, während es die gesamten »Filialen« der Kirche von England bloß noch auf eine Million bringen. Kirchgänger, die einst gemächlich zur Andacht fuhren, bleiben im sonntäglichen Einkaufsverkehr stecken. Selbst die Polizeistunde, dieses Relikt aus der Zeit des Ersten Weltkriegs, mit dem die britische Regierung den nächtlichen Alkoholkonsum eindämmen wollte, gehört bald der Vergangenheit an.[25]

Auch die stille Nacht von Weihnachten war einmal eine solche Pause, eine Zeit der Einkehr und der Besinnung. Heute aber dauert die vorweihnachtliche Einkaufshektik bis zum Heiligen Abend –

von Besinnung ist nichts mehr zu spüren. Von Oktober, wenn die ersten Weihnachtsartikel in die Läden kommen, bis zum Silvesterfeuerwerk weicht die Stille einer lärmigen Nonstop-Party, die Nacht einer permanenten Festbeleuchtung und der Advent, die Zeit der Ankunft, einem pausenlosen Unterwegssein.

Bloß noch 17 Prozent aller abhängig Beschäftigten in Deutschland arbeiteten im Jahr 1995 noch innerhalb der so genannten Normalarbeitszeit.[26] Nicht der Mensch, der entweder Schicht oder samstags oder Teilzeit oder befristet arbeitet, ist heute die Ausnahme, sondern der, der morgens um sieben aus dem Haus geht und abends nach einem Achtstundentag nach Hause kommt. Immer im gleichen Rhythmus von Montag bis Freitag, Monat für Monat, Jahr um Jahr. »Im Hinblick auf die Arbeitszeit ist die Ausnahme heute zur Regel geworden«, stellt die Sozialwissenschaftlerin Karin Jurczyk fest.[27]

Auch Frauen fordern ihr Recht auf Nachtarbeit. Unter Berufung auf das Gleichstellungsgesetz appellierten 1996 in einem Schweizer Papierproduktionsbetrieb beschäftigte Frauen an die Geschäftsleitung, für die neu eingeführte dritte (Nacht-)Schicht nicht nur Männer einzusetzen. »Wir finden das ungerecht«, heißt es in ihrem Schreiben, »zumal uns die Nachtarbeitszeiten entgegenkämen und wir auf die äußerst attraktiven Zulagen dringendst angewiesen sind.«[28] Mit ihrer Forderung stießen sie zwar bei den Gewerkschaften auf taube Ohren, aber auf umso offenere bei den Arbeitgebern. Es sei inakzeptabel, ließen diese verlauten, dass Frauen als Krankenschwestern, Taxifahrerinnen oder an der Bar nachts arbeiten dürfen, ihnen die Möglichkeit der Nachtarbeit in einem industriellen Betrieb aber verwehrt werde.

Damit bestätigt sich jedoch weniger die Hoffnung, dass in der Wirtschaft die Interessen der Frauen in Zukunft vermehrt berücksichtigt werden, als vielmehr die Tatsache, dass den Arbeitgebern im Kampf um Konkurrenzvorteile offenbar jedes Argument recht ist. Sie vergessen dabei jedoch, dass man sich selten aus freien Stücken für Schichtarbeit entscheidet. Weder Mann noch Frau kommen als

Schicht arbeitende zur Welt. Vielmehr werden sie dazu gemacht, wobei vor allem der steigende materielle Druck, die Familie zu ernähren, viele Menschen dazu zwingt, die Bedingungen der Schichtarbeit zu akzeptieren.

Doch während alle Dienstleistungen und Waren rund um die Uhr verfügbar werden, sind die sozialen Zeitbezüge nicht entsprechend flexibilisierbar. Sobald die Freizeit gemeinsam mit Freunden, Bekannten oder Verwandten verbracht werden soll, fehlt die Transparenz, wer wann arbeitet. »Wie oft musste ich schon Bekannten oder Verwandten oder Leuten aus dem Haus, die einen zum Fasching oder zum Kegeln einladen, sagen: ›Nein, ich kann nicht. Ich habe Nachtschicht‹ – ›Ja, wann kannst du denn?‹ – ›Kannst in vier Wochen wieder mal nachfragen, da habe ich gerade die vier freien Tage.‹ – ›Ja, aber da haben wir nicht frei.‹«[29]

Wo sich zeitliche Regelmäßigkeiten, Gewohnheiten und zeitsparende Routinen kaum noch ausbilden können, wo sich bestehende zeitliche Muster auflösen und das Auseinanderdriften gemeinsamer Zeiten die Synchronisation von Zeitplänen erschwert, müssen umfangreiche Abstimmungsprozesse an die Stelle einer traditionellen Rhythmik treten. Das gemeinsame Verbringen von Sozialzeit wird, so die Sozialwissenschaftlerin Ingrid Kurz-Scherf, »zum komplizierten Optimierungsproblem der Großrechenanlage für soziale Bezüge«.[30]

Die restlos flexibilisierte Zeit hat nichts mit Freiheit zu tun, sie ist nur das andere Extrem der total verplanten Zeit der Chronokratie. Beiden gemeinsam ist die Verwandlung aller Zeit und der Zeit aller in verfügbare Zeit für die Verwertung des Kapitals, welche keine Rücksicht nimmt auf die gesundheitliche Funktion der Nachtruhe, die soziale Bedeutung des Feierabends und des freien Wochenendes, die Bedeutung von Arbeitszeit und Lebenszeit als Raum individueller Entwicklung und des gesellschaftlichen Lebens. Es ist die Ironie der Geschichte, dass dem ökonomisch motivierten neoliberalen Umbau aller Zeitverhältnisse als Erstes die traditionelle Familie zum Opfer fällt.

Gestern sah ich dich zwei Stunden am Froschteich spielen,
statt Realien zu lernen!
(Mutter vorwurfsvoll zu ihrer Tochter)

Das Hexeneinmaleins des Zeitmanagements und die Angst, etwas zu verpassen

Einst hatte Mensch genügend Zeit. Er stand auf, wenn die Sonne am Horizont erschien. Ging auf die Jagd, wenn er Hunger verspürte. Hörte auf, sich anzustrengen, wenn er gesättigt war. Und ging schlafen, wenn er müde war. Nichts in der Welt trieb ihn zur Eile an. Bloß vier bis fünf Stunden sollen die Ureinwohner Australiens für ihren Lebensunterhalt aufgewendet haben. Und bei den Buschmännern im afrikanischen Botswana sollen es gar bloß zwei Stunden pro Tag gewesen sein. So hatte Mensch zwar noch keine freie Zeit, doch da er nur das Nötigste tat, hatte er für alles genügend Zeit. Selbst für Muße und Spiel, wie Funde von 40 000 Jahre alten Knochenflöten belegen.

Auch als Mensch dazu überging, seine Nahrung selber herzustellen, hatte er noch kaum Zeitprobleme. Zeit, schrieb Alan Lightman, wurde gemessen »an der langsamen Wanderung der Sterne über den Nachthimmel, am Bogen der Sonne und an den Schwankungen des Lichts, am Zu- und Abnehmen des Mondes, an den Gezeiten des Meeres und an den Jahreszeiten«.[1] Gesät und geerntet, geliebt und gelebt, geboren und gestorben wurde im Rhythmus der Jahreszeiten.

Dies alles begann sich jedoch spätestens mit der Erfindung und Verbreitung der mechanischen Uhr zu ändern. Heute verlassen sich die meisten Menschen weniger auf die Rhythmen der Natur als auf die Zeiger der Uhr. Sie stehen um sieben auf, essen um zwölf, gehen um elf schlafen oder arbeiten beinahe rund um die Uhr. Selbst ein Baby lernt bald, wann es hungrig und wann es müde zu sein hat. Doch je mehr die Menschen die genaue Uhrzeit kennen, desto weniger verstehen sie von der Zeit und desto weniger Zeit scheinen sie zu haben.

Zwar wächst und wächst sie, die so genannte freie Zeit. Fünf Stunden täglich, so belegen neue Zeitbudgetstudien[2], stehen uns im

Durchschnitt für Sport, Medien, Kultur, Konsum und geselliges Beisammensein zur Verfügung. Selbst bei Berufstätigen gehen bloß noch sechs Stunden pro Tag im Durchschnitt für bezahlte Arbeit drauf. Verglichen mit den 80 Wochenstunden in der Mitte des 19. Jahrhunderts geradezu steinzeitähnliche Zustände.[3] Gemessen an der in den Industriestaaten auf durchschnittlich 75 Jahre gestiegenen Lebenserwartung macht die Erwerbsarbeit gerade mal noch 10 Prozent der Lebenszeit aus.

Doch die Rechnung scheint nicht aufzugehen: Mehr Menschen denn je klagen über Zeitnot, über volle Terminkalender und über Stress unter dem Diktat der Schnelligkeit. Selbst Kinder haben mittlerweile prall gefüllte Agenden. »Montags hab ich Tanzen um vier, Mittwoch hab ich Klavier und Hockey, Freitag hab ich meistens Hockeyspiele«, beschrieb ein Schulkind seinen Terminkalender.[4] Kein Wunder, dass die Nachfrage nach Zeitmanagement-Kursen boomt.

Entsprechend vielfältig ist mittlerweile das therapeutische Angebot, das der Klientel verspricht, Zeit zu gewinnen oder mehr aus der Zeit zu machen. Zeitmanagement, so der Zeitmanagement-Experte und Inhaber einer Trainings- und Beratungsfirma Lothar J. Seiwert, sei nämlich nicht nur das »Kernstück jeglicher Arbeitsmethodik sowie eines erfolgreichen Selbstmanagements«, sondern gar das »Fundament eines umfassenden Systems der Erfolgsverursachung«.[5] Und als Faustregel gelte, »mit Zeit ebenso sorgfältig umzugehen wie mit dem eigenen Geld«.

Dieser Zusammenhang von Zeit und Geld ist jedoch weder neu noch besonders originell. Seit seiner erstmaligen Formulierung durch Benjamin Franklin im Jahre 1748 sind zwar 250 Jahre vergangen, der Sinn dieser Formel, die laut Max Weber den »Geist des Kapitalismus« bereits in nahezu klassischer Reinheit enthalte[6], ist dem modernen Menschen aber offenbar noch nicht in Fleisch und Blut übergegangen. Vielmehr ist davon auszugehen, dass Menschen zu latenter Zeitverschwendung neigen und von einem geradezu obsessiven Drang beherrscht werden, ihr Leben in Muße und Faulheit zu vertrödeln. Denn nur so ist erklärbar, dass die Fähigkeit, mit

Zeit haushälterisch umzugehen, von Kindesbeinen an und bis ins Erwachsenenalter gelernt, antrainiert, eingebläut und immer wieder angemahnt werden muss.

Entsprechend lauten die einschlägigen Tipps und Strategien für einen erfolgreichen Umgang mit Zeit: »Nutzen Sie die Zeit!«, »Fassen Sie die Zeitdiebe!«, »Definieren Sie Ziele!«, »Verwenden Sie Tagespläne!«, »Setzen Sie Prioritäten!«, »Beginnen Sie positiv!«, »Bleiben Sie konsequent!« Hält man sich strikt an diese Regeln, so Seiwert, sei der Zeitgewinn garantiert: »10 Prozent Erfolgseffekt durch Management by Zeitplanbuch = 1 Stunde Zeitgewinn pro Tag.«[7]

Doch entgegen allen Versprechungen führt Zeitmanagement, diese »modernisierte Form der Heilserwartung«[8], nicht zu Zeitgewinn. Im Gegenteil, gefangen vom Wunsch, jede Minute auszunutzen, wird jede sich öffnende Zeitlücke umgehend mit neuen Tätigkeiten vollgestopft und damit die Zeitknappheit erhöht. Die Zeitfalle schnappt zu! Modernes Zeitmanagement ist somit nicht der direkte Weg ins versprochene Zeitparadies, sondern ein Kursus in Selbstbeherrschung, der nur dort seine Erfüllung findet, »wo der Teilnehmer sich selbst in eine Präzisionsuhr verwandelt«[9].

Zeitmanagement, das ja nichts anderes als die Lehre vom ökonomischen Umgang mit der Zeit ist, erfreut sich wohl nicht zuletzt deshalb großer Beliebtheit, weil die Tendenz zum Produktivitäts- und Effizienzdenken immer weitere Lebensbereiche erfasst. Der Nobelpreisträger für Ökonomie Gary S. Becker unterstellt dem Menschen gar ein Nutzen maximierendes Verhalten in allen Lebenslagen und Situationen.[10]

Sei es der Kinderwunsch, die Wartezeiten in Sprechzimmern oder ein Theaterbesuch, Kochen, Putzen und Essen, ja selbst Heiraten, so Becker, unterliege einer Kosten-Nutzen-Rechnung: Ein Mensch heiratet, »wenn der Nutzen, den er von einer Heirat erwartet, den Nutzen übersteigt, den er sich vom Alleinleben oder von weiterer Suche nach einem passenderen Partner verspricht. Ebenso beendet eine verheiratete Person ihre Ehe, wenn der antizipierte Nutzen des Alleinlebens oder einer Ehe mit einem anderen Partner den Nutzenentgang übersteigt, der durch die Trennung entsteht.«[11] So durchdringt der ökonomische Umgang mit Zeit alle gesellschaftlichen Lebensbereiche bis hinein in die Mikroökonomie der Gefühle.

Nun sollte keineswegs bestritten werden, dass es einen Zusammenhang gibt. Das lässt sich beispielsweise erkennen in der zunehmenden Technisierung der Haushalte durch den Einsatz zeitsparender Haushaltgeräte, im Ausweichen auf Tiefkühlkost und Fertiggerichte oder in der häufigeren Verwendung gekaufter als selbstgemachter Produkte. Doch wider Erwarten ergeben sich trotz der großen Unterschiede in der technischen Ausstattung zwischen Haushalten der fünfziger und der achtziger Jahre kaum Zeitersparnisse. Noch immer werden in einem Vierpersonen-Haushalt im Durchschnitt bis zu fünfzig Stunden wöchentlich für Reinigungsarbeiten, Wäschepflege, Einkaufen, Transport und sonstige Organisationsarbeiten aufgewendet.[12]

In jüngster Zeit hat das Effizienzdenken auch Folgen, die für die effizienzorientierte Wirtschaft von Nachteil sind. Die von den Medien verkündete anhaltende Konsumflaute entpuppt sich nämlich bei näherer Betrachtung zum Teil weniger als Kaufverweigerung denn als Produktivitätssteigerung seitens der Konsumenten. Angesichts der stagnierenden oder gar sinkenden Einkommen wird die Steigerung der Produktivität – im Produktionssektor eine Pflicht – auch im Konsumsektor zur Regel.

Da tauscht beispielsweise eine Unternehmensberaterin in den Ferien ihre Villa gegen die Attikawohnung eines in Rom wohnhaften Architekten und verkauft dafür ihre Zweitwohnung in der Toskana. Indem gleichzeitig der römische Architekt seine Ferien in der Villa der Unternehmensberaterin verbringt, steigern beide ihre Produktivität. Oder ein Beamter fährt neuerdings mit der S-Bahn in die City und gewinnt dabei eine halbe Stunde, die er früher im Stau verbrachte. Weil er sein Auto seitdem kaum noch fährt, beteiligt er sich an einem Carpool. Damit erhöht er nicht nur die Produktivität seiner eigenen Mobilität, sondern auch die Nutzungsdauer seines Wagens.

Den Anstoß hat er erhalten, als in der Verwaltung Lohnkürzungen angekündigt und das so genannte »New Public Management«

eingeführt wurde. Seitdem das Produktivitätsdenken auch in die muffigen Amtsstuben eindringt und mit frischem Wind den Amtsschimmel wegwischt, findet es dieser auf Effizienz getrimmte Beamte »höchst komisch, wenn Leute in der Freizeit ein eigenes Vehikel betreiben, das während 23 von 24 Stunden stillsteht, dabei einen Platz von der Fläche eines halben Kinderzimmers beansprucht und mehr als 10 Prozent des Lohns verschlingt«.[13]

Mit ein wenig Fantasie ließe sich diese Aufzählung beliebig verlängern. Aufgeschreckt vom Weißbuch ›Mut zum Aufbruch‹[14], verunsichert vom Rotbuch ›Das Geschwätz von der freien Marktwirtschaft‹[15] und stimuliert vom Grünbuch ›Faktor vier – doppelter Wohlstand, halbierter Naturverbrauch‹[16] nehmen die Konsumenten ihr Schicksal in die eigene Hand und entdecken neue Wege, um ihre persönliche Konsumproduktivität zu erhöhen und ihre Kosten zu minimieren. So propagieren Wohngemeinschaften den Gemeinschaftsstaubsauger und erhöhen damit die tägliche Saugzeit pro Gerät von 10 auf 20 Minuten; Reihenhausbesitzer gründen Rasenmäherpools und erzielen damit einen Mähproduktivitätsfaktor vier; Modebewusste organisieren Kleiderbörsen unter dem Slogan »Halber Textilbesitz, doppelter Konfektionswechsel« und Großfamilien teilen Parfüm und Deo streng kommunitaristisch im Sinne von »Mein Bac ist dein Bac« …

Allein, so haben sich das jene Wirtschaftsführer, die die Effizienz-Revolution predigten und für die soziale Eigenverantwortung des Individuums plädierten, wohl nicht vorgestellt. Denn hielte sich die Mehrheit der Konsumenten an diese Einspar-Regeln, blieben die Bauunternehmer und Immobilienhändler auf ihren Ferienhäusern und Zweitwohnungen sitzen; die Autofabrikanten produzierten ins Blaue statt für die Fahrt ins Grüne; den Staubsaugerfabrikanten bliese der wirtschaftliche Gegenwind als Staubwolke ins Gesicht; und die Püderchen und Wässerchen der Kosmetikindustrie vergammelten in den Regalen. So erwiese sich der ökonomische Umgang mit Zeit und Geld gar als Ausweg aus der Konsumfalle.

Vermutlich bleibt dieses optimistische Szenario jedoch Utopie. Weitaus realistischer ist, dass mit der Reduktion von Zeit auf ihren

Geldwert eine Abwertung all jener Zeiten erfolgt, die sich nicht oder nur schwer einer Ökonomisierung unterwerfen lassen. Nichts wert ist die Zeit von Arbeitslosen, wertlos die Zeit von Kindern, Behinderten und Alten, weniger wert die Zeit von Hausfrauen sowie die Zeit für Krankenbetreuung oder Kindererziehung. Kurzum: Was sich nicht verwerten lässt, ist nichts wert.

Angesichts der Produktionsüberschüsse schon in ökonomischer Hinsicht eine Absurdität, werden Produktionsideologien lebensweltlich gar zu einer Ungeheuerlichkeit. Bezeichnenderweise gipfelt die Renaissance utilitaristischer Philosophien und deren Unterscheidung zwischen lebenswertem und lebensunwertem, sprich: nichtbehindertem und behindertem Leben in der Forderung nach Abtreibung von Föten, die Behinderungen aufweisen. Denn damit könnten nicht nur die Betreuungsaufgaben betroffener Eltern reduziert werden, wodurch mehr Zeit in die gesunde Nachkommenschaft investiert werden könnte, auch der arg gebeutelte Staatssäckel könnte so entlastet werden.

In durchökonomisierten und auf permanenter Steigerung der materiellen Produktion ausgerichteten Gesellschaften wird die Trennlinie zwischen lebenswertem und lebensunwertem Leben offenbar nicht mehr aufgrund ethnischer Kriterien gezogen, sondern aufgrund der Unterscheidung in produktiv und unproduktiv. Dabei wird vergessen, dass wir nicht leben, um zu produzieren, sondern wir produzieren, um zu leben. Und vergessen geht, dass der Nutzen oder Wert einer Handlung nicht zwingend in der Produktivität liegen muss, sondern bereits während des Tuns einen Nutzen enthalten und Befriedigung ermöglichen kann.

Beispiele dafür sind das Zubereiten und das Essen einer Mahlzeit, der Besuch kultureller Veranstaltungen, die Zeit der Zärtlichkeit, Spazierengehen oder Wandern. Für solche Tätigkeiten aber gilt, dass deren Zeitbedarf nicht beliebig verkürzt werden darf. Denn Genuss benötigt bekanntlich Zeit und wird beeinträchtigt, wenn zu wenig zur Verfügung steht: Der Theaterbesuch verkommt zum Intermezzo, das Essen zum Fooden, der Spaziergang zum Parcours, das Studium zum Schnellkurs und Sexualität zum Fick. Wen also wundert's, dass heutzutage selbst für Genussmittel mit der Aufforderung geworben werden muss, sich beim Genuss Zeit zu lassen. Nichts fällt dem modernen Menschen offenbar schwerer, als sich Zeit zu lassen.

Zwar wird Mensch immer älter, aber losgelöst aus den übergreifenden Zusammenhängen göttlicher Heilsgeschichte und radikal auf sich selbst verwiesen, gewahrte er sein Leben als kläglich und kärglich eingezwängt in die kurze Spanne zwischen Geburt und Tod. »Lebenszeit und Weltzeit«, so die Diagnose des Philosophen Hans Blumenberg[17], begannen auseinanderzuklaffen. Die Hoffnung auf ein Leben nach dem Leben wich der Angst, das Leben als erste und letzte Gelegenheit des Lebens zu verpassen.

Insofern kulturelle Evolution nach Niklas Luhmann gar als »Anreicherung der Welt mit Möglichkeiten«[18] verstanden werden kann, erfährt der Mensch ob des stets wachsenden Angebots an Optionen sein Leben gar im Zeichen zunehmender zeitlicher Knappheit. Egal wie spät der Tod in das individuelle Leben eintritt, stets kommt er zu früh. »Die Angst, das meiste, das Wichtigste oder das Beste zu versäumen wird zum peinigenden Grundgefühl des Lebens«.[19] Zeitmanagementkurse dürften somit in erster Linie jene Menschen ansprechen, die die Furcht umtreibt, etwas zu verpassen[20] – und gerade deshalb das Leben versäumen.

So hält die pausenlose Angst, dass einem ausgerechnet jene Momente entgehen, die das Leben bereichern könnten, alle permanent auf Trab. »Eines weiss ich: Ich möchte später nicht das Gefühl haben, etwas verpasst zu haben«, bestätigt ein 28-jähriger Schweizer Ex-TV-Moderator diese Vermutung.[21] Allein, auch er wird um die Einsicht, nicht alles tun zu können, was er tun möchte, nicht herumkommen. Denn nicht nur für ihn gestaltet sich die Bilanz zwischen den genutzten und den versäumten Gelegenheiten immer ungünstiger. Befriedigung verspräche allein jenes Zeitbudget, in dem die Weltmöglichkeiten in einem einzigen Leben erschöpfend genutzt werden könnten. Doch die Welt ist in einem Leben nicht zu schaffen.

So verbleibt den von Welthunger und Lebensgier Getriebenen bloß die Möglichkeit, die Lebensbilanz zu verbessern: Die genutzten

Gelegenheiten sollen die verpassten in den Schatten stellen. Gemäß der Devise, was dem Leben an Länge abgeht, soll durch Intensität, Leidenschaft und Schnelligkeit wettgemacht werden, versucht der auf Hochtouren gebrachte und auf der Überholspur lebende Zeitgenosse, durch Zeitspartechniken und Kunstgriffe der Selbstbeschleunigung Zeit zu gewinnen, um mehr von der Welt zu haben. Allein wer in der gleichen Zeit ein Mehrfaches erledigt, wer mehr als nur ein Leben abgrast, kann die Bilanz frisieren. Beschleunigung soll das Leben zu einer lückenlosen Folge von Höhepunkten verdichten.

Doch der »Run auf die Offerten der Welt«[22] ist nicht zu gewinnen. Wo unendlich viel vorstellbar und verfügbar ist, wird jede Entscheidung für eine Möglichkeit zur teuren Absage an eine andere. Jede Besetzung gegenwärtiger Zeit erscheint als Fehlbesetzung, jeder Zugriff ein Missgriff. Da das wirkliche Leben stets anderswo verlockender sprudelt, wird Gegenwart definiert durch das, was ihr abgeht. Leben verkommt zum Defizitgeschäft.

Leben kann somit nur gelebt werden um den Preis der Selektion und wird bezahlt mit Verzicht. Verzicht wird zum Schwanengesang auf eine der Meta-Erzählungen der Moderne: dass alles zu jeder Zeit möglich sei. »Bescheidung nicht angesichts von Knappheit, sondern angesichts von Überfluss«, hat der Philosoph Günther Anders diesen modernen kategorischen Imperativ auf den Punkt gebracht.[23]

Nichts jedoch scheint dem modernen Menschen weniger geeignet, sein Verhältnis zur Zeit und zur Welt wieder ins Lot zu bringen, als Gelassenheit, Ruhe oder Geduld. In einer säkularisierten Welt, die keine Hoffnung auf ein Jenseits mehr kennt und die Sinnerfüllung im Diesseits nur den wenigsten Menschen verschaffen kann, muss der Tod als unerträgliches Versagen, als Kapitulation im Kampf gegen die Zeit erscheinen. Wo das Leben ein Wettlauf ist, ist das Sterben eine Niederlage. Folglich wird der Tod nicht nur verdrängt, tabuisiert oder zum Betriebsunfall degradiert, sondern mit allen Mitteln immer weiter hinausgezögert.

Entsprechend läuft die Jagd nach dem Alterungsfaktor auf vollen Touren. Denn wer das Geheimnis des Alterns entschlüsselt und dergestalt dem ewigen Leben auf der Spur ist, könnte nicht nur einen molekularen, sondern vor allem einen monetären Jungbrunnen entdecken. So hofft etwa der Mikrobiologe Michael Jaswinski, dass wir »in 30 Jahren die wichtigsten Gene kennen, die ein langes Leben garantieren. Wir werden dann in der Lage sein, die maximale Lebensspanne eines Menschen zu verdoppeln, zu verdrei- oder gar zu vervierfachen. Es ist tatsächlich möglich, dass einige Menschen, die jetzt leben, auch in 400 Jahren noch leben.«[24] Und der Neurobiologe Michael Fossel spricht gar von einem »Unsterblichkeitsenzym«, mit dessen Hilfe die Lebensuhr immer wieder aufgezogen werden könnte.[25]

Fündig wurden die Wissenschaftler am California Institute of Technology. Sie haben entdeckt, dass eine mutante Taufliege eine deutlich längere Lebensspanne aufweist als Wildtyp-Fliegen. Statt der üblichen 60 bis 80 Tage überlebt diese über 100 Tage, zudem ist sie resistenter gegenüber Stressfaktoren wie Hitze, Hunger und aggressive Sauerstoffverbindungen. Ursache dafür ist das so genannte Methusalem-Gen, das die Produktion eines für die Signalübertragung in den Zellen verantwortlichen Proteins steuert.[26]

Und gar beim Menschen fündig wurde der Arzt Edmund Chein. Aufbauend auf die Theorie des Endokrinologen David Rudman, wonach die mit zunehmendem Alter abnehmende Produktion von Wachstumshormonen verantwortlich für den Alterungsprozess sei, erfand er die totale Hormonersatztherapie. Seit der Publikation seiner aus Selbstversuchen gewonnenen spektakulären Resultate lassen sich in seiner vollbesetzten Praxis gutbetuchte 80-Jährige mit Wachstumshormonen vollpumpen, worauf sich ihr Körperfett zurückbildet, der Muskelumfang zunimmt und der Sexualtrieb zurückkehrt. Doch trotz der Euphorie über ihren verjüngten Körper mussten einige Patienten die Therapie nach einigen Monaten abbrechen: »Die Therapie ist so teuer, und ich fühlte mich so blendend«, schilderte ein ehemaliger Patient, »dass ich Angst bekam, ich könnte mein Geld überleben. Aber ich will nicht bankrott sterben.«[27]

Die bizarrsten Blüten im Kampf gegen das Alter aber gedeihen abseits der »seriösen« Wissenschaft. Da gibt es beispielsweise die

Anhänger der Gefriertechnik, die so genannten »Cryonisten«, die sich bei ihrem Tun auf Phänomene der Natur berufen: auf Springschwänze und Schildkröten, deren Körpersäfte im Winter Temperaturen unter Null Grad Celsius schadlos überstehen sollen. Und es gibt die Alcor-Stiftung, die ihre Aufgabe in der Konservierung von Toten zum Zwecke ihrer zukünftigen Wiederbelebung sieht.

So ruhen in einer Garage der Alcor-Zentrale in Riverside, Kalifornien, bei exakt minus 196 Grad Celsius Menschenkörper, die in etwa fünfzig Jahren aufgetaut werden sollen. Denn bis dahin, so die Vision von Alcor, haben Mikrocomputer, die mit dem bloßen Auge nicht zu erkennen sind, mit biotechnischen Armen Zelle für Zelle von Fehlern befreit, Schäden repariert, Krankheiten geheilt und die Folgen der Alterung beseitigt. Wenn die Patienten dann aufwachen, weisen sie keine Spuren der Zeit auf. Sie haben die Gesichter und Körper von Teenagern. Ihre Haut ist geschmeidig und glatt und ihr Geist ist wacher und aktiver denn je.

Die Kongruenz von Lebenszeit und Weltzeit erweist sich als Wahn. Ein Wahn, der nur gebrochen werden kann, indem das eigene Leben relativiert wird. Die erste Lektion eines jeden Zeitmanagement-Kurses müsste daher zur Einsicht führen, dass Leben nur in Maßen möglich ist und dessen Länge nicht das Maß aller Dinge ist. Die zweite Lektion müsste zu der Erkenntnis führen, dass wir die Zeit nicht in den Griff bekommen können, vielmehr die Zeit uns im Griff hat. Lektion drei, dass nicht die Zeit vergeht, sondern wir in der Zeit vergehen. Und Fortgeschrittene könnten gar lernen, dass die Möglichkeiten, mit Zeit selbstbestimmt umzugehen, gesellschaftlich höchst unterschiedlich verteilt ist. Wer sich Zeit beschaffen und andere unter Zeitdruck setzen kann, wer warten muss oder warten lässt, ist eine Frage des Status, der Macht und des Ansehens.

Zeitmanagement-Kurse sind somit weniger Anleitungen für einen geglückten Umgang mit Zeit als vielmehr eine zusätzliche Option im Arsenal der Mobilmachungsstrategien beruflicher Aufsteiger im Kampf um einen der limitierten Plätze an der Sonne. Eine Strategie, in der Scheitern oder Misserfolg weder vorgesehen noch gewollt sind. Eine Strategie, die suggeriert, dass alles, auch ein optimaler Lebenslauf, machbar sei, und dabei ignoriert, dass ein erfülltes Leben weniger aus Plänen als vielmehr aus Gelegenheiten besteht. »Man kann nur leben, indem man oft genug nicht macht, was man sich vornimmt«, hat es der Schriftsteller Elias Canetti auf den Punkt gebracht.[28] Diese Einsicht ist zwar kein Rezept für eine rasante Karriere, womöglich aber für ein gelingendes Leben.

Weshalb sich darauf beschränken,
das Brot des Geburtsortes zu essen?
Bartolomeo Stefani[1]

70 000 Tonnen Fernweh oder Die Entzeitlichung und Enträumlichung der Nahrung

Der Mensch ist ein gefräßiges Wesen. Vor zwei Millionen Jahren pflegte Homo habilis als Jäger und Sammler große Fleischstücke von weit her an die Familientafel zu schleppen, um die heimische Kost zu bereichern. Er jagte und fischte, was die Jagdgründe hergaben – und nicht selten mehr. Als sich im Pleistozän vor 17 000 Jahren die Tierbestände drastisch reduzierten, wurden ihm jedoch weniger die Grenzen seiner Gier aufgezeigt, als vielmehr der Boden für den Übergang zur Viehzucht und Landwirtschaft bereitet.

Reis in Indochina, Zuckerrohr in Neuguinea, Hirse in Afrika und China, Bohnen und Mais in Amerika – überall auf der Welt begann Mensch pflanzliche Nahrungsmittel zu kultivieren und Tiere zu domestizieren, um seine Abhängigkeit vom natürlichen Angebot zu minimieren und seine Gaumenfreuden zu maximieren. Und er begann Vorratslager anzulegen, um den Unwägbarkeiten der jahreszeitlichen Schwankungen im Nahrungsangebot zu entkommen.

Dennoch blieben ihm über die längste Zeit seiner Geschichte Hungersnöte ein ständiger Begleiter. Überschwemmungen und Dürre, Hitze und Frost zerstörten die Ernte. Kriege und räuberische Feldzüge vernichteten Felder und Äcker, Haus und Hof. Und Seuchen rafften

Mann und Maus, Kind und Kegel dahin. Doch Not macht erfinderisch. Neue Verfahren in der Zubereitung und der Konservierung von Lebensmitteln erweiterten in den folgenden Jahrhunderten die Nahrungspalette ebenso wie der Handel mit Erzeugnissen aus der ganzen Welt.

Im 13. Jahrhundert brachte Marco Polo die Nudeln aus China nach Italien. Dank der Erfindung eines Behälters zur Lagerung von Heringen durch Wilhelm Beuckelszon blühte im 14. Jahrhundert der Export von Heringen. 1527 brachten spanische Seefahrer die Schokolade nach Europa. 1640 eröffnete in Venedig das erste Kaffeehaus. 1762 erfand John Montagu, der vierte Earl of Sandwich, das gleichnamige Brot. Und bereits 1795 waren die ersten Konservenbüchsen im Umlauf.[2] Zu einer grundlegenden Revolution in Ernährung, Nahrungsmittelproduktion und deren Verteilung kam es jedoch erst im 19. Jahrhundert.

Bis Mitte des 19. Jahrhunderts ernährten sich in Europa die meisten Menschen vorwiegend von Getreide. Die Ausgaben für Getreide belasteten die Familienetats der einfachen Leute mit bis zu 90 Prozent der gesamten Aufwendungen für Lebensmittel. Brotrationen zwischen 500 und 800 Gramm pro Tag, hergestellt aus dunklem Mehl, waren die Regel. Reichhaltige Büffets mit Köstlichkeiten aus aller Herren Länder waren der Oberschicht vorbehalten.

Mit der Verbesserung des Nahrungsmittelangebotes kam es dann zu einer Demokratisierung der Ernährungsgewohnheiten. Vormals den Reichen vorbehaltene Lebensmittel wie Weißbrot, das zwar weniger nahrhaft, aber aufgrund der hellen Farbe attraktiver war und bisher als ein Attribut für Luxus galt (genau wie weißer Zucker oder weißer Reis), wurde nun allen Bevölkerungsgruppen zugänglich. Vor allem aber ging der Getreidekonsum zurück und der Fleischkonsum stieg.

Ermöglicht hatten diese Entwicklung einerseits neue Techniken in der Nahrungsmittelkonservierung, insbesondere die Kühlung, die es erlaubte, leicht verderbliche Lebensmittel wie Fleisch selbst aus entlegenen Ländern in die immer bevölkerungsreicheren Städte Europas einzuführen. Und zum anderen neue Transportmethoden, insbesondere die Eisenbahn, die es ermöglichte, schwere und sperrige Waren auch auf dem Landweg zu transportieren.

Die Ernährungsweise veränderte sich langsam, aber grundlegend. Der steigende Lebensmittelverbrauch in den Städten sorgte für einen fundamentalen Funktionswandel der Landwirtschaft, die von einer Lebensmittelproduzentin zu einer Rohstofflieferantin für die Nahrungsmittelindustrie wurde. Die Perfektionierung des Verteilungs- und Transportnetzes sorgte für eine steigende Einfuhr hochwertiger Nahrungsmittel aus der ganzen Welt, die »Logik der industriellen Produktion« sorgte für Massenproduktion sowie Massenabsatz.

War früher die territoriale Zugehörigkeit der Erzeugnisse ein selbstverständlicher und unvermeidlicher Faktor, der die Produktionsweise und das Konsumverhalten weitgehend prägte, wurden durch die Nahrungsmittelindustrie viele althergebrachte Gepflogenheiten und Bräuche über den Haufen geworfen. Nicht, dass zuvor eine gänzlich harmonische Beziehung zwischen dem Mensch als Verbraucher und der Natur als Erzeugerin bestanden hatte. Die Symbiose mit der Natur, die Abhängigkeit von ihrem Rhythmus war zwar groß, doch bedeutet dies nicht, dass man in heiterer Übereinstimmung mit ihr gelebt hätte.

Schon immer hatte man versucht, die Jahreszeiten zu überlisten, sich von den jahreszeitlichen Einschränkungen im Nahrungsangebot und der Bindung an den eigenen Boden unabhängig zu machen. Bereits in der Antike wurde ja bekanntlich mit Lebensmitteln aus mehreren Kontinenten gehandelt. Und hat man sich »das Paradies auf Erden – die ideale Welt – vielleicht nicht stets als einen Ort ›ohne Jahreszeiten‹ vorgestellt, in dem eine sich immer gleichbleibende Nahrung ständig verfügbar ist«?[3]

Exotische Speisen auf den Tischen sind somit kein Merkmal einer neuen Kultur. Heutzutage gibt es jedoch nicht nur viel mehr Menschen, die sich das leisten können, was einst das Vorrecht einiger weniger war. Vor allem wird mittlerweile die Grundversorgung mit Importprodukten aus aller Welt gedeckt, während die regionale Produktion zu einem Luxus wird. »In der Küche ist die Globalisierung längst Wirklichkeit«, schrieb der Schriftsteller Hugo Loetscher treffend.[4]

So ziert der bunte Reigen exotischer Früchte wie Kiwis, Mangos, Papayas, Litschis, Karambole, Limonen, Cherimoyas oder Passionsfrüchte längst nicht mehr nur die Tafeln der Herrschaftshäuser und die Schaufenster der Delikatessengeschäfte, sondern ist auch in allen Supermärkten zu finden. Während von den in der Schweiz umgesetzten Früchten nur noch 40 Prozent aus inländischer Produktion stammen, stieg die Einfuhr von Südfrüchten zwischen 1980 und 1985 um 80 Prozent auf stattliche 3642 Tonnen, wobei sich diese Zahl nur auf die neuesten Exoten bezieht. Rechnet man noch längst »etablierte« Früchte wie Bananen, Ananas und Datteln dazu, wobei Zitrusfrüchte bereits zu den einheimischen Früchten gezählt werden, ergeben sich gar »70 000 Tonnen Fernweh«.[5]

Umgekehrt proportional zu den steigenden Einfuhrmengen sinken die Preise: Während eine Ananas früher rund 10 DM kostete, sind es heute bloß noch 2 DM. Und Kiwis, in den siebziger Jahren eine neu eingeführte Delikatesse, sind heute zu einem Spottpreis zu haben. Es scheint gar die Faustregel zu gelten: Je weiter die Nahrung herkommt, desto billiger wird sie. So sind lokale Produkte heutzutage zumeist teurer als diejenigen, die weite Transportwege hinter sich haben.

Zudem werden die Lebensmittel insgesamt immer preiswerter. Musste 1960 für Markenbutter noch rund vierzig Minuten gearbeitet werden, sind es heute noch sechs. Für ein Brathähnchen reduzierte sich die Arbeitszeit gar von über zwei Stunden auf eine knappe Viertelstunde.[6] Während wir vor dreißig Jahren noch etwa 38 Prozent unseres Nettoeinkommens für Lebensmittel ausgaben, beträgt der Anteil heute bloß noch die Hälfte – etwa gleich viel wie fürs Auto.

Doch je billiger Lebensmittel zu haben sind, desto weniger wertvoll scheinen sie uns. Erdbeeren zu Weihnachten, Pfirsiche im Januar und Spargel im Februar gelten nur noch als selbstverständliche Annehmlichkeit, und während früher »die Wertschätzung der Speisen immer mit dem Wissen um ihren Ursprungsort einherging«[7], droht diese kulturelle Dimension der Nahrung heute im Meer der internationalen Märkte unterzugehen. Wir wissen nicht mehr, woher die Nahrung kommt, wann und wie sie hergestellt wurde und wie eng die Nahrungsmittelproduktion bis heute an klimatische und jahreszeitliche Bedingungen geknüpft ist.

Mussten früher noch eigenhändig Vorräte gesammelt werden, was eine genaue Kenntnis der Eigenschaften der Lebensmittel voraussetzte, sind diese Fertigkeiten zunehmend von der Wirtschaft übernommen worden. Einfache, aber zeitaufwendige Methoden wie Lufttrocknen, Räuchern, Salzen, Säuern oder in Honig einlegen wurden von energetisch aufwendigen und entsprechend problematischen Verfahren wie Tiefkühlung, Aufbewahrung in Blechkonserven oder Beigabe chemischer Konservierungsstoffe verdrängt. Die Jahreszeiten gibt es noch, auf dem modernen Speiseplan und in den Geschäftsauslagen sind sie jedoch kaum noch zu erkennen.

Ein Zurück zur Natur gibt es gleichwohl nicht. Ein »natürliches« Verhältnis zur Nahrung hat nie existiert, und ein ökologisch verträgliches Verhältnis – zumal auf Massenbasis – muss erst noch entwickelt werden. Gerade der Nahrungsüberfluss in den Industriestaaten könnte uns erlauben, dies mit größerer Gelassenheit anzugehen als in der Vergangenheit. Doch das Gegenteil ist der Fall.

Die Landwirtschaft beispielsweise ist durch technische Aufrüstung höchst produktiv geworden. Brauchte vor 100 Jahren ein Bauer etwa 300 Stunden, um einen Hektar Getreide zu mähen, schafft er dies heute in einer Stunde. War es in der Mitte des vorigen Jahrhunderts nur ein Bürger, den ein Landwirt miternährte, waren es 1950 bereits 10 und heutzutage über 80 Menschen.[8]

Doch diese Produktivitätssteigerung hinterlässt tiefe Furchen. Von der »Ernte- und Dreschgesellschaft, die noch in den fünfziger Jahren zu den beliebten ikonografischen Motiven der bäuerlichen Arbeitswelt gehörte, bleibt am Ende des 20. Jahrhunderts ein einsamer Lohndreschfahrer, der auf einem endlosen, den Dimensionen seines Riesenmobils angepassten Territorium und jenseits der Tag-Nacht-Rhythmen die Erntemassen einfährt«.[9]

Wurden noch vor 150 Jahren ungefähr 95 Prozent der Lebensmittel, die ein Bürger konsumierte, in Sichtweite seines Kirchturms erzeugt,[10] bezieht Deutschland mittlerweile fast doppelt so viel Gemüse aus Übersee wie aus Europa. Jeder vierte Lastwagen transportiert Nahrungs- und Genussmittel. Etwa 20 Prozent des gesamten Energie- und Materialverbrauchs werden dafür eingesetzt, Nahrungsmittel auf die Tische zu bringen. Und der Transportaufwand im Lebensmittelsektor steigt weiter.

Diesel für die Traktoren, Futtermittel für die Massentierhaltung, Energie für die Nahrungsmittelindustrie, Benzin für die langen Transporte, Strom für die Kühlaggregate im Supermarkt, Heizenergie für die Zubereitung sowie eine weit verzweigte Infrastruktur an Pipelines, Autobahnen, Schienenwegen, Produktionsanlagen, Lastwagen, Güterwaggons, Frachtflugzeugen und -schiffen sowie Verkaufsflächen und Parkplätzen wird täglich in Betrieb gehalten, um uns zu sättigen.

Selbst ein so unscheinbares Ding wie ein Erdbeerjoghurt ist weit herumgekommen: Erdbeeren aus Polen, Milch aus Südengland, der Plastikbecher aus Portugal und der Aludeckel aus Norwegen. Allein die Einzelteile haben bereits eine Strecke von 7695 Kilometer zurückgelegt.[11] Es scheint gerade so, als ob unsere Zivilisation von einem magischen Transportritual beherrscht werde: »Lebensmittel scheinen erst dann als genießbar zu gelten, wenn sie mehr als hundert Kilometer gereist sind. Erst ab etwa tausend Kilometern können sie als Delikatesse gelten.«[12]

Auch bei der Produktion von Nahrungsmitteln zeichnen sich dramatische Veränderungen ab. War die Geschichte der Landwirtschaft über weite Zeiträume durch die den Nutzorganismen eigenen Wachstumsgeschwindigkeiten und Reproduktionszyklen geprägt, werden diese natürlichen Zeitmaße zunehmend kontrolliert und manipuliert. Landwirtschaft verkommt zum Experimentierfeld der gentechnischen Labors der Chemie-Multis und die Konsumenten zu Versuchskaninchen im Poker um Markterweiterungen und steigende Gewinnspannen.

Wahlweise Beschleunigung oder Verlangsamung sind dabei die

Kunstgriffe, derer man sich bedient, um der Rhythmen und Eigenzeiten der Natur Herr zu werden. So müssen Pflanzen und Tiere mittels Kunstdünger, Kraftfutter oder Hormonbeigaben möglichst rasch heranwachsen, bis sie geerntet beziehungsweise geschlachtet werden. Anschließend werden sie gekühlt oder tiefgefroren, um möglichst lange haltbar zu bleiben und die Verkaufszeit zu verlängern. Und am Schluss sollten sie rasch verzehrt werden.

So wird beispielsweise beim Brot eine enorme Palette von Zusatzstoffen verwendet. Die Dauer der Teigführung wird mit Weinsäure, Zitronensäure oder Natriumdihydrogenphosphat reduziert, die Teigruhe mit Ascorbinsäure verkürzt und die Haltbarkeit mit dem Konservierungsstoff Sorbinsäure verlängert.[13] Ginge es nach dem Willen des Pharmamultis Novo Nordisk, würde gar ein Gentech-Enzym unter den Brotteig gemischt, damit das Brot länger »frisch« bleibt.[14]

Beim Bier bieten sich der modernen Brautechnologie Kontrollmöglichkeiten bei der Gärung und Reifung. So wird dessen Produktionszeit von zwei Monaten auf zwei Wochen verkürzt, dessen Lagerfähigkeit dagegen von wenigen Tagen auf über ein halbes Jahr ausgedehnt.[15] Und bei der Käseherstellung wird zuerst die Rohmilch sterilisiert und danach mit den gewünschten Bakterienkulturen versetzt. Das erhöht die Produktivität und garantiert gleichbleibende Qualität. Doch der Käse schmeckt, egal welche Milch der Produktion zugrunde liegt und welches Futter die Kühe gefressen haben, immer gleich. Die Erfahrung, dass Käse auch die Jahreszeiten der Weiden widerspiegeln kann, geht verloren.[16]

Während wir uns an solche Produktionsverfahren gewöhnt haben, sind wir für deren Folgen jedoch merkwürdig blind. Aufgrund moderner Zuchtverfahren ist zwar die Leistung von Nutztieren pro Zeiteinheit massiv gestiegen: Immer mehr Milch, mehr Eier, mehr Fleisch werden in immer kürzerer Zeit produziert. Für die Regeneration bleiben jedoch kaum noch Zeit. Weniger als drei Jahre beträgt mittlerweile die durchschnittliche Nutzungszeit einer deutschen Milchkuh.[17] Deren durchschnittliche Lebensdauer von knapp sechs Jahren beträgt noch ein Fünftel der Lebenserwartung eines Wildrindes. Ebenso fatal sieht die Bilanz für Säue, Hühner und Schafe aus. Geopfert auf dem Altar der Produktivität, stehen in den Ställen keine alten Tiere mehr.

Auch beim Konsum, beispielsweise bei den Essgewohnheiten, zeigen sich drastische Änderungen. Die Darstellung einer gemeinsamen Mahlzeit im Schoße der Familie, noch vor wenigen Jahrzehnten »das Symbol für die Lebensgemeinschaft der Familie schlechthin«[18] und auch in der zeitgenössischen Werbung nach wie vor ein beliebtes Sujet, hat heute kaum noch etwas mit der Realität gemein. Bereits 1976 versammelten sich bloß noch in 15 Prozent der Familien alle Mitglieder zu allen Mahlzeiten. Besonders vom gemeinsamen Mittagessen ist kaum etwas übrig geblieben. Die familiäre Essgemeinschaft hat sich – zumindest wochentags – weitgehend aufgelöst. Der Esstisch ist nicht mehr zentraler Ort familiären Lebens.

Durch die Erosion gemeinsamer Essenszeiten infolge der Trennung von Wohn- und Arbeitsort werden wir sowohl zu Hause als auch außer Haus zu »situativen Einzelessern«:[19] Nacheinander statt miteinander essen wird zur Regel. Indem die zeitlichen Zäsuren verschwinden, die Essenszeiten im Tagesablauf darstellen, werden wir gar zu Dauer- beziehungsweise Nonstop-Essern. So schätzte der ›Spiegel‹ im Jahre 1989, dass bereits über die Hälfte der Bundesbürger solche Zwischendurchesser seien.[20] »Sie essen, wie man ein Auto auftankt«, mokierte sich der Gastrokritiker Wolfram Siebeck – schnell, öffentlich, funktional, beiläufig und ambulant.[21] Nahrung verkommt zum Treibstoff für einsame Esser. Der Schnellimbiss wird zum Symbol der Essgewohnheiten der mobilen Gesellschaft.

Entsprechend standardisiert ist das Angebot der Fastfood-Restaurants. Diese Einschränkung wird jedoch nicht, wie zu erwarten wäre, als Zeichen von Verarmung negativ erlebt, sondern im Gegenteil zumeist positiv erfahren. Überall und zu jeder Zeit auf das gleiche halb vorgefertigte und standardisierte Angebot an Massenprodukten zu treffen, erleichtert die Wahl, garantiert Verhaltenssicherheit und verhindert Enttäuschungen. Ein Big Mac ist ein Big Mac ist ein Big Mac. Hauptsache, das Brötchen hat einen Durchmesser von

3,5 Inches, die Rindfleischplätzchen wiegen je 1,6 Unzen, haben einen Durchmesser von 3,875 Inches und enthalten genau fünf Spritzer Ketchup.

Dies soll jedoch nicht als kulturpessimistische Deutung missverstanden werden. Von einer Verwilderung oder gar Auflösung der Sitten kann nur ausgehen, wer bürgerliche Tischsitten zur Norm erklärt. Denn auch der Schnellimbiss hat seine Regeln, Merkmale und Rituale. Zwar kann ein gewisser »elementarer Zug« festgestellt werden. So wird etwa auf Besteck weitgehend verzichtet, Tisch und Tischtuch entfallen, vorheriges Händewaschen ist zumeist unmöglich und die Kommunikation zwischen Gastgeber und Gast aller Floskeln entledigt. Dieser Rückgang an Reglementierungen wird jedoch eher als Erweiterung individueller Freiheit denn als kulturelle Orientierungslosigkeit erlebt.

Zudem erweist sich das Essen eines Big Mac, ohne mit dem auslaufenden Ketchup zu kleckern, selbst mit bloßen Händen als ebenso großartige artistische Leistung wie das kunstgerechte Aufrollen von Spaghettis auf eine Gabel. Und solange vom Ketchup nichts ins Abwassersystem gelangt, ist die Mahlzeit nach Siebeck auch aus ökologischer Sicht absolut ungefährlich.[22]

Ganz im Gegensatz zum Angebot von Fastfood-Ketten kann von einer Uniformierung beim Blick in einen Supermarkt zunächst keine Rede sein. Eine ungeheure Vielfalt springt dort ins Auge. Nie zuvor war das Angebot so reichhaltig und abwechslungsreich wie heute. Und jährlich werden rund 1 300 neue Produkte auf den Markt geworfen. Doch in der riesigen Auswahl steckt viel Eintönigkeit. Mit der Steigerung des Angebots geht nämlich auch hier eine Standardisierung und Vereinheitlichung einher, die in erster Linie den multinationalen Food-Konzernen entgegenkommt.

Von den rund 50 verschiedenen Gerstensorten in Deutschland werden auf zwei Dritteln der Anbaufläche lediglich noch vier Sorten verwendet. Gleiches gilt für Weizen und Hafer. In Indien wurden in den letzten 50 Jahren über 30 000 verschiedene Reissorten angebaut. Heute bestimmen nur noch 30 den Markt.[23] Bei den Legehennen sind in Europa bloß noch zwei Zuchtpopulationen von Bedeutung.

Auch das sinkende Angebot an einheimischen, klimatisch angepassten Obstsorten zugunsten normierter Importware hängt direkt mit den von übergeordneten Instanzen wie der EU verhängten Gesetzen zusammen, die bestimmte Standards bezüglich Größe, Farbe und Geschmack setzen. Aus ökologischer Sicht ist diese weltweit um sich greifende genetische Monokultur gefährlich, weil damit die Flexibilität der Organismen eingeschränkt wird, mit der sie auf veränderte Umweltbedingungen reagieren können.

Auch die relative Gemächlichkeit natürlicher Zuchtwahl hat im Zeitalter der Beschleunigung keinen Platz mehr. Wo der Pflanzenzüchter alter Schule einen langen Atem benötigte, weil es zehn bis zwanzig Jahre dauern konnte, bis mit den klassischen Zuchtverfahren eine neue Eigenschaft herangezüchtet war, geht es im Zeitalter molekularer Biologie schneller: Nur ein Drittel oder höchstens die Hälfte der Zeit wird noch benötigt.[24]

Züchterische Eingriffe können jedoch nur bis zu dem Punkt als koevolutionär bezeichnet werden, als sie die Überlebensfähigkeit eines Organismus in der natürlichen Umwelt gewährleisten. Das ist durch das Tempo, mit dem sie vollzogen werden, und die Tiefe dieser Eingriffe nicht mehr gesichert. Ohne Fehlermeldungen der Natur abzuwarten oder zu registrieren, befinden wir uns auf einem »züchterischen Blindflug«.[25]

Ein Blindflug, der seit den siebziger Jahren durch das Arsenal der Gentechnologie noch zusätzlich beschleunigt wurde und in seinen Konsequenzen möglicherweise einem Kamikaze-Kommando gleichkommt. Denn auf der gentechnischen Direttissima werden organismische Varianten nicht mehr nur auf der Grundlage der gegebenen genetischen Ausstattung erzeugt, sondern auch mit Informationen und Eigenschaften ausgestattet, die im genetischen Erbe der Art nicht vorkommen und mit konventionellen Methoden nicht erreichbar gewesen wären, beispielsweise eine Kältetoleranz bei Fischen durch den Einbau eines Frostschutzgens, eine Schädlingsresistenz bei Maispflanzen oder eine Resistenz gegen Unkrautvertilgungsmittel bei Sojabohnen. Nachgerade Berühmtheit erlangt hat »Flavr Savr«, die Tomate, die nicht zermatscht.

Damit aber wird der natürlichen Evolution ein menschliches Ziel gegeben. Indem nur noch ökonomisch verwertbare Organismen erhalten und fortgepflanzt werden, wird die Abnahme der Artenvielfalt zusätzlich beschleunigt. So befindet sich die Menschheit nicht nur auf einem Blindflug, sondern macht gar einen gewaltigen Selbstversuch. Denn als letztem Glied der Nahrungskette schlagen alle diese Veränderungen letztlich auf den Menschen zurück.

Wo der Markt seiner Eigengesetzlichkeit überlassen ist,
kennt er nur Ansehen der Person,
keine Brüderlichkeits- und Pietätspflichten,
keine der urwüchsigen, von den persönlichen
Gemeinschaften getragenen sozialen Beziehungen.
Sie alle bilden Hemmungen der freien Entfaltung
der nackten Marktvergemeinschaftung.
Max Weber[1]

Zeitwettbewerb: Die ökonomischen Beschleunigungsfallen schnappen zu

Seit je war Zeit für das Wirtschaften grundlegend. Als Jäger und Sammler musste Homo habilis wissen, wann das Wild vorbeizieht und die Beeren und Früchte reif sind. Als Bauer und Viehzüchter musste Mensch wissen, wann die Zeit des Säens und Erntens, des Gebärens und des Tötens gekommen ist. Als Handwerker und Gewerbetreibender musste er die zeitlichen Eigenschaften seiner Materialien und Produkte kennen. Als Kaufmann und Händler musste er wissen, wann Waren günstig eingekauft und mit Gewinn wieder verkauft werden konnten. Und selbst heute bestimmen zeitliche Faktoren das wirtschaftliche Geschehen in Form von Preisschwankungen, Folgen von Innovationen, Krediten, Zinsen, Aktienkursen oder Börseneinbrüchen.

Wirtschaftliches Handeln ist – wie jedes Handeln – auf die Zukunft bezogen. Es zeichnet sich jedoch durch eine »Zukunftsbezogenheit aus, die über das übliche Maß des Vorausgreifens menschlicher Handlungen weit hinausgeht«.[2] Wirtschaftliches Handeln hat nämlich nicht nur die Aufgabe, Mittel zur gegenwärtigen Bedarfsdeckung zu schaffen, sondern sollte auch im Voraus darüber entscheiden, welche zukünftigen Bedürfnisse befriedigt werden müssen.

Doch selbst wenn wir bereits heute vieles von morgen wissen, beispielsweise durch Prognose, ändert dies an der prinzipiellen Unvorhersehbarkeit der Zukunft wenig. Denn zumindest eines können wir nicht im Voraus wissen: das, was wir erst morgen wissen. Zukunft stellt stets eine Quelle der Ungewissheit und Unsicherheit dar. Der wirtschaftliche Umgang mit Zeit ist folglich ein Ringen mit Zeit.

Die moderne Wirtschaft ist jedoch nicht nur auf die Zukunft ausgerichtet, sie besetzt durch gegenwärtiges Handeln auch immer größere Zeithorizonte: Sie borgt Zeit von der Zukunft und von der Vergangenheit. Alles Wissen, alle Maschinen und alle Ressourcen stammen aus der Vergangenheit, alles heutige Wirtschaften beeinflusst irreversibel die Zukunft, und Ressourcen, die wir heute verbrauchen, fehlen uns in der Zukunft. Die »Langzeitabhängigkeit des Wirtschaftens« und die »Folgen gegenwärtigen Handelns für die zukünftige Gegenwart« und für zukünftige Generationen wird jedoch zumeist übersehen.[3]

Indem die Wirtschaft auf den Zeitbegriff der klassischen Physik rekurriert, ein Zeitbegriff, der von jeder Stofflichkeit und jeder Subjektivität[4] abstrahiert, entschwindet Zeit aus ihrem Blickfeld. Im engen Blickwinkel der abstrahierenden Zeit verschwinden grundlegende zeitliche Aspekte des Wirtschaftens wie Ressourcenverschleiß, saisonale Schwankungen, Konjunkturzyklen, das Unterlaufen natürlicher Kreisläufe oder die Produktion nichtabbaubarer Abfälle. Und es verschwindet die Erkenntnis, dass Natur ebenso Zeit benötigte für die Evolution und die Bereitstellung von Ressourcen wie für deren Regeneration.

»Der Zeitfaktor bringt heute den entscheidenden Wettbewerbsvorteil. Als strategische Waffe ist Zeit gleichwertig mit Geld, Produktivität, Qualität und sogar Innovation«, lautet die Erkenntnis der Autoren George Stalk Jr. und Thomas M. Hout.[5] Erstaunlich ist jedoch weniger, dass Zeit die Geheimwaffe im Wirtschaftsleben ist.

Spätestens seit Frederick W. Taylors Schrift über die »Grundsätze der wissenschaftlichen Betriebsführung« im Jahre 1911 wurde Zeit als wichtiger Wettbewerbsfaktor erkannt. Erstaunlich ist vielmehr die Tatsache, dass die beiden Autoren neben ihrer je 150-prozentigen beruflichen Auslastung als Geschäftsführer, Direktoren, Vizepräsidenten und Mitautoren anderer Bücher noch die Zeit fanden, sich mit der Zeit auseinander zu setzen.

»Competing against Time«, wie ihr Buch im englischen Original sinnigerweise heißt, besticht denn auch weniger inhaltlich – und ist damit der Beweis dafür, dass über zu wenig Zeit zu verfügen das Denken beeinträchtigt – als vielmehr durch die militärisch durchsetzte Terminologie, die an den Kalten Krieg erinnert. Diese Anlehnung ist kaum zufällig. Viele wirtschaftspolitische Publikationen beziehen ihre Anregungen aus der Militärwissenschaft und liefern so den schlagenden Beweis dafür, dass die moderne Wirtschaft bloß die Fortsetzung des Krieges mit anderen Mitteln ist.

Doch der Begriff »Weltwirtschaftskrieg«, der kaum unterscheidet, ob von Unternehmen oder von Volkswirtschaften die Rede ist, macht deutlich, dass sich Wettbewerbsfähigkeit als Wert und als Kriterium zu verselbständigen droht.[6] Zudem werden neue Feindbilder geschaffen, mit denen sich einfacher politisieren lässt als mit den vielschichtigen und schwer fassbaren Struktur- und Produktivitätsproblemen, unter denen gerade die am höchsten entwickelten Marktwirtschaften leiden.

Auch die Methode des »Time-Based-Managements«, mit der Stalk und Hout unternehmerische Probleme lösen wollen, entpuppt sich weniger als neue Wunderwaffe denn als Rohrkrepierer. Wer »schwerfällige Wettbewerber« ausschalten wolle, so die beiden Autoren, benötige Strategien. Dabei stünden grundsätzlich drei Optionen offen: die friedliche Koexistenz mit den Wettbewerbern, der Rückzug oder der Angriff. Erfolg verspreche aber allein die Option des Angriffs. Wie die Geschichte von Entscheidungsschlachten jedoch zeige, so Stalk und Hout weiter, sei der klassische Angriff mittels Preissenkungen und Kapazitätserhöhungen wenig erfolgversprechend. Entsprechend haben sich »erfolgreiche Kriegsherren kaum je zu einem direkten Angriff« als vielmehr zur indirekten Überraschungsattacke entschlossen.[7]

Als eine solche Überraschungsstrategie verkaufen Stalk und Hout – wenig überraschend – den Zeitwettbewerb. Und als dessen Kern die Steigerung der Innovationsrate. Denn Innovation sei für die Überlebensfähigkeit eines Unternehmens ein ausschlaggebender Faktor: Nur wer permanent innovativ sei, bleibe auf dem Markt. Ausschlaggebend für den Erfolg einer Innovation sei jedoch nicht nur die Idee, sondern vor allem die Zeit, bis diese auf den Markt komme. Das Ziel eines Unternehmens müsse somit darin liegen, stets als Erstes mit einer Innovation auf den Markt zu gelangen. Beispiele für solche Steigerungen der Innovationsraten finden sich in der Praxis zuhauf, beispielsweise in der Mikroelektronik.[8]

Auf keinem anderen Gebiet vollziehen sich derzeit Fortschritte in ähnlicher Geschwindigkeit, verkürzen sich die Halbwertszeiten des Wissens ähnlich rasant, überschwemmen neue Produkte in immer kürzeren zeitlichen Abständen den Markt und altern die vorherigen Produktgenerationen ähnlich rasch. Da von den Kunden bevorzugt die neueste Produktgeneration gekauft wird, hat der Marktpionier, der die neue Leistungsgeneration als Erster einführt, einen großen Vorteil gegenüber der Konkurrenz. So beginnt ein Wettlauf um die Poleposition. Im Bestreben aller, Marktführer zu werden, werden ständig neue Produkte lanciert, beworben und auf den Markt geworfen. Die Marktverweilzeiten verkürzen sich, die Verkaufsfenster werden enger und die Produktlebenszyklen alter Leistungsgenerationen sowie die Nutzungszeiten neuer Produkte verkürzt.

Aufgrund der mikroelektronischen Bauelemente, die Bestandteile von immer mehr Produkten sind, wird der Zwang, Erster zu sein, auch in andere Märkte hineingetragen. So unterliegen auch Fotoapparate, Mikrowellenherde, Autos, Motorräder, Waschmaschinen, Kinderspielzeug oder Werkzeuge – alle mit Elektronik vollgestopft – dem Trend zu immer kürzeren Innovationszyklen und Nutzungszeiten.

Mittlerweile unterliegen beinahe alle Gegenstände des täglichen Gebrauchs der Beschleunigung. Doch im Kampf gegen die Zeit gibt es letztlich nichts zu gewinnen. Jede Form der Beschleunigung stößt früher oder später an Grenzen.

Im Produktionsbereich beispielsweise dauern selbst die verkürzten Entwicklungszeiten neuer Produkte oft länger als deren Präsenz auf dem Markt. Dadurch verkürzt sich die Amortisationszeit, also die Zeitspanne, in der Gewinne zu realisieren sind. In der Computerbranche kommt es zu Abstimmungsschwierigkeiten zwischen Hard- und Software, da die Innovationszyklen der Hardware zumeist schneller verlaufen als diejenigen der Software, und damit zu Inkompatibilitäten im Anwendungsbereich. Da dem horrenden Tempo der verkürzten Innovationszyklen auf Dauer keine Nachfrage gewachsen ist, kommt es zum Phänomen des »Leapfroggings« – des Froschhüpfens also, womit das Überspringen einer oder mehrerer Produktgenerationen durch die Konsumenten bezeichnet wird. Oder die so genannte »Pre-Announcement-Politik« verhindert den Kauf bereits auf dem Markt befindlicher Produkte, weil auf die nächste Generation gewartet wird.[9] Selbst die Nachfrage nach Strategien des Zeitwettbewerbs ist vor dem Kollaps nicht gefeit. Denn spätestens dann, wenn alle auf Zeitwettbewerb umgerüstet haben, wird die Nachfrage gegen null sinken.

Statt im Rausch der Beschleunigung die Drehzahl ihres Unternehmens zu erhöhen, wären somit viele Unternehmer besser beraten, sich in nüchternen Momenten zu fragen, wie es in der »Post-Beschleunigungswelt« aussehen könnte.[10] Doch solange Gewinne geschrieben werden, interessieren sich die meisten Manager nicht für solche Fragen. Und wenn keine mehr geschrieben werden, plagen sie ganz andere Sorgen.

Auch für breite Bevölkerungskreise ist die Dynamik des Marktes längst nicht mehr mit der Hoffnung auf noch mehr Güter verknüpft, sondern mit der Angst vor dem Verlust des Arbeitsplatzes. In der Schweiz, in Deutschland, in Europa kletterten die Arbeitslosenzahlen in den letzten Jahren auf Rekordmarken. Europaweit waren 1997 etwa 20 Millionen Menschen ohne Beschäftigung, am meisten in Spanien mit 22,3 Prozent.

Aber während immer mehr Menschen ohne Arbeit sind und die öffentliche Hand sowie die Arbeitslosenkassen immer weniger verteilen können, steigen antizyklisch die Gewinne vieler privater Unternehmen. Der Wert der »CS Holding«, wie sich die Schweizerische Kreditanstalt nach ihrer Umstrukturierung nennt, stieg an der Börse um vier Milliarden Franken. Bezogen auf die 5000 gestrichenen Stellen sind das 800 000 Franken »Mehrwert« je abgebauten Arbeitsplatz. Im Falle der Novartis, wie Ciba-Geigy und Sandoz nach der Fusion heißen, stieg der Unternehmenswert der Firma durch den geplanten Abbau von 10 000 Stellen gar um 18 Milliarden Franken. 1,8 Millionen »Mehrwert« pro wegrationalisierten Arbeitsplatz.[11] Die Deutsche Bank schloss 1996 64 Filialen, entließ 2250 Mitarbeiter, steigerte ihr Betriebsergebnis um 37 Prozent und machte 2,2 Milliarden DM Gewinn. Bei VW stieg der Aktienkurs im Jahre 1996 um 93 Prozent, während die Zahl der in Deutschland Beschäftigten um 6 Prozent sank. Desgleichen die Bilanz bei Opel, Daimler, BASF.[12]

Die Sieger im Kampf um Produktivitätsfortschritte entlassen ihre Mitstreiter. Massenentlassungen, bisher Indikator einer schlechten Wirtschaftslage, mutieren zu Indikatoren wirtschaftlichen Erfolgs. »Jobless growth« heißt das Zauberwort: Wirtschaftswachstum ohne Arbeitsplätze. Wo der Shareholder value regiert, sind den Unternehmen Arbeitsplätze bloß noch eine Last. Doch haben wir, fragt der Arbeitspsychologe Eberhard Ulich, wirklich bloß »die Wahl zwischen schlanken und magersüchtigen Unternehmen?«[13]

Sicher ist, dass die Unsicherheit, die der technologische Fortschritt schafft, das materielle Mehr, das er ermöglicht, längst nicht mehr aufwiegt. Wenn aber gerade die wettbewerbsstärksten Volkswirtschaften soziale und psychologische Verhältnisse produzieren, die die langfristige Stabilität der sie tragenden Gesellschaft untergraben, läuft etwas grundsätzlich schief.

Vergessen ging, dass in einer nur auf Gewinnmaximierung und Wachstum ausgerichteten und sich selbst überlassenen Wirtschaft die sozialen und ökologischen Interessen der menschlichen Gesellschaft nicht gewahrt werden können. Und vergessen ging, dass ein intakter informeller Sektor auch deswegen für die Marktwirtschaft wichtig ist, weil das notwendige Gleichgewicht der Kräfte nur dann erhalten werden kann, wenn sich der Einzelne in Krisenzeiten zumindest vorübergehend auf die Familie und die Nachbarschaft zurückziehen kann.

Gerade die Strukturen des informellen Sektors aber sind durch die rapide ansteigende Erwerbslosigkeit akut gefährdet. Entsprechend sind seit den achtziger Jahren in den westlichen Industrieländern Anzeichen einer neuen Armut festzustellen, die auch vor der Mittelschicht nicht Halt macht. In den EU-Staaten waren bereits 1994 über 50 Millionen Menschen oder mehr als 15 Prozent der Gesamtbevölkerung von Einkommensarmut betroffen.[14] In Deutschland dürften heute nach vorsichtigen Schätzungen – ein offizieller Armutsbericht fehlt – etwa 10 Millionen Bundesbürger unterhalb der Armutsgrenze von 940 DM pro Monat leben.[15] Gemäß Schätzungen kommt zudem auf jeden zweiten Sozialhilfeempfänger noch ein Anspruchsberechtigter dazu, der verdeckt arm ist.

Neben sozialer Verwahrlosung, steigender Kriminalität und Verslumung ist insbesondere der Zerfall sozialer und psychischer Zeitstrukturen bei länger andauernder Arbeitslosigkeit ein Indikator für die Zerrüttung des informellen Sektors. Denn Arbeit ist bekanntlich nicht nur das Mittel, durch das die große Mehrheit ihren Lebensunterhalt verdient, sondern stellt eine Grundform der Lebenstätigkeit des Menschen dar. Arbeit bildet das zeitliche Skelett des Alltags, begründet das Anrecht auf Sozialleistungen, prägt das Selbstbild, ja die Selbstachtung des Menschen und schafft wichtige soziale Kontakte. Wie der Verlust von Arbeit zur schleichenden Zerrüttung psychischer und sozialer Zeitstrukturen führt, wurde erstmals dargestellt in der mittlerweile klassischen Studie über die »Arbeitslosen von Marienthal« aus dem Jahre 1933.[16]

Marienthal war ein kleines, 1486 Einwohner zählendes Dorf in Niederösterreich in der Nähe von Wien. Entstanden aufgrund einer Fabrikgründung im Jahre 1830, war die dörfliche Entwicklung von Anbeginn eng verbunden mit der Geschichte der Fabrik. Zuerst eine Flachsspinnerei, später auf die Erzeugung von Kunstseide spezialisiert, erfuhr diese bis zu ihrem Niedergang eine stetige Vergrößerung, um 1929 den höchsten Belegschaftsstand zu erreichen. Doch dann erfolgte der Absturz. Innerhalb eines Jahres wurde die Fabrik stillgelegt. Mehr als drei Viertel aller Familien des Ortes wurden in ihrer materiellen Existenz direkt von der Arbeitslosenunterstützung abhängig.

Der alle zwei Wochen wiederkehrende Tag der Unterstützungsauszahlung wurde rasch zum wichtigsten Tag, ungleich wichtiger jedenfalls als der Sonntag, und das gesamte Dorfleben begann in diesem Zweiwochenrhythmus zu schwingen. Die Schulden wurden an diesem Tag bezahlt, die Großeinkäufe getätigt, das Essen war besser als sonst. In den Zwischenzeiten jedoch war ein deutlicher Aktivitätsabfall festzustellen. Das Leben wich einer abgestumpften Monotonie. Der enge Kontakt mit der nahen Großstadt riss ab. Das reiche Dorfleben mit vielen, von den lokalen Vereinen getragenen Veranstaltungen verschwand. Der Kindergarten wurde geschlossen, die Ausleihen in den Bibliotheken gingen zurück und die Abonnentenzahl der Arbeiterzeitung sank. Aus einem lebendigen Dorf mit arbeitenden und in vielen Vereinen organisierten Bewohnern wurde ein Dorf von Menschen, »die sich daran gewöhnt haben, weniger zu besitzen, weniger zu tun und weniger zu erwarten«.[17]

Losgelöst von der Arbeit und ohne Kontakt zur Außenwelt büßten die Arbeiter die Fähigkeit ein, ihre Zeit zu nutzen. Tätigkeiten, die nur wenige Minuten dauerten, füllten ganze Stunden. Sie mussten sich nicht mehr beeilen, hingen auf der Straße herum, blieben stehen, wenn ein Wagen vorbeifuhr und glitten allmählich aus einer geregelten Existenz ins Ungebundene und Leere. Die Stundeneinteilung hatte ihren Sinn verloren. Aufstehen, Mittagessen, Schlafengehen waren die einzigen verbliebenen zeitlichen Orientierungspunkte. Dazwischen lag das Nichtstun, der völlige Mangel einer sinnvollen Beschäftigung. Unfähig, der eigenen Lebenszeit von sich aus eine Struktur und einen Sinn zu geben, plätscherte ihr Leben vor sich hin.

Ganz anders dagegen die Situation der Frauen. Verdienstlos auch sie, waren sie jedoch beileibe nicht arbeitslos. Sie hatten den Haushalt zu führen, was ihren Tag auch weiterhin ausfüllte. Ihre Arbeit blieb in einem festen Sinnzusammenhang mit vielen Orientierungspunkten, Funktionen und Regelmäßigkeiten: Sie kochten, flickten, putzten und versorgten die Kinder. Marienthal hatte sich zu einer Zweizeitengesellschaft entwickelt: einer Zeit der arbeitenden Frauen und einer Zeit der arbeitslosen Männer. Zusammengehalten allein durch familiäre Bande, waren Konflikte vorprogrammiert. Denn nicht einmal die wenigen Termine, die Männer noch hatten, wurden von ihnen noch eingehalten: »Wir haben jetzt regelmäßig Krach beim Mittagessen, weil mein Mann nie pünktlich da sein kann, obwohl er doch früher selbst die Uhr war.«[18]

Diesen Zerfall sozialer und psychischer Zeitstrukturen aufgrund des Wegfalls des Zeitgebers Arbeit belegen auch neuere Untersuchungen.[19] »Früher bin ich nach Hause gekommen, und da war zu Hause das Haake-Pils. Da war man richtig happy«, schilderte ein 46-jähriger arbeitsloser Kranführer seine frühere Heimkehr von der Arbeit.[20] Hatte zuvor die Freizeit die Bedeutung des Nachhausekommens nach einem Tag in der Arbeitswelt, verliert sie jetzt ihren kompensatorischen Charakter und damit ihren Sinn. Alle mit ihr verbundenen freudigen Gefühle gehen verloren; das ganze Leben verliert seinen Sinn. Denn fällt Arbeit weg, verliert vor allem die einseitig auf die Erwerbsarbeit ausgerichtete männliche Normalbiografie ihre Stütze. Allein die Rückkehr in ein Arbeitsverhältnis würde sie den meisten wieder verschaffen. In dem Moment aber, wo für eine steigende Zahl von Menschen diese Möglichkeit wegfällt, wird deren ganze Existenz in Frage gestellt: »Ich sehe für meine Zukunft nur noch schwarz«, schilderte ein 56-jähriger arbeitsloser Hilfsarbeiter seine Lage.[21]

In dem Maße also, wie Arbeit als bezahlte und bezahlbare Erwerbsarbeit knapp wird, Erwerbsarbeitslosigkeit von einer zeitlichen und sozialen Ausnahme zur Regel wird und Armut immer weitere gesellschaftliche Kreise bedroht, wird nicht nur die Erwerbsarbeit als Form der Vergesellschaftung und Existenzsicherung problematisch. Zur Disposition steht letztlich der gesamte Tätigkeitshaushalt des modernen Menschen. Es geht somit, schrieb Hannah Arendt bereits in den fünfziger Jahren, »um nichts mehr, als dem nachzudenken, was wir eigentlich tun, wenn wir tätig sind«.[22] Und nichts wäre dringender, so der Soziologe Wolf Lepenies, »als ein Nachdenken darüber, wie eine Gesellschaft der Zukunft aussehen kann, deren Wertekern nicht die traditionelle Erwerbsarbeit ist. Vielleicht werden wir in Zukunft den Willen zum Nichtstun ebenso hoch prämieren müssen wie die Bereitschaft zur Arbeit.«[23]

Zeit selbst zu strukturieren, mit Inhalt zu füllen und das eigene Leben wieder in die eigenen Hände zu nehmen, dazu sind jedoch längst nicht alle Menschen fähig. Zwar können »wirtschaftliche Rückschläge«, so die Hoffnung des Soziologen Richard Sennett, »einen dazu führen, sich nicht nur als ein ökonomisches Lebewesen zu verstehen, zwischen sich selber und seine materiellen Umstände einen gewissen Abstand zu setzen«.[24] Diesen Prozess der Distanzierung ausgerechnet von Erwerbslosen zu erwarten würde sie jedoch überfordern. Denn jede Distanzierung setzt ein hohes Maß an Selbstbewusstsein voraus. Gerade dieses aber ist bei (längerer) Erwerbslosigkeit kaum noch gegeben: »Da gab es einmal eine Phase, da hast du vielleicht den Big Mac gespielt. Und dann bist du plötzlich bloß noch jemand ganz, ganz kleiner.«[25] Erwerbslosigkeit ist daher nur für die wenigsten eine Chance, aber für alle eine Belastung.

Zwar scheint die Zeit großer gesellschaftlicher Utopien vorbei, doch um eine gesamtgesellschaftliche Neubewertung der Arbeit werden die Industrie- und Dienstleistungsgesellschaften nicht umhinkommen. Durchsetzen müsste sich vor allem die Einsicht, dass Wirtschaftsordnungen – und das gilt auch für die real existierende Marktwirtschaft – keine Naturgegebenheiten sind, sondern von Menschen geschaffen wurden und damit auch verändert werden können.

Doch statt sich auf die Suche nach einer neuen Nutzung der Zeit »jenseits des Tunnels ökonomischer Notwendigkeiten«[26] zu machen, wird über die Notwendigkeit einer Rückkehr zur Vollbeschäftigung diskutiert. Statt die historisch neue Perspektive eines Aufbaus einer »Zivilisation der freien Zeit«[27] als Chance aufzufassen, wird die Befreiung vom Diktat der Zeitökonomie als drohender Wertezerfall verstanden. Statt die Verkürzung der Arbeitszeit aufgrund von Produktivitätsfortschritten als Notwendigkeit zu erkennen, wird sie als ökonomisch untragbar oder als Zwang begriffen.

Und statt erwerbslose Menschen mit einem existenzsichernden Grundeinkommen zumindest ökonomisch über Wasser zu halten, werden sie von den Arbeitsämtern zur zeit- und nervenaufreibenden Stellensuche angetrieben, in einen sinnlosen Papierkrieg verwickelt, mit Weiterbildungskursen aufgerüstet und in ihrem zumeist vergeblichen Kampf um einen befriedigenden neuen Arbeitsplatz bei Laune gehalten. Dabei wären die staatlichen Arbeitslosigkeitsverwaltungen besser beraten, Kurse für einen neuen, selbstbestimmten Umgang mit Zeit jenseits des ökonomischen Zeitdiktates anzubieten. Doch davon sind sie zurzeit ebenso weit entfernt wie Homo habilis vor zwei Millionen Jahren vom Sprachvermögen.

So wird, statt die Krise der Arbeitsgesellschaft bereits heute zu nutzen, um eine ökologisch orientierte(re), sozial verträgliche(re) und nicht mehr (nur) auf die (Erwerbs-)Arbeit konzentrierte und auf die Logik des Marktes fixierte Gesellschaft von morgen zu entwerfen, der Status quo mit Rezepten von gestern zementiert. Eine neue Konsumlust wird herbeizitiert, die zu einer steigenden Nachfrage und zu Wirtschaftswachstum führen soll. Staatliche Investitionsprogramme werden gefordert, um die Konjunktur anzukurbeln. Und es werden Arbeitsbeschaffungsmaßnahmen vorgeschlagen, um die Erwerbslosigkeit zu beseitigen. Wo die einen sich saftige Gewinne versprechen, erhoffen sich die anderen mehr Geld für den Ausbau des Sozialstaates. Unterschlagen wird mit solchen Rezepten jedoch nicht nur, dass neue Arbeitsplätze durch Rationalisierungen aufgrund von Produktivitätsfortschritten laufend kompensiert werden. Unterschlagen wird insbesondere, dass alle Wachstumsstrategien, die sich nicht am Primat der Nachhaltigkeit orientieren, auf Kosten der Zukunft gehen.

So stehen wir vor der paradoxen Situation, dass in jenem historischen Moment, an dem der Ausgang aus dem Reich der Notwendigkeit ins Reich der Freiheit greifbar nahe scheint, nichts sehnsüchtiger erhofft wird als die Rückkehr ins Reich der Notwendigkeit. Es scheint beinahe so, schrieb Wolf Lepenies, als würde »das Arbeitenmüssen, einst das Schreckensbild der Maschinenzivilisation, als Arbeitendürfen zur Sehnsucht der postindustriellen Gesellschaft«.[28]

So gilt das Arbeitsethos unserer Gesellschaft statt als Relikt weiterhin als Tugend. Vollbeschäftigung auf der Basis einer 40- oder 35-Stunden-Woche gilt weiterhin als wirtschaftspolitische Norm und Zielvorgabe. Selbst eine Erhöhung der wöchentlichen Arbeitsstunden wird wieder diskutiert. Noch immer gilt Teilzeitarbeit als minderwertig und Teilzeitarbeitende als weniger motiviert. Noch immer arbeiten hauptsächlich Frauen in schlecht bezahlten und wenig qualifizierten Teilzeitjobs. Und noch immer geht die Mär um, dass halbe-halbe auf Führungsebene keine ganze Sache sei. Kurzum: Von zukunftsorientiertem Handeln ist in der heutigen Wirtschaft nicht viel zu sehen.

Ich dachte nicht,
dass die Wälder so schnell sterben.
Otto Graf von Lambsdorff[1]

Vom Winde verweht?
Die vergessene Zeitlichkeit der Welt

Seit je ist Mensch ein ausbeuterisches Wesen. Geschickt im Erlegen, aber noch ungeschickt im Hegen, plünderten bereits die Jäger- und Sammler-Kulturen des Pleistozäns ihre natürlichen Ressourcen bis zur Erschöpfung. Und als Mensch vor rund 10 000 Jahren zu Ackerbau und Viehzucht überging, begann er nicht nur die Landschaft zu kultivieren, sondern vor allem die Welt nach seinem Willen und seiner Vorstellung zu manipulieren. Er lichtete Urwälder, legte Sümpfe trocken, begann Wüsten zu bewässern, Wiesen, Weiden und Äcker anzulegen und wilde Tiere zu zähmen. »Landwirtschaft«, so der Soziologe Niklas Luhmann, »beginnt mit der Vernichtung von allem, was vorher da wuchs.«[2] Von Nachhaltigkeit keine Spur. Zwar hat sich mittlerweile herumgesprochen, dass weder die Landwirtschaft noch die Wirtschaft ein in sich geschlossener Kreislauf sind.

Dennoch legen die meisten ökonomischen Theorien den Schluss nahe, dass man aus Möbeln wieder Bäume machen könne. So sprechen Ökonomen vom Wirtschaftskreislauf, vom Kreislauf des Geldes und von Gütern, von Gleichgewichtsmärkten und Gleichgewichtspreisen. Doch weder die Wirtschaft noch die Natur sind ein Perpetuum mobile. Vergessen wurden in diesen Modellen die versiegenden Energiequellen, die erschöpften Rohstofflager, die abgeholzten Wälder, die Verluste an Artenvielfalt, die wachsenden Müllberge und die steigende Umweltverschmutzung.

Das Kreislaufmodell ist aber nicht nur die »Erbsünde der modernen Nationalökonomie«[3], sondern auch der blinde Fleck der Ökologie. So wird das Konzept des »Recyclings« als ökologisches Allheilmittel propagiert, ohne dessen Tragfähigkeit in der Praxis zu hinterfragen. Vergessen wird, dass geschlossene Stoffkreisläufe nie zu hundert Prozent möglich sind. In der Regel findet ein »Downcycling« statt, das heißt, bei jedem Durchlauf nimmt die vorhandene Stoffmenge in Qualität und Quantität ab.[4] Aber während solche Downcycling-Prozesse in der Natur extrem langsam ablaufen – zu langsam jedenfalls für die menschliche Wahrnehmung –, wurden sie vom Menschen innerhalb kürzester Zeit derart beschleunigt, dass die Auswirkungen seines gestrigen Tuns bereits heute sichtbar sind.

So wurden durch die Biosphäre bisher rund 5×10^{19} Tonnen Kohlenstoff umgesetzt. Das ist das 800 000fache des Kohlenstoffgehalts der Biosphäre und das 600 000fache des gesamten Kohlenstoffgehalts der Erdkruste. Dies bedeutet, dass der gesamte Kohlenstoff unseres Körpers, unserer Nahrung, des Kohlendioxids der Luft und des Karbonatgesteins im statistischen Mittel schon rund 600-mal Rohstoff, Biomasse und Abfall im Produktionsprozess des Lebens war – und nirgends haben sich Giftmüll und gefährliche Abfalldeponien gebildet. Beim Menschen jedoch sind die Mülldeponien innerhalb weniger Jahrzehnte und auf unabsehbare Zeit mit Schwermetallen, Plastik, Dioxinen und einem Gemisch anderer gefährlicher Substanzen verseucht.

Zum Atmen verbrauchte die Fabrik des Lebens bisher rund 10^{20} Tonnen Sauerstoff. Das heißt, dass der gesamte Sauerstoff der Atmosphäre einschließlich des Sauerstoffs in den Ozeanen schon rund 60-mal benutzt, in Biomasse eingebaut, wieder ausgeatmet und erneuert wurde. Der Hauptbestandteil der Luft, der Stickstoff, wurde dabei sogar schon 200 000-mal ein- und ausgeatmet. In der Industrie genügt dagegen bereits der einmalige Durchgang von Luft durch den Produktionsprozess, um aus reiner Atemluft lebensfeindliche und giftige Abgase zu machen.

Auch vom Wasser verwendete die Biosphäre bisher rund 10^{23} Tonnen als Lösungs- und Produktionsmittel. Die gesamte Wassermenge auf der Erde beträgt jedoch bloß 1,7 mal 10^{18} Tonnen. Das bedeutet, dass das Wasser unseres Planeten schon rund 50 000-mal von Lebewesen aufgenommen, im Organismus als Pflanzensaft oder Blut umgewälzt und wieder als Wasserdampf oder Urin ausgeschieden wurde. Und naturbelassenes Wasser ist auch heute noch genauso sauber und rein wie vor Milliarden Jahren. Wird es dagegen nur einmal zur Papierherstellung oder in der Chemischen Industrie als Lösungsmittel verwendet, ergießt es sich als giftige, stinkende Brühe in einen Abwasserkanal und verseucht die Flüsse, das Grundwasser und die Meere.[5]

Doch der Mensch bleibt auf Gedeih und Verderb mit den »Kreisläufen« der Natur verbunden. Er kommt drei Minuten ohne zu atmen, drei Tage ohne zu trinken und dreißig Tage ohne zu essen aus – aber nicht länger. Auch wenn wir uns noch so sehr als postindustrielle Dienstleistungs- und Informationsgesellschaft definieren – wir leben immer noch von der Natur, der Landwirtschaft und ihrer beiden Erzeugnisse.[6]

Die moderne Wirtschaft hat somit nicht nur zu ihren sozialen, sondern auch zu ihren ökologischen Grundlagen ein gespanntes Verhältnis. Mensch wäre also gut beraten, sich Gedanken über die Auswirkungen seines gestrigen Tuns zu machen und seinen Erkenntnissen bereits heute Taten folgen zu lassen. Doch weit gefehlt. Zwar ist das Wissen breiter und tiefer geworden, die Fakten weitgehend bekannt, das Bewusstsein für Umweltgefährdungen hat sich geschärft, dennoch handeln wir nicht![7]

In dem Maße aber, wie wir nicht handeln, wächst die Kluft zwischen Wissen und Handeln. Kaum ein bedrohlicher Trend konnte gestoppt, umgekehrt oder auch nur verlangsamt werden. Im Gegenteil: In den letzten zehn Jahren haben sich alle negativen Entwicklungen beschleunigt. Selbst die mediale Berichterstattung folgt diesem Trend: Ökologische Katastrophen besaßen bis vor kurzem Omni- und Dauerpräsenz. Doch die Katastrophenfaszination der Medien weicht zusehends einer allgemeinen »Katastrophenindifferenz«.[8]

Beispiel Waldsterben: 1981 durch den ›Der Spiegel‹ unter dem Titel »Saurer Regen über Deutschland – der Wald stirbt« lanciert,[9] von den Illustrierten dankbar aufgegriffen und fotogen inszeniert, avancierte das Waldsterben in den folgenden Jahren zum zentralen Wahlkampfthema. Politiker debattierten end- und ergebnislos. Wissenschaftler lieferten Gutachten und Gegenexpertisen, forderten Sofortmaßnahmen und erhielten sie in Form von Forschungsaufträgen. Die Automobilindustrie rüstete auf Kat-Autos um. Das Volk fuhr mit beruhigtem Gewissen ins Grüne und stellte fest: Der Wald lebt noch. Von den prognostizierten Schäden war (beinahe) nichts zu sehen! So interessiert denn das Waldsterben heute kaum noch: Es wurde zu Tode geredet. Allein der Wald kränkelt weiter. Doch wer langsam stirbt, dem glaubt man nicht.

Beispiel Erdölkrise: In den siebziger Jahren als Folge einer politischen Krise ins Bewusstsein der Öffentlichkeit getreten, weiß heute jedes Kind um die Knappheit dieser Ressource. Doch statt sich energiepolitisch bereits heute auf die Knappheit von morgen einzustellen und Maßnahmen zu ergreifen, wird im gleichen Tempo fortgefahren. Im Sommer 1996 verkündeten die Ölkonzerne gar die frohe Botschaft, dass trotz wachsendem Energieverbrauch die »sicher nachgewiesenen Vorräte« an Öl, Kohle und Erdgas weiter zunehmen. Und laut Paul Appleby, 1996 Senior Economist von British Petroleum (BP), ist »eine Verknappung der Reserven in absehbarer Zeit äußerst unwahrscheinlich«.[10] Die Ölvorräte reichen noch für 43 Jahre, die Erdgaslager für 65 Jahre, und die abbaubaren Kohleflöße sollen gar die Energiebedürfnisse des 22. Jahrhunderts decken. Was erst morgen zur Neige geht, beunruhigt heute noch niemanden.

Aber nicht nur die Unmöglichkeit, in ständiger Alarm- und Katastrophenbereitschaft zu leben, lässt die Umweltproblematik in den Hintergrund treten. Heute haben die Menschen akutere Sorgen. Kriege, Massenarbeitslosigkeit, Lohnkürzungen, Firmenpleiten, Abbau von Sozialleistungen, Deregulierungen oder Parteispendenskandale binden die politischen und sozialen Kräfte just in dem Augenblick mit Altlasten des 20. Jahrhunderts, in dem sie vor der wichtigen Aufgabe stehen, die Probleme des 21. Jahrhunderts in Angriff zu nehmen. So kommen Warnungen vor einer ökologischen Katastrophe im denkbar ungünstigsten Zeitpunkt – nämlich jetzt. Und jetzt ist für unangenehme Dinge bekanntlich immer der schlechteste Zeitpunkt.

In einer Zeit, wo Wirtschaftswachstum als Allheilmittel gegen Arbeitslosigkeit gepriesen, Grenzenlosigkeit als Therapie gegen schrumpfende Binnenmärkte verordnet und Sozial- und Umweltverträge als Wettbewerbshemmnisse im globalen Kampf um Marktanteile gebrandmarkt werden, fehlen für den Umweltschutz Geld, Zeit und Aufmerksamkeit. Selbst Umweltverschmutzung ist offiziell wieder erlaubt, sofern sie Arbeitsplätze schafft oder rettet. So erhalten im US-Bundesstaat New York sich neu ansiedelnde Industriebetriebe als Maßnahme zur Wirtschaftsförderung Gutscheine, die es ihnen gestatten, die Luft über die gesetzliche Norm hinaus zu verschmutzen.[11]

Doch wenn nachhaltiges Wirtschaften als vermeintlicher Luxus auf morgen verschoben wird, fehlt bereits übermorgen die seit heute vergangene Zeit: »die gestundete Zeit wird sichtbar am Horizont« (Ingeborg Bachmann).[12] Als ökologische Bedrohung ruft sich die vergessene Zeitlichkeit der Welt in Erinnerung zurück.

Weltweit sind die Waldflächen zwischen 1850 und 1980 um mehr als 15 Prozent zurückgegangen. Allein in Nordamerika gingen 32 Millionen Hektar und in Europa weitere 6 Millionen verloren. Am meisten betroffen ist der Regenwald. In gemäßigten Breiten sind 56 Prozent gefällt oder gerodet. Beim tropischen Regenwald sind bis 1980 über die Hälfte verschwunden, und jährlich verschwindet mehr als die Hälfte der Fläche der Bundesrepublik Deutschland.

Damit hat sich die Entwaldungsrate im letzten Jahrzehnt um rund 50 Prozent erhöht. Pro Minute werden derzeit weitere 20 Hektar abgeholzt oder verbrannt. In Jahrhunderten gewachsene Bäume – der Mammutbaum Sequoia beispielsweise benötigt 1000 Jahre, um eine Höhe von 100 Metern zu erreichen – werden heute binnen weniger Minuten von Bulldozern gefällt und entlaubt. Eine Arbeit, die vor wenigen Jahren noch Stunden und die Hände vieler Arbeiter benötigte. So werden bis zum Jahr 2050 zwei Drittel der 1990 noch vorhandenen Regenwälder zerstört sein.[13]

Auf der Erde existieren 10 bis 30 Millionen Arten, möglicherweise gar 100 Millionen.[14] Allein in einem Gramm Boden leben rund 10 000 verschiedene Mikroorganismen. Mindestens 90 Prozent der Arten, die im Regenwald leben, harren noch der wissenschaftlichen Systematisierung.[15] Doch just zu dem Zeitpunkt, wo der ungeheure biologische Reichtum der Erde erkannt wird, gehen jährlich zehntausende Arten aufgrund menschlicher Eingriffe verloren: indem der Mensch Wälder abholzt und brandrodet, Feuchtgebiete trocken legt, Landschaften ausräumt oder in viel zu kleine Habitate unterteilt, fremde Arten in empfindliche Lebensräume einführt, Tiere exzessiv jagt, Meere überfischt, Handel mit Wildtieren und Exoten betreibt und die Umwelt verschmutzt.

Besorgnis erregend ist jedoch nicht nur die Tatsache des Artensterbens an sich. Im Verlauf der Erdgeschichte hat es bereits mehrere Phasen des Massenaussterbens gegeben. Besorgnis erregend ist vor allem dessen Geschwindigkeit, liegt doch die gegenwärtige, vom Menschen verursachte Rate etwa 1000-mal höher als die natürliche. Die Reduktion der Artenvielfalt ist somit die nachhaltigste Form der Umweltzerstörung, denn bis zur Wiederherstellung der ursprünglichen Vielfalt vergehen Millionen von Jahre. Eine Regeneration im menschlichen Zeitmaßstab ist somit unmöglich.

Während der letzten 40 Jahre gingen laut dem Ökologen David Pimentel weltweit etwa ein Drittel der landwirtschaftlich genutzten Fläche wegen Bodenerosion verloren. Etwa 80 Prozent leiden an mäßiger bis schwerer Erosion. Und jedes Jahr müssen weitere 12 Millionen Hektar Land als landwirtschaftliche Nutzungsfläche aufgegeben werden.[16] Ursachen der vom Menschen verursachten Bodendegradation sind vor allem die Rodung von Wäldern, die Umwandlung von Grünland in Ackerland, die Übernutzung von Wäldern und Grünflächen, die Überintensivierung des Ackerbaus und die Industrialisierung.

Wenige Jahrzehnte der unsachgemäßen Bodenbewirtschaftung haben genügt, um eine in Jahrtausenden gewachsene natürliche Ressource praktisch unwiederbringlich zu zerstören. Zwar sind auch Böden keine statische Größe, doch die Bodenneubildung ist ein extrem langsamer Prozess.[17] Um 2,5 Zentimeter landwirtschaftlich nutzbaren Boden aufzubauen, benötigt die Natur etwa 500 Jahre. Da aber die Landwirtschaft mindestens 25 Zentimeter tiefe Böden braucht, dauert dieser Prozess rund 3000 Jahre.[18] Ein Meter dicke Unterböden benötigen gar Entwicklungszeiten von zehntausend bis hunderttausend Jahren. Die natürliche Bodenerneuerung liegt im Bereich geologischer Zeitskalen. Auf menschliche Zeitskalen bezogen müssen auch Böden als nicht-erneuerbare Ressource eingestuft werden.

Schätzungen über das global zur Verfügung stehende Trinkwasser betragen – je nachdem, was noch als trinkbar erachtet wird – zwischen 14 000 und 93 000 Kubikkilometer.[19] Der weltweite Pro-Kopf-Wasserverbrauch stieg in den letzten fünfzig Jahren von 900 auf rund 5 000 Kubikmeter – schneller als die Weltbevölkerung und regional höchst ungleichmäßig. Während eine Milliarde Menschen nicht regelmäßig Zugang zu sauberem Trinkwasser haben und schlechtes Trinkwasser jährlich den Tod von 10 Millionen Kindern verursacht, verbraucht ein US-Amerikaner jährlich rund 233-mal mehr Wasser als ein Einwohner von Burkina Faso oder von Haiti. Wasser könnte somit in Zukunft ebenso zu einer Ursache von Konflikten werden wie bisher das Erdöl.[20]

Zwar ist auch Wasser nicht an sich knapp, da der Wasserkreislauf die Erneuerung dieser lebenswichtigen Ressource garantiert. Doch je nachdem, ob Wasser aus Flüssen, Seen oder aus der Tiefe stammt, hat es unterschiedliche Erneuerungsraten. Gemäß ihrer Maxime, Versorgungssicherheit auch unter den widrigsten Witterungsbedingungen zu gewährleisten, nimmt die industrielle Wasserwirtschaft darauf jedoch keine Rücksicht. Bei der Erteilung staatlicher Genehmigungen zur Entnahme von Wasser aus Flüssen, Seen und aus den Grundwasserschichten gibt es keine zeitlichen Begrenzungen. »Das Prinzip der hohen Schornsteine, in der Luftreinhaltepolitik längst hinreichend disqualifiziert, hat ein ebenbürtiges Pendant bekommen – nur dass es diesmal nicht in schwindelnde Höhen, sondern in erdgeschichtliche Tiefen geht.«[21]

Beim Graben von Brunnen stößt man heute jedoch in Bereiche vor, in denen das Wasser sich nicht mehr innerhalb von wenigen Monaten oder Jahren neu bildet, sondern als so genanntes Tiefengrundwasser mindestens fünfzig Jahre, häufig sogar Jahrhunderte bis Jahrtausende benötigt. Auch als »fossiles Wasser«, als »Tertiärwasser« oder als »statischer Vorrat« bezeichnet[22], erneuert sich dieses ebenso wie die Böden in geologischen Zeitmaßen.

Während Millionen von US-Amerikanern ihrem Präsidenten zufolge noch immer nichts von Klimaveränderungen wissen[23], steigt die Temperatur der Erde unvermindert an. Der Kohlendioxidgehalt in der Erdatmosphäre hat in den letzten 200 Jahren von 90 auf 755 Milliarden Tonnen zugenommen. Eine weitere Verdoppelung wird Mitte des nächsten Jahrhunderts erwartet, denn jährlich werden 22 Milliarden Tonnen Kohlendioxid zusätzlich in die Luft geblasen. Die Brandrodungen der Tropenwälder dazugezählt, sind es gar 26 Milliarden Tonnen.

Dass jedoch dereinst »Palmenhaine von Berlin bis Stuttgart winken«, wie das im Jahre 1919 in Erwartung einer Warmzeit euphorisch verkündet wurde,[24] oder ob wir gar mit reicheren Ernten rechnen können, wie das G. S. Callendar 1938 prophezeit hat, ist unwahrscheinlich. Zu erwarten ist vielmehr ein Übergreifen von Tropenkrankheiten auf die gemäßigten Zonen, wie die Weltgesundheitsorganisation WHO 1996 prognostizierte.[25] Weltweit würden jährlich 50 bis 80 Millionen zusätzliche Malariafälle auftreten. Südeuropa, Australien und Teile der USA würden zu Brutstätten der Krankheitsüberträger.

Zwar können Umweltveränderungen ohne Angabe der Zeit- und Raumskalen der typischen physikalischen, chemischen und biologischen Prozesse nicht richtig eingeordnet werden.[26] So sollten etwa Vulkanausbrüche wie derjenige des Pinatubo auf den Philippinen im Jahre 1991 mit ihren kurzen Zeitskalen nicht mit dem langfristigen vom Menschen verursachten Treibhauseffekt in Verbindung gebracht werden. Und die nächste natürliche Eiszeit sollte nicht mit dem Treibhauseffekt in Verbindung gebracht werden, weil Ersterer eine Veränderungsrate der Temperatur von einem Zehntel Grad pro Jahrtausend entspricht, letzterem aber etwa drei Grad pro Jahrhundert. Der Umstand, dass auch das Klima einem Wandel in der Zeit unterliegt, erschwert Prognosen über die weitere Klimaentwicklung zusätzlich. Doch bereits heute sprechen eine Reihe von Beobachtungsindizien dafür, dass »die Lawine anthropogener Änderungen des Globalklimas bereits rollt«.[27]

Heutige Maßnahmen zum Schutz der Umwelt kommen jedoch nicht nur deshalb zu spät, weil die Reaktionszeit des Klimas auf menschliche Einflüsse in der Größenordnung von einigen Jahrzehnten liegt. Die heute erkennbaren Auswirkungen auf das Klima sind also bereits vor Jahrzehnten angelegt worden. Heutige Maßnahmen zum Schutz der Umwelt kommen vor allem deshalb zu spät, weil die kontinuierlichen Veränderungen bei der Bestandsaufnahme ökologischer Schäden nicht berücksichtigt werden und die ergriffenen Maßnahmen stets auf bereits vergangene Zustände abzielen. Ist die Klimakatastrophe dann noch zu vermeiden?

Vermischte Meldungen: Seit 1983 wurden die sechs wärmsten Jahre seit Beginn der Messungen verzeichnet. In den letzten 40 Jahren ist die Durchschnittstemperatur um 0,5 Grad Celsius gestiegen. Der Wasserdampfgehalt der Atmosphäre hat um 20 bis 30 Prozent zugenommen. Die Zahl der Stürme ist um 25 Prozent und der Meeresspiegel ist in den letzten Jahren um 10 bis 20 Zentimeter angestiegen. Erste Vegetationsverschiebungen sind zu verzeichnen.

Dürreperioden in den Getreidegürteln lassen die Ernteerträge sinken. Hochwasser in Deutschland stärken den nationalen Zusammenhalt: Wir sind ein Volk! In den Bergen geraten aufgetaute Hänge ins Rutschen: freie Sicht aufs Mittelmeer! Die Windgeschwindigkeiten in Bodennähe haben um 10 bis 15 Prozent zugenommen. Die UNO-Klimakonferenzen bleiben hinter den niedrig gesteckten Zielen zurück. Hautkrebs und Augenerkrankungen nehmen zu. Kinder sollten im Sommer zu Hause spielen. Die Politik weiß: Ein kurzzeitiges Autofahrverbot bringt nichts. Ein langfristiges aber will sie nicht. Und der Klima-Experte rät: »Nichtstun ist die ökologisch verträglichste Art des Daseins.«[28] Doch selbst wenn wir nichts tun, bleibt nicht alles beim Alten.

Wenn man sich die Erdgeschichte
als das alte englische Yard vorstellt,
als die Entfernung zwischen der Nase des Königs
und der Spitze seiner ausgestreckten Hand,
dann würde eine Nagelfeile am Mittelfinger des Königs
mit einem einzigen Strich
die ganze Menschheitsgeschichte
in Staub zerfallen lassen.
John McPhee[1]

II.
Im Gezeitenwechsel von Natur und Kultur

Liegt es an der allseits beklagten Hetze? An der allgemeinen Verunsicherung angesichts einer sich immer schneller verändernden Welt? Oder ist die Jahrtausendwende schuld? Was auch immer die Gründe sein mögen, Tatsache ist: Zeit hat Konjunktur. Kaum ein anderes Thema treibt derzeit vielgestaltigere Blüten als das Nachsinnen über die flüchtige Zeit.

In unzähligen Tagungen und Vortragsreihen, in Büchern und Zeitschriften, wissenschaftlichen und populärwissenschaftlichen Artikeln, in Filmen, Fernseh- und Radiosendungen wurde Zeit in den letzten Jahren analysiert und problematisiert, erörtert und ergründet, hinterfragt und erforscht, wobei die Schwierigkeiten in der Regel bereits bei der Bestimmung des Gegenstandes selbst – der Zeit – beginnen.

Der Grund für diese Schwierigkeiten liegt gemäß dem Soziologen Norbert Elias darin, dass die akademische »Zweiteilung der Welt« in »Natur« als dem Forschungsgebiet der Naturwissenschaften und in »Kultur« als dem Forschungsgebiet der Sozial-, Geistes- und Humanwissenschaften »auf dem Feld der Zeitforschung kaum brauchbare Resultate liefert«.[2] Denn Zeit als Gegenstand von Reflexion, so Elias, fügt sich »nicht säuberlich in eines der gedanklichen Schubfächer ein, die man heute noch mit ungetrübter Selbstverständlichkeit als Mittel der Klassifizierung von Gegenständen dieser Art benutzt«.[3]

Für die adäquate Behandlung des Themas Zeit verbietet sich somit nicht nur ein »natur-, sozial- oder kulturwissenschaftlicher Reduktionismus«, wie der Mathematiker und Philosoph Klaus Mainzer schrieb,[4] vielmehr bietet sich Zeit für eine fachbereichsübergreifende Behandlung geradezu an.[5]

Zwar hat sich seit den sechziger und siebziger Jahren, ausgelöst durch neue Erkenntnisse aus der theoretischen Physik und initiiert insbesondere durch den Ingenieur und Philosophen Julius T. Fraser, die interdisziplinäre Zeitforschung verstärkt.[6] Und mit der Gründung der »International Society for the Study of Time« wurde die interdisziplinäre Zeitforschung gar institutionalisiert. Doch die Anforderungen an Interdisziplinarität werden, wie der Philosoph Hermann Lübbe treffend bemerkte, in den meisten Fällen allein »durch die einheitsstiftenden Leistungen der Buchbindersynthese erfüllt«.[7] Ein roter Faden, der die einzelnen Ansätze verbinden würde, fehlt zumeist oder übersteigt kaum das Niveau lockerer Assoziation.

»Im Gezeitenwechsel von Natur und Kultur«, so die Überschrift dieses Kapitels, versucht dieses Manko zu beheben. Denn für eine sozialökologische Zeitkultur ist eine interdisziplinäre Zeittheorie als wissenschaftliche Grundlage unabdingbar. Nicht »Mensch« und »Natur« als zwei getrennte Gegebenheiten, sondern »Menschen in der Natur«, oder genauer »Menschen als Natur in der Natur« ist somit die Grundvorstellung, derer man bedarf, um Zeit zu verstehen.

Ich glaube, dass die Zeit irreal ist.
John Ellis McTaggart[1]

Es gibt nichts außerhalb der Zeit.
Martin Held & Karlheinz A. Geissler[2]

Beantwortung der Frage: Was ist Zeit?

Bücher zum Thema der Zeit beginnen in der Regel mit der Frage »Was ist Zeit?«, zitieren anschließend Augustinus, der gewöhnlich weiß, was Zeit ist, es sei denn, er werde danach gefragt.[3] Diese Einleitung mag wohl als Eröffnungszug in einem populärphilosophischen Zirkel genügen, doch selbst Philosophen von Profession wären heute gut beraten, statt Augustinus zu zitieren – womit nichts gegen dessen hellsichtige Aussagen gesagt sei –, sich an aktuelleren Arbeiten aus der Zeitforschung zu orientieren. Diese klassische Eröffnung deshalb meidend, behaupte ich, selbst dann zu wissen, was Zeit sei, wenn ich danach gefragt werde: Zeit ist in der Welt, weil die Welt sich verändert.

Diese auf den ersten Blick banale Definition ist so trivial jedoch nicht. Schon Heraklit stellte mit seiner viel zitierten Aussage, wonach man nie zweimal als Derselbe in denselben Fluss steige, Veränderlichkeit als ein naturgegebenes Faktum hin.[4] Aristoteles bemerkte, dass es Zeit ohne Veränderung nicht gäbe.[5] Ja, selbst die Gebrüder Grimm erzählten nicht nur Märchen: Auch die böse Fee, die Dornröschen mit einem Fluch belegte, wusste um die Vergänglichkeit der Welt. Entsprechend verfluchte sie das Königsschloss nicht zur Vergänglichkeit, sondern zur Zeitlosigkeit: zu hundertjährigem Schlaf und damit zum Stillstand in einer sich wandelnden Welt.

Dieses Wissen hat sich praktisch unverändert bis heute erhalten. Zweitausend Jahre nach Aristoteles stellte der Psychologe William James fest, dass das Bewusstsein von Veränderung die Bedingung für die Wahrnehmung von Zeit sei.[6] Der Philosoph John Ellis McTaggart behauptete, dass »ein Universum, in dem sich absolut nichts veränderte (einschließlich der Gedanken der in ihm existierenden bewussten Wesen), ein zeitloses Universum« wäre.[7] Und selbst die Werbung mit ihrem untrüglichen Riecher für zeitgemäße Slogans hat erkannt: Bestand hat nur der Wandel.

Bis ins europäische Mittelalter stimmten auch die meisten Theorien über das Wesen der Zeit darin überein, dass Zeit kein abstraktes, von den Dingen, dem Menschen und seinen Alltagserfahrungen losgelöstes Phänomen sei, sondern tief im Wesen der Welt verwurzelt war. Diese »organische Weltsicht« begann sich jedoch mit dem Aufkommen der modernen Naturwissenschaft grundlegend zu verändern: »Die Vorstellung von einem organischen, lebenden und spirituellen Universum wurde durch das Bild von der Welt als Maschine ersetzt.« (Fritjof Capra)[8]

Entsprechend änderten sich die Annahmen über das Wesen der Zeit. »Die absolute, wahre und mathematische Zeit verfließt an sich und vermöge ihrer Natur gleichförmig und ohne Beziehung auf irgendeinen äußeren Gegenstand«, lautete Isaac Newtons viel zitierte Definition.[9] Eine Definition, die das abendländische Zeitbewusstsein bis in die heutige Zeit maßgeblich prägte und in paradigmatischer Weise von der mechanischen Uhr verkörpert wurde. Zeit eine Emanation Gottes und die Welt ein göttliches Uhrwerk – das war das Bild, an dem sich fortan alles, was kreuchte und fleuchte, zu messen hatte.

Indem Newton der Zeit einen göttlichen Rang verlieh, entfernte er sie jedoch vom Tun der Menschen. Nichts verband die absolute Zeit mit der profanen, mit Sinn angehäuften und Inhalten gefüllten Zeit des täglichen Umgangs. Homogen, kontinuierlich und gleichförmig fließend, reversibel und unendlich teilbar, war Zeit bloß noch ein symmetrischer, linearer und quantitativer Parameter, der auf die innere Struktur der Dinge keinen Einfluss mehr hatte und keine qualitativen Auszeichnungen mehr zuließ. Die absolute Zeit war leer, eine reine »Beobachtungszeit« (Armin Nassehi).[10]

Damit aber schloss der physikalische Zeitbegriff all das aus, was das tägliche Erleben von Zeit ausmacht, nämlich die Unumkehrbarkeit des Alterungsprozesses und des Verfalls. Dass die Zukunft auf die Vergangenheit folgt und nicht umgekehrt; dass Zeit schneller oder langsamer fließen kann; dass wir älter und nicht jünger werden; dass eine zu Boden fallende Tasse sich nicht selber wieder zusammensetzt; dass die einen mehr und die anderen weniger Zeit haben; dass vom Gekochten kein Weg zum Rohen zurückführt – all das war dem naturwissenschaftlichen Zeitverständnis fremd. Von allem weltlichen Geschehen abstrahierend, erleichterte die absolute Zeit zwar das Rechnen, hatte aber kaum noch etwas mit der Wirklichkeit zu tun.

Doch selbst das Denken über die Zeit unterliegt einem Wandel in der Zeit. War im Schöpfungsmythos der Bibel die Erde bei der

Ankunft des Menschen erst fünf Tage alt, wollte es im 17. Jahrhundert James Ussher, Erzbischof von Armagh in Nordirland, ein bisschen genauer wissen und errechnete als Schöpfungsdatum das Jahr 4004 vor Christus.[11] Damit war die Welt mit rund 5700 Jahren zwar schon relativ alt, für grundlegende Veränderungen war dieser zeitliche Spielraum jedoch noch zu knapp. Erst zu Beginn des 19. Jahrhunderts mit der Entdeckung der »Tiefenzeit« (Stephen Jay Gould)[12] durch die Paläontologie und die Geologie und mit der Entdeckung der Evolution der Arten in der Biologie kam wieder Leben in das statische Weltbild der klassischen Physik.

Im Jahre 1820 lagen die Schätzungen über das wahre Alter der Erde bereits bei einer Million Jahre. Kühne Annahmen gingen gar von einigen hundert Millionen Jahren aus. Und als 1905 John William Strutt aufgrund des Zerfalls von Radium das Alter der Erde auf 2 Milliarden Jahre schätzte[13] – eine Berechnung, die bis heute auf 4,5 Milliarden Jahre erweitert und für das uns bekannte Universum gar auf 15 Milliarden Jahre ausgedehnt wurde –, war reeller Spielraum für evolutionäre Veränderungen geschaffen.

Hatte noch der Botaniker Carl von Linné in seiner 1735 veröffentlichten Schrift »Systema naturae« verkündet, es gäbe »so viele Arten, wie sie jeweils von den Händen des Schöpfers geschaffen wurden«[14], bestritt der Biologe Jean Baptiste Lamarck in seiner 1809 erschienenen »Philosophie zoologique« zunächst die These von der Unveränderlichkeit der Arten, um später ein ganz neues System zur Klassifizierung des Tierreiches einzuführen. Ein System, das auf der Hypothese der stammesgeschichtlichen Entwicklung der Lebewesen durch Umwelteinwirkung beruhte und damit die Zeit wieder ins Spiel brachte.[15] Und der Geologe Charles Lyell wies in seiner 1833 veröffentlichten Schrift über die »Prinzipien der Geologie« gar nach, dass »sich auch die seltsamsten geologischen Veränderungen bei der nun möglichen Annahme sehr großer Zeiträume« erklären ließen.[16]

Diese neue Sicht der Welt kam einem fundamentalen Bruch gleich und bedeutete für die Biologie das Gleiche wie die kopernikanische Wende für die Astronomie.[17] Eine Verzeitlichung des Denkens, die mit Charles Darwins 1859 veröffentlichtem Grundlagenwerk über »Die Entstehung der Arten durch natürliche Zuchtwahl« ihren endgültigen Durchbruch feierte.[18] Die kartesianisch-newtonsche Auffassung der Welt als Uhrwerk, die praktisch schlüsselfertig aus den Händen des Schöpfers hervorgegangen ist, musste durch das Bild eines sich ständig verändernden und entwickelnden Universums ersetzt werden.

Damit hatte zwar die Newtonsche Mechanik als grundlegendes Erklärungsmuster ausgedient, doch an den Annahmen über Zeit und Raum hielt man fest. Zeit und Raum bildeten auch weiterhin keine Objekte der Erkenntnis, sondern bloß den Rahmen, quasi die Bühne, auf der Ereignisse stattfinden konnten.

In ihren Grundfesten erschüttert wurde dieses Weltbild erst im 20. Jahrhundert. Zum einen durch Albert Einsteins Spezielle Relativitätstheorie, in der er nachwies, dass weder eine absolute Zeit noch ein absoluter Raum existierten, sondern beide relative Größen sind. Es gibt weder einen beobachterunabhängigen Standpunkt noch einen absoluten Ruhepunkt, noch absolute Gleichzeitigkeit. Keine zwei Zeiten sind gleich, jedes System hat seine eigene Zeit, eine systemspezifische Eigenzeit.

Bei der Frage nach dem Zeitpfeil, also nach der Gerichtetheit von Prozessen, blieb Einstein jedoch dem Denken der klassischen Physik verhaftet. »Im Elementaren«, so Einstein, »gibt es zu jedem Vorgang den inversen. Für uns gläubige Physiker hat die Scheidung zwischen Vergangenheit, Gegenwart und Zukunft nur die Bedeutung einer wenn auch hartnäckigen Illusion.«[19]

Dieses Zeit-Paradoxon, also die alltägliche Erfahrung einer irreversiblen Zeit makrophysikalischer Prozesse einerseits und die Annahme einer reversiblen Zeit in der mikrophysikalischen Welt anderseits, wurde zum Auslöser eines bis heute andauernden Grundlagenstreits in der theoretischen Physik. Eines Streits, der insbesondere mit zwei Namen verbunden ist: mit dem Physiker William Thomson, besser bekannt unter dem Namen Lord Kelvin, und mit dem Chemie-Nobelpreisträger Ilya Prigogine.

Ausgehend von der im Ersten Hauptsatz der Thermodynamik formulierten Erkenntnis, dass in jedem physikalischen Prozess zwar die Gesamtmenge der Energie erhalten bleibt, diese aber dergestalt ihre Form wechseln könne, dass sie für weitere Umwandlungen nicht mehr zur Verfügung steht, formulierte Kelvin im Zweiten Hauptsatz die These, dass es in der Welt eine unausweichliche, irreversible Tendenz zur Dissipation von Energie gibt, d.h. zum Übergang einer umwandelbaren Energieform in Wärmeenergie.[20] Ein Satz, der 1865 vom Physiker Rudolf Clausius zur Unterscheidung von reversiblen und irreversiblen Prozessen mit dem Begriff der »Entropie«[21] noch schärfer gefasst wurde und der besagte, dass die Welt einem schleichenden, irreversiblen Wärmetod entgegenging. Tief beeindruckt von dessen Konsequenzen schrieb der Physiker Arthur S. Eddington: »Ich wünschte, ich könnte Ihnen eine Vorstellung von der erstaunlichen Tragweite des Entropiebegriffs vermitteln.«[22]

Mit dem Gesetz der Entropie hatte die Alltagserfahrung einer Asymmetrie der Welt wieder Eingang in physikalische Theorien gefunden – jedoch mit einem gewaltigen Schönheitsfehler. Denn die Zunahme von Entropie begründet zwar den Zeitpfeil, aber nicht im evolutionären Sinne als Aufbau neuer und komplexerer, sondern im Gegenteil als Zerfall bereits bestehender Strukturen. Evolution war damit weiterhin so unwahrscheinlich, wie das Zusammenfügen eines Jumbojets durch einen Wirbelsturm über einem Schrottplatz.

Erst mit der Theorie der Fließgleichgewichte, Ende der siebziger Jahre formuliert von Ilya Prigogine[23], zeichnete sich eine theoretische Verbindung von Materie mit der Evolution des Lebens, eine neue Übereinstimmung der zeittheoretischen Fundamente von Mikrophysik und Makrophysik ab. Gemäß dem Prinzip »Ordnung durch Fluktuation«, so Prigogine, können fern des entropischen Gleichgewichts neue Strukturtypen spontan entstehen.

In der Folge wurde das Prinzip der »Selbstorganisation«[24] als Grundprinzip aller evolutionären Prozesse, von den Atomen bis zu Milchstraßen, für einzelne Zellen, für Mehrzeller, für Pflanzen, Tiere und Menschen, ja selbst für Gesellschaften und Kulturen erkannt. Das dynamische Gefüge der offenen, sich nicht im Gleichgewicht befindlichen Systeme wurde zu einem neuen wissenschaftlichen Paradigma, dessen Anwendung auf physikalische, chemische, biologische, psychologische und soziale Phänomene die Verwandtschaft der sich selbst organisierenden Strukturen auf allen Systemebenen des Lebens beweisen sollte.

Bis dahin nicht ableitbare Eigenschaften lebender Organismen wurden bereits auf der Ebene der Materie erklärbar. Die Grenze zwischen »unbelebter« und »belebter« Natur wurde fließend, subjektives Zeitempfinden mit der Zeitlichkeit der Welt kompatibel und der Mensch in ein sich entwickelndes Universum eingebettet. Aus einer statischen Welt des Seins wurde eine dynamische Welt des Werdens.

Für eine zeitgemäße Theorie der Zeit bedeutet dies, dass Zeit nicht als unabhängiger Parameter verstanden werden darf, sondern einen konstitutiven Faktor einer sich verändernden, entwickelnden Welt darstellt. Zeit ist nicht bloß eine subjektive Kategorie des Menschen, sondern eine reale Struktur der Natur, und Natur eine allem menschlichen Erkennen vorgelagerte Realität.

Diese Sichtweise, so der Soziologe Günter Dux, »in allem Denken von der Natur notwendig eine Natur mitzudenken, die auch dann ist, wenn kein Mensch mehr wäre, der sie denkt«[25], wird in der Erkenntnistheorie als »kritischer Realismus« bezeichnet. Der kritische Realismus behauptet also, dass eine objektive, für alle verbindliche Welt existiert, diese aber niemandem unmittelbar zugänglich ist. Vielmehr wird sie, so der Psychobiologe Norbert Bischof, über die Wahrnehmung »ungezählter phänomenaler Welten rekonstruiert, von denen es so viele gibt wie Organismen, die über ein geeignet strukturiertes Nervensystem verfügen.«[26] Diese Rekonstruktionen sind aber nicht etwa bloß ein schwaches Abbild der Welt, sondern die einzig überhaupt existierende Welt.

Auch der Pfeil der Zeit ist somit ein objektives Faktum der Natur. Dabei können gemäß dem Physiker Stephen Hawking mindestens vier Zeitpfeile unterschieden werden: der »thermodynamische Zeitpfeil« als diejenige Richtung der Zeit, in der die Unordnung, die Entropie zunimmt; der »psychologische Zeitpfeil« als diejenige Richtung, in der in unserer Wahrnehmung die Zeit fortschreitet; der »kosmologische Zeitpfeil« als diejenige Richtung der Zeit, in der das

Universum sich ausdehnt; und der »biologische Zeitpfeil« als die Richtung der Evolution des Lebens.[27]

Seit Einsteins Relativitätstheorie kann auch nicht von der Zeit im Singular die Rede sein, vielmehr gibt es eine Pluralität von Systemzeiten, Rhythmen und Eigenzeiten. Oder um es mit dem Philosophen Johann Gottfried Herder zu sagen: »Eigentlich hat jedes veränderliche Ding das Maß seiner Zeit in sich, keine zwei Dinge der Welt haben dasselbe Maß der Zeit. Es gibt also im Universum zu einer Zeit unzählbar viele Zeiten.«[28]

Wenn man sich an den schichtentheoretischen Ansätzen im Aufbau der Welt orientiert,[29] kann man als primäre Systemzeiten unterscheiden: die Zeiten »physikalischer Systeme«, beispielsweise die Zeitspanne von Urknall bis Wärmetod, die zur Eigenrotation der Erde relativen Bewegungen von Sonne, Mond und Sternen und damit einhergehende Phänomene wie Klima und Jahreszeiten; die Zeiten »chemischer Systeme«, also die Zerfalls- und Reaktionszeiten von Materie, oder Stoffkreisläufe; die Zeiten »biologischer Systeme« wie Reproduktions- und Regenerationszeiten, innere Uhren, Alterungsprozesse oder Vegetationszyklen; die Zeiten »psychischer Systeme« wie neurophysiologische Wahrnehmungs-, Verarbeitungs- und Reaktionszeiten, Kurz- und Langzeitgedächtnisleistungen oder vorausschauendes Denken; sowie die Zeiten »sozialer Systeme« wie Handlungszeiten, Feste, Rituale und lebenszyklische Schwellen, Uhren, Kalender und Zeitordnungen, Medienzeiten, Zeiten von Institutionen und Organisationen oder sozialer Wandel.

Auf jeder Systemstufe kommen neue Aspekte von Zeit dazu, ohne dass die darunter liegenden ihre Geltung verlieren würden. So bilden beispielsweise die physikalischen Systemzeiten den Grundrhythmus der anorganischen und der organischen Welt, ohne jedoch Letztere hinreichend zu bestimmen. Entsprechend sind auch auf der psychischen beziehungsweise der gesellschaftlichen Ebene alle biologischen Systemzeiten relevant, aber sie werden durch neue Aspekte von Zeit ergänzt.

Während Systemzeiten die allgemeinen Zeitgestalten von Systemen definieren, sind Eigenzeiten spezifische Konkretisierungen beziehungsweise individuelle Ausprägungen innerhalb der durch die Systemzeiten vorgegebenen Rahmenbedingungen, beispielsweise die individuelle Lebenserwartung eines Organismus im Verhältnis zur durchschnittlichen seiner Gattung. Eigenzeiten sind somit ein Maß für die zeitliche Variabilität von Systemen innerhalb gewisser Bandbreiten, nicht aber für Beliebigkeit. Denn das Nichtbeachten oder Verletzen von Systemzeiten kann massive Störungen zur Folge haben.

Zwar weisen alle Systeme eine gewisse »Elastizität« auf, womit die Fähigkeit gemeint ist, mit Störungen oder Belastungen fertig zu werden. So können wir beispielsweise eine Nacht durchfeiern, weil der Körper den verpassten Schlaf in der folgenden Nacht nachholt. Oder wir können den Flug durch Zeitzonen verkraften, weil der Organismus sich nach einer bestimmten Zeit auf die neuen Ortszeiten einstellt.[30] Elastizitäten sind also dafür verantwortlich, dass Systeme sich verändern oder sich neuen Umweltbedingungen anpassen können. Störungen jedoch, die außerhalb der normalen Schwankungsbreite liegen – beispielsweise Erwärmungen aufgrund von Luftverschmutzungen, rasche Wanderung von Klimazonen oder Überdüngung von Seen – können zu einer Überbeanspruchung bis zum Kollaps führen.

Dabei können zwischen dem ersten Auftreten von Störungen bis zum Kollabieren des Systems durchaus große Zeitspannen liegen. Während relativ kleine Systeme wie Zellen, Zellkulturen oder Mikroorganismen innerhalb von Sekunden bis Stunden reagieren, können in größeren Ökosystemen wie den Meeren oder der Atmosphäre die Auswirkungen von Störungen oft erst mit großen zeitlichen Verzögerungen von Jahren bis Jahrzehnten festgestellt werden. Als Faustregel gilt, dass ein System umso träger ist, je größer es ist. Bei der Auswahl von Beobachtungszeiträumen – Stichwort Waldsterben oder Klimaveränderung – muss also stets die Systemzeit der betroffenen Systeme zugrunde gelegt werden, um realistische Aussagen über Risiken machen zu können.

Gleiches gilt für die Kreisläufe der Natur, können diese doch laut dem Politologen und Zeitforscher Martin Held nur dann korrekt beschrieben werden, »wenn die Systemzeiten mit angegeben sind, auf die sie sich beziehen.«[31] Statt also die irreführende Metapher des Kreislaufs zu bemühen, um Zeit zu illustrieren, sollte besser das Bild einer Schraubenlinie oder einer Spirale herangezogen werden. Erst in diesem Bild vereinigen sich zwei ihrer grundlegenden Eigenschaften: ihre Irreversibilität und ihre Rhythmizität.

Das »Wesen des Rhythmus« beschrieb der Philosoph Ludwig Klages als »Wiederkehr des Ähnlichen«, als Wiederholung mit Variation.[32] Rhythmen geben eine ungefähre Dauer der Wiederholung vor, sind relativ flexibel und bestimmend für die Elastizität von Systemen. Rhythmizität ist gemäß Geissler und Held eine »allgemeine Grundeigenschaft des Lebens und dessen anorganischen Voraussetzungen«.[33]

Im Gegensatz zum Rhythmus steht der Takt für eine metrisch exakte, von Menschen geschaffene Einheit, welche Bewegungen, Verläufe oder Prozesse in identische, starr und gleichförmig fixierte Teile teilt. Maschinentakt, Stundentakt, Taktfahrplan – die »Gleichförmigkeit der Prozesse«, so Geissler und Held, »ist das Ziel taktmäßiger Organisation«.[34] Wo der Rhythmus erneuert, wiederholt der Takt.

In getakteten Systemen können sich jedoch bereits kleinste Abweichungen zu einer vollständigen Desynchronisation akkumulieren. Ja, der Takt kann gar ein durch Rhythmik stabilisiertes System zerstören. So ist beispielsweise das gleichmäßiger Werden des Herzschlags Anzeichen eines drohenden Herzinfarkts. Exakt sich wiederholende Vorgänge kommen in der Natur deshalb nicht vor. Rhythmische Vielfalt stellt somit einen Indikator für den Zustand eines Systems dar. Als ein Wert an sich sollte sie deshalb weder vereinheitlicht noch vertaktet werden.

Nachdem wir eine Vielfalt von Systemzeiten, Rhythmen und Eigenzeiten festgestellt haben, stellt sich die Frage nach deren Synchronisation. Von besonderem Interesse sind dabei die Schnittstellen zwischen Systemen, treten doch Störungen immer dort auf, wo Systemzeiten nicht oder mangelhaft aufeinander abgestimmt sind. An der Schnittstelle von Mensch und Technik beispielsweise entstehen Risiken, wenn Maschinenlaufzeiten nicht mit den Erholungszeiten des Menschen synchronisiert sind. Oder es kann zu familiären Spannungen führen, wenn die Erwerbsarbeitszeiten nicht den sozialen Rhythmen angepasst sind. Zeitkonflikte sind somit stets Synchronisationskonflikte.

Um Störungen zu vermeiden, müssen deshalb Rhythmen, System- und Eigenzeiten aufeinander abgestimmt werden. Während dies auf der biologischen Ebene vor allem durch innere Uhren geschieht, müssen auf der sozialen Ebene des Menschen viele Synchronisationsprozesse speziell organisiert werden, beispielsweise durch Terminierung oder durch Festlegung von Fristen. Das gilt auch für die Schnittstelle von Kultur und Natur, beispielsweise für das richtige Maß im Umgang mit Ressourcen. Denn fischt Fischers Fritz zu viele Fische, fischt Fischers Fritz bald keine Fische mehr. Da wir jedoch über die Regenerationszeiten von Ökosystemen noch vieles nicht wissen – und was wir wissen, häufig zu spät erfahren oder nicht zur Kenntnis nehmen –, ist neben dem schonenden Umgang mit Ressourcen die Erforschung natürlicher Rhythmen und Eigenzeiten immens wichtig.

Zeit kann somit als eine reale Weltstruktur verstanden werden, als ein komplexes Netz von System- und Eigenzeiten, in dem sich irreversible, rhythmisch strukturierte Zustandsveränderungen physikalischer, chemischer, biologischer, psychischer und sozialer Systeme überlagern, durchdringen und wechselweise beeinflussen. Dieses Zeitverständnis ist insbesondere wegen der Annahme eines entropischen Prinzips stark umstritten, ist dieses doch im engen wissenschaftlichen Sinne bis heute nicht bewiesen.

Diese Zeitdefinition ist somit selbst ein Kind ihrer Zeit. Sie ist insofern zeitgemäß, als sie dem gegenwärtigen Wissensstand entspricht. Ob sie wahr oder falsch ist, kann erst mit der Zeit beurteilt werden, da bekanntlich auch die Wahrheit ein Kind ihrer Zeit ist. Dies muss uns jedoch nicht übermäßig beunruhigen: Mit falschen Theorien lässt sich gut leben! So hatte die falsche Annahme, dass die Erde im Mittelpunkt des Universums stehe, für das tägliche Leben ebenso wenig negative Auswirkungen zur Folge wie die vermutlich richtige Annahme positive. Seit der kopernikanischen Wende lässt sich bloß einfacher rechnen.

Selbst die Sonne zieht, von derlei Theorien unbeeindruckt ihre Bahn um die Erde, geht noch immer streng ptolemäisch im Osten auf und im Westen unter. Falls also das Universum sich eines unschönen Tages zusammenziehen sollte, würde dieser in der Tat unerfreuliche Prozess erst rund 10 Milliarden Jahre später Auswirkungen auf das irdische Leben zeitigen: »Zu diesem Zeitpunkt aber«, so Hawking, »wird die Menschheit infolge des Erlöschens der Sonne längst ausgestorben sein.«[35]

Jeder Vorgang im Körper pulsiert nach seinem eigenen Metrum
innerhalb der allgemeinen Rhythmen des Sonnensystems.
Michael Young[1]

78 Oktaven Biomusik oder Die Vielfalt biologischer Rhythmen

Seit Tausenden von Jahren sind sich die Menschen der Existenz biologischer Rhythmen bewusst. Hippokrates bemerkte Schwankungen einiger Symptome seiner Kranken im Verlaufe des Tages. Aristoteles beobachtete, dass bei Vollmond die Ovarien der Seeigel anschwollen. Und Cicero stellte fest, dass das Fleisch der Austern mit der Mondperiode zu- und abnahm.[2] Systematisch untersucht werden biologische Rhythmen aber erst seit Ende der zwanziger Jahre dieses Jahrhunderts. Und deren Bedeutung beginnt man erst heute allmählich zu erkennen.

Alles Leben dieser Erde, Menschen eingeschlossen, existiert innerhalb einer grundlegenden zeitlichen Ordnung, in der die zur Sonne relativen Bewegungen der Erde und ihres Mondes den Grundrhythmus bilden. Jeder Organismus ist in seiner inneren zeitlichen Organisation an die Zeiten seiner Umwelt angepasst. Wäre die Geschichte der Erde anders verlaufen, würde das Leben einem ganz anderen Rhythmus folgen. Denn es ist wenig zweckmäßig, sich nach einem anderen Rhythmus als dem von der Umwelt vorgegebenen zu richten.

Neben dem Rhythmus von Tag und Nacht als Wechsel von Licht und Dunkelheit gibt es noch eine Vielzahl weiterer Rhythmen: Klimarhythmen mit ihren typischen Wechseln der Vegetation, der Temperatur und der Niederschläge, die Gezeiten von Ebbe und Flut oder die Fortpflanzungszyklen. Physikalische, chemische, biologische, psychische und soziale Prozesse sind rhythmisch organisiert. Rhythmen finden sich von einzelligen Lebewesen über komplexe Organismen des Pflanzen- und Tierreiches bis hin zum Mensch und Ökosystemen. Eintauchend in diese natürliche Symphonie entdecken wir eine »Welt reiner Zeitlichkeit, eine Welt vibrierender Kräfte, eine Welt pulsierender Energien, die rhythmisch in einem ausgeklügelt choreografierten Tanz interagieren«.[3] Ein vielfältiges Labyrinth von Rhythmen und Tempi in einem synchronisierten Zeitgewebe.

Die meisten biologischen Rhythmen sind praktisch Duplikate der natürlichen Zeiteinteilungen: des Tages, des Monats und des Jahres. Entsprechend wird in der Chronobiologie beispielsweise unterschieden zwischen circa-dianen[4] Rhythmen (Periodenlängen von etwa einem Tag) und circa-annualen Rhythmen (Periodenlängen von etwa einem Jahr). Die Frequenzen der in der Natur vorkommenden Rhythmen sind in nahezu jedem Zeitbereich angesiedelt: von Millisekunden (zum Beispiel neuronale Entladungen), über Sekunden (Alpha-Wellen im Elektroenzephalogramm), mehreren Sekunden (Herz- und Atemfrequenz) bis hin zu Jahrhunderten (klimatische Veränderungen) und Jahrtausenden (geologische Veränderungen). Angesichts des Verhältnisses von den schnellsten zu den langsamsten Schwingungen spricht der Zeitforscher Julius T. Fraser von »78 Oktaven Biomusik«.[5]

Die auf die Sonne abgestimmten Rhythmen waren seit je die auffälligsten. Bei einzelligen Tieren und Algen werden Photosynthese, Zellteilung und Bewegung in Tagesperiodizitäten gesteuert. Beim grün gefärbten Einzeller »Gonyaulax polyedra« wird die an der Meeresoberfläche auftretende bläuliche Luminiszenz vom Tagesrhythmus bestimmt, und bei manchen Pilzen der Sporenauswurf. Korallen beginnen in der Abenddämmerung zu wachsen und stoppen diesen Prozess bei Sonnenaufgang.[6]

Einen langsameren Rhythmus gibt der Mond vor. Am Viktoriasee in Afrika existiert eine Art von Eintagsfliegen, die nur bei Vollmond auftritt. Die Aktivitäten des Ameisenlöwen erreichen bei Vollmond ihren Höhepunkt. Auch der in der Gezeitenzone lebende grüne Plattwurm »Convoluta« orientiert sich sinnvollerweise nicht an der Sonne, sondern am Mond. Bei steigender Flut kommt er an die Oberfläche des Sandes und gräbt sich bei beginnender Ebbe wieder ein.[7] Bäume verändern den Durchmesser ihrer Stämme im Rhythmus der Mondphasen. Kurz vor Vollmond ausgesäte Pflanzensamen keimen besser und schneller.[8] Beim Menschen entspricht der weibliche Menstruationszyklus in etwa dem Mondrhythmus. Und um Vollmond werden statistisch signifikant mehr Morde verübt und es kommen mehr Kinder zur Welt.

Einen noch langsameren Rhythmus gibt der Jahresverlauf der Sonne vor. Der Winterschlaf des Eichhörnchens und des Murmeltiers, die Laichperioden mancher Fische, die wechselnde Farbe und Dichte des Felles von Pelztieren, das Anwachsen der Hoden bei Singvögeln oder Schwankungen des Körpergewichts – sie alle folgen den jahreszeitlichen Schwankungen der maximalen Sonnenscheindauer. Gar einem mehrjährigen Zyklus folgt der Gletscherhahnenfuß. Anzutreffen im hohen Norden sowie in den Alpen, schlägt dieser Kältespezialist der kurzen Wachstumsperiode ein Schnippchen, indem er den normalerweise einjährigen Blütezyklus über mehrere Jahre verteilt.[9]

Einen noch langsameren Rhythmus haben die Reproduktionszyklen von Grippeviren.[10] Während die jährlich oder zweijährlich auftretenden Grippewellen in der Regel nach kurzer Zeit zusammenbrechen, können die in unvorhersehbaren Abständen auftretenden Grippe-Pandemien zu Millionen Toten führen. Ursache dafür ist eine grundlegende genetische Umgestaltung des Erregers, für die jede in der Bevölkerung aufgebaute Immunität blind ist. Einem derart veränderten Virus kann potenziell die gesamte Menschheit zum Opfer fallen. Denn angesichts der heutigen schnellen und weltumspannenden Mobilität wäre nicht nur das beste Meldesystem überfordert, es bliebe auch kaum Zeit, Millionen von Impfdosen herzustellen, zu versenden und zu verabreichen. Die Rhythmen des Lebens sind auch die Rhythmen des Todes. Dies sollte – trotz der Schalmeienklänge von 78 Oktaven Biomusik – nicht vergessen werden.

Der Selektionsvorteil biologischer Rhythmen liegt in der entwicklungsgeschichtlich optimalen Anpassung an die periodisch wechselnden Umweltbedingungen. So öffnen sich Blüten genau zu dem Zeitpunkt, an dem die Chance zur Bestäubung am größten ist. Biologische Rhythmen versetzen somit einen Organismus in die Lage, »die wechselnden Bedingungen in einer zeitlich programmierten Welt zu bewältigen – das heißt, das Richtige zur richtigen Zeit zu tun«.[11] Und das wiederum heißt, sich im Voraus auf die zu erwartenden Änderungen einzustellen. So steigt die Körpertemperatur eines Organismus oder der Blutplasmaspiegel vieler Hormone nicht erst beim Aufwachen, sondern bereits während des Schlafes an.

Biologische Rhythmen werden aber nicht nur von den Himmelskörpern geprägt, sondern entstehen laut dem Biologen Till Roenneberg auch durch die »gegenseitige Beeinflussung von Arten«.[12] Langjährige Aufzeichnungen von erbeuteten Luchsfellen in Kanada beispielsweise zeigen einen 10-Jahres-Rhythmus, dem Räuber-Beute-Beziehungen zugrunde liegen. Eine besonders merkwürdige Periodizität findet sich bei bestimmten Zikadenarten. Zunächst viele Jahre unterirdisch als Larven lebend, verlassen sie diese zu Tausenden exakt zur gleichen Zeit, um sich während einiger Stunden fortzupflanzen und dann zu sterben, womit ein neuer Zyklus beginnt. Im Laufe der Evolution haben sich so Zyklen mit Periodenlängen von 13 und 17 Jahren herausgebildet. Durch solche primzahligen Entwicklungszeiten weichen diese Insekten Feinden aus, deren Entwicklungszeit sich nicht mit ihrem Schlupfrhythmus synchronisieren lässt.

Im Laufe der Evolution haben sich nicht nur räumliche, sondern auch zeitliche Strukturen herausgebildet. Die ökologische Aufteilung von Arten hängt somit laut Roenneberg nicht nur mit Lebensräumen, mit Nischen oder mit Biotopen zusammen, sondern auch mit der Aufteilung in Zeiträumen, in so genannte »Chronotope«.[13]

Und da die Anpassung an Zeitstrukturen ein ähnliches ökologisches Problem darstellt wie die Anpassung an Raumstrukturen, gibt es neben der Ökologie des Raumes eben auch eine Ökologie der Zeit.

Die raumorientierte Systematik der Tier- und Pflanzenwelt muss um den Faktor Zeit erweitert werden. In einer solchen Einordnung der Lebewesen ließen sich vor allem tagaktive von nacht- oder dämmerungsaktiven Tierarten unterscheiden. Während Fische in allen Chronotopen zu finden sind, besetzen Amphibien vorwiegend die Nacht als Aktivitätsphase. Die meisten landlebenden Reptilien dagegen sind aufgrund der beschränkten Möglichkeit zur Kälteabwehr tagaktiv. Unter den Säugetieren wiederum lassen sich sowohl tagaktive (Mensch, Huftiere, verschiedene Affenarten) als auch nachtaktive Lebewesen (Mäuse, Ratten, die meisten Raubtiere) finden. Vögel sind, mit Ausnahme der Eule, vorwiegend tagaktiv. Insekten sind in allen Chronotopen zu Hause.

Die Gleichberechtigung von Lebens- und Zeiträumen verdeutlicht die unterschiedliche Evolution von Säugetieren und Vögeln. Während Vögel durch einen Biotopwechsel vom Land in die Luft entstanden, wofür die Ausbildung von Flügeln eine unabdingbare Voraussetzung war, gingen viele Säugetiere aus einem Chronotop-Wechsel vom Tag in die Nacht hervor, wofür die Entwicklung der Wärmeregulation die Voraussetzung war. Ein Chronotop-Wechsel bringt somit, analog dem Wechsel eines Biotops, für die betreffende Tierart entscheidende Selektionsvorteile, ist jedoch zumeist mit Anpassungen der Sinnesorgane verbunden.[14] Während für nachtaktive Organismen vor allem der Geruchssinn wichtig ist, dominiert bei tagaktiven der Sehsinn. Die stumpfe menschliche Nase ist für ein Überleben in der Nacht jedoch kaum geeignet. Die Kolonisierung der Nacht durch den Menschen ist somit kein wirklicher Chronotop-Wechsel!

Biologische Rhythmen sind in der Chronobiologie mittlerweile gut untersucht. Allein für den Menschen sind über hundert verschiedene Tages-, Wochen-, Monats- und Jahresrhythmen beschrieben, die – optimal synchronisiert – für einen reibungslosen Ablauf der Körperfunktionen sorgen: Schlaf-Wach-Rhythmen, Menstruationszyklus, Atemfrequenz, Schmerzempfindlichkeit, Herzfrequenz, Körpertemperatur, Hormonhaushalt, Muskelkraft, Elektrolytaustausch, psychische Veränderungen, allergische Reaktionen oder Blutdruck.[15]

Zumeist unbewusst verlaufend, rufen erst innere Störungen in Form von Krankheiten oder äußere Störungen wie Nachtarbeit oder Zeitzonenflüge in Erinnerung, dass auch wir Menschen als biologische Organismen rhythmisiert, getimed, gezeitet sind, eingebettet in die Zeitordnungen des Lebendigen. Die Welt swingt wie ein großes Orchester, und wir Menschen schwingen als Teil des Ensembles mit. Wer aber ist der Dirigent? Wie wird der Zusammenhang zwischen biologischen Rhythmen und dem Rhythmus der Himmelskörper hergestellt?

Die Frage nach dem Steuerungsmechanismus biologischer Rhythmen blieb lange Zeit unbeantwortet, wobei von zwei unterschiedlichen Hypothesen ausgegangen wurde.[16] Die exogene Hypothese nahm an, dass alle biologische Zeitnahme auf äußeren, kosmischen Reizen basiert. Analog der Gravitation wurde eine alles durchdringende Kraft postuliert, in der die Organismen passiv mitschwingen. Die endogene Hypothese dagegen ging davon aus, dass eine Art Zeitsinn, eine innere, biologische Uhr in allen Organismen eingebaut ist. Heute ist dieser Konflikt beigelegt worden. Dass äußere Zeitgeber vorausgesetzt werden müssen, ist mittlerweile ebenso klar, wie die Existenz einer oder mehrerer innerer Uhren bewiesen. Und selbst auf der Suche nach dem Dirigenten wurde man fündig.

Ein an einer Ratte durchgeführtes Experiment, bei der nach der Zerstörung einer bestimmten Hirnregion alle circadianen Rhythmen gelöscht wurden, zeigte, dass sich bei Säugetieren am oberen Ende des Hirnstammes im Hypothalamus, unmittelbar hinter den Augen, ein Bündel von Nervenzellen befindet, das als Suprachiasmatische Nuclei (SCN) bezeichnet wird und direkt mit der Netzhaut verbunden ist.[17] Ein Hinweis darauf, dass Licht, vor allem Sonnenlicht, der wichtigste Impulsgeber zur Synchronisation ist und damit für den Tag-Nacht-Rhythmus beziehungsweise den circadianen Schlaf-Wach-Zyklus.

Auch beim Menschen haben Untersuchungen die Existenz innerer Uhren belegt.[18] Gemessen an der Körpertemperatur, die als zuverlässiger Indikator der biologischen Tagesrhythmik gilt, dauert beim Menschen unter Freilaufbedingungen, also unter Ausschluss der Zeitgeber aus der Umwelt, beispielsweise im unterirdischen Labor, der circadiane Rhythmus etwa 25 Stunden, mit einer individuellen Variationsbreite von 21 bis 29 Stunden. Das heißt, der Schlaf-Wach-Rhythmus muss laufend mit dem 24-Stunden-Tag synchronisiert werden, ansonsten würde er sich verschieben.

Dieses tägliche Justieren, gerade so als hätte man eine billige Uhr, die ständig nachgestellt werden muss, ist jedoch kein Nachteil. Im Gegenteil. Hätte die Natur das Äquivalent einer präzisen Atomuhr im Körper entwickelt, könnten kleinste Abweichungen zu einer vollständigen Desynchronisation des Organismus führen. Ja, der biologische Rhythmus verliefe nach einer gewissen Zeit gar dem natürlichen diametral entgegengesetzt. Das tägliche Synchronisieren gewährt somit einen Spielraum, der die flexible Anpassung an sich verändernde Umweltbedingungen erlaubt.

Untersuchungen zeigen aber auch, dass beim Menschen Unterschiede in der tagesrhythmischen Phasenlage der Körpertemperatur und damit auch der physischen und mentalen Leistungsbereitschaft existieren. Während bei den Morgentypen, den so genannten Lerchen, das nächtliche Temperaturminimum zwischen Mitternacht und ein Uhr liegt, liegt es bei den Abendtypen, den Eulen, zwischen sechs und sieben Uhr morgens. Bei Abendtypen tritt folglich das physiologische Schlafbedürfnis später ein. Umgekehrt sind Morgentypen früher wach. Solche Unterschiede gilt es gemäß dem Arbeitsphysiologen Gunther Hildebrandt bei der Zuteilung von Schichtarbeit zu berücksichtigen, da die Missachtung der biologischen Zeitprogramme »der entscheidende Ausgangspunkt für alle weiteren gesundheitlichen Schäden« ist.[19]

Aber nicht nur die normalen Körperfunktionen, auch Krankheiten beziehungsweise Krankheitssymptome lassen einen zeitlichen

Verlauf erkennen. Herz-Kreislauf-Erkrankungen beispielsweise gehören nicht nur zu den häufigsten Zivilisationskrankheiten, Symptome von Herzmuskel-, Herzkranzgefäßerkrankungen und von Bluthochdruck sind auch ausgeprägt tagesrhythmisch strukturiert. Herzinfarkte beispielsweise treten zwischen 10 und 12 Uhr häufiger auf als zu anderen Tageszeiten, Asthmaanfälle kommen vorwiegend nachts vor. Auch die Magensäuresekretion kennt einen tagesrhythmischen Verlauf.[20]

Diese Erkenntnisse der Chronobiologie sind in der Chronopharmakologie beziehungsweise in der Chronotherapie bei der Medikation insofern von Nutzen, als nicht nur die richtige Menge der richtigen Substanz an das richtige Zielorgan gelangen, sondern dies auch zur richtigen Zeit geschehen muss. Diese Einsicht ist zwar nicht neu, scheint jedoch an vielen Ärzten und Therapeuten bis heute spurlos vorübergegangen zu sein. Selbst viele Pharmakologen halten es noch für günstig, wenn der Blutspiegel eines Medikaments über 24 Stunden konstant gehalten wird. Dabei ist gemäß dem Chronopharmakologen Björn Lemmer mittlerweile für über hundert Medikamente eine Tagesrhythmik nachgewiesen worden.[21]

Zudem haben sich Chronotherapien, beispielsweise bei Krebspatienten, um mindestens 20 Prozent wirksamer erwiesen als tageszeitunabhängige Verfahren. Ähnliche Erfolge ließen sich bei der Therapie von Asthma, von Magengeschwüren, bei Bluthochdruck und bei der Verabreichung von Cortison erzielen. Ein ausgeklügelter Terminplan kann zudem nicht nur die Wirksamkeit eines Medikamentes erhöhen, sondern auch dessen Nebenwirkungen reduzieren.[22]

Rhythmizität ist aber nicht nur der Schlüssel zum Verständnis der Zeitlichkeit der Natur und des menschlichen Organismus, sondern auch das Konzept, das biologische Analysen mit denen menschlicher Organisationsformen und Kulturen verbindet.[23] Denn auch die sozialen Strukturen des Menschen sind rhythmisch organisiert, wobei der circadiane Schlaf-Wach-Rhythmus als periodischer Wechsel von Ruhe und Aktivität den wohl auffälligsten sozialen Grundrhythmus darstellt und wie kaum ein anderer die zeitliche Struktur des Alltags und des Lebens prägt.

Schlaf als physiologisches Grundbedürfnis ist jedoch nicht nur an die Nachtzeit gebunden. Neben der nächtlichen Hauptschlafphase gibt es einen zweiten Schlafrhythmus, der im Alltag dem Mittagsschlaf entspricht.[24] In vorindustriellen Gesellschaften an der Tagesordnung, wird der Mittagsschlaf in industrialisierten Gesellschaften jedoch praktisch nur noch von Kindern, älteren Menschen und außerhalb des üblichen Arbeitstaktes tätigen Menschen gehalten. In agrarischen oder schwach industrialisierten Kulturen vor allem südlicher Breiten prägt er als Siesta bis heute die zeitliche Struktur des Tages.

Die biologische Grundlage des Mittagsschlafs deutet somit an, dass der menschliche Organismus von seiner zeitlichen Ordnung her weniger auf eine lange Aktivitätsdauer und eine einzige Ruhepause innerhalb eines circadianen Zyklus eingestellt ist als vielmehr auf mehrere kürzere Aktivitätsphasen, die von kurzen Erholungspausen unterbrochen werden.

Auch Empfängnis- beziehungsweise Geburtenzyklen belegen das Wechselspiel von biologischen Rhythmen und sozialen Strukturen. Noch bis weit ins 19. Jahrhundert konnte laut dem Historiker Arthur E. Imhof »ein ausgeprägter Saisonrhythmus bei der Verteilung der Geburten« nachgewiesen werden.[25] In den von der Landwirtschaft geprägten Gesellschaften kamen die meisten Kinder im geruhsamen Winterhalbjahr zur Welt. Die Bäuerinnen konnten sich den Kindern ausgiebig widmen, sie regelmäßig und lange stillen. Wenn im Frühling das allmählich einsetzende bäuerliche Arbeitsjahr auch die weibliche Mithilfe auf den Feldern und Äckern verlangte, waren die Säuglinge aus dem Gröbsten raus.

In industrialisierten Gesellschaften flacht dieser Rhythmus jedoch ab. Zwar werden beispielsweise in Deutschland noch immer die meisten Kinder in den Monaten Februar und März geboren, also im Mai und Juni des Vorjahres gezeugt, dies aber längst nicht mehr so ausgeprägt wie früher. Dies mag damit zusammenhängen, dass durch die Arbeit in geschlossenen, beleuchteten, beheizten und klimatisierten Räumen die jährlichen Licht- und Temperaturschwankungen als Grundlage des Empfängnisrhythmus immer effektiver ausgeglichen werden.

Aber nicht nur Gevatter Storch, auch der Sensenmann kannte früher Zeiten der Anspannung und Zeiten der Entspannung. Ein Frühjahrsgipfel in den Todesraten, verursacht zumeist von Atemwegserkrankungen, betraf vor allem ältere Menschen. Ein weiterer Gipfel in der damals noch kühlschranklosen Zeit des Sommers ließ sich in erster Linie auf Magen-Darm-Erkrankungen infolge verdorbener Nahrung zurückführen und gefährdete vor allem Säuglinge und Kleinkinder. Heute haben sich diese Rhythmen weitgehend verflacht.

Bereits diese wenigen Beispiele illustrieren, dass auch soziale Rhythmen und Strukturen in hohem Maße von natürlichen Zeitgebern geprägt sind. Viele rhythmisch organisierte biologische Prozesse werden jedoch in industrialisierten Gesellschaften sozial überformt, beeinflusst oder gar bis zur Unkenntlichkeit verwischt. In dem Maße aber, wie die Arbeits- und Wohnumgebung von jahreszeitlichen Schwankungen und den mit ihnen verbundenen biologisch wichtigen Signalen abgeschirmt und die inneren Uhren von den äußeren Zeitgebern losgelöst werden, besteht die Gefahr der Überschreitung biologischer und damit auch gesundheitlicher Grenzen.

Was also wäre dringender als die Anerkennung der fundamentalen Bedeutung biologischer Rhythmen auch im Bereich des sozialen Zusammenlebens oder in der Organisation der Wirtschaft? Gerade in der Arbeitswelt sind wir jedoch von dieser Erkenntnis noch Lichtjahre entfernt, beziehungsweise diese Erkenntnis wird ignoriert und dem Profit untergeordnet. Der Weg zu einer am Menschen orientierten Gesellschaft führt jedoch nicht an der Berücksichtigung biologischer Rhythmen und Eigenzeiten vorbei, sondern direkt darauf zu.

Mit dem Eintritt des Menschen
gewinnt das Universum zu den vier Dimensionen von Raum und Zeit eine fünfte hinzu,
die Dimension des Erlebens, des Bewusstseins, der Erfahrung.
Norbert Elias[1]

In drei Sekunden von Kuba nach Baku oder Wer die Wahl hat, hat auch die Qual

Menschen besorgen sich im Vorverkauf Billette für ein Konzert, kaufen Sommerkleider im Winter und Winterkleider im Sommer, sparen Geld für schlechtere Zeiten, schließen Versicherungen ab für alle Eventualitäten, kaufen Nahrungsmittel, ohne Hunger zu verspüren, oder nehmen einen Regenschirm mit bei strahlendem Sonnenschein.

Glaubt man der Verhaltensforschung – und mangels stichhaltiger Gegenargumente werden wir dies tun –, gibt es bei den Tieren keine Hinweise auf solch vorausschauendes Handeln, das für die menschliche Daseinsbewältigung grundlegend und nicht erst im Zivilisationsstadium kennzeichnend ist. »Selbst die Vertreter intelligentester Tierarten«, so der Psychobiologe Norbert Bischof, »sind zu vorausschauender Planung nicht in der Lage«.[2]

Kein Tier beschafft sich in gesättigtem Zustand Nahrung, weil ihm bewusst wäre, dass es auch in Zukunft Hunger haben wird. Wenn dennoch künftige Bedürfnisse vorweggenommen werden, wie dies manche Nager oder Vögel tun, erfolgt dies laut Bischof entweder über Instinktketten oder »als Widerhall gegenwärtiger Bedürfnisse in einer künftigen Umwelt«.[3] Tieren muss also während des ganzen Ablaufs eines auf Befriedigung zielenden Verhaltens die entsprechende Bedürfnislage gegenwärtig sein.

Beim Menschen jedoch hat sich ein kognitives Konstruktionsprinzip herausgebildet, das als Fähigkeit zur »Zeitrepräsentation«[4] oder als Zeitbewusstsein bezeichnet wird. Damit ist eine vorstellungsmäßige Zeitachse gemeint, welche die gedankliche Repräsentation von Vergangenheit, Gegenwart und Zukunft erlaubt. Diese allein im Bewusstsein des Individuums existierende Zeitachse ermöglicht die »Vergegenwärtigung künftiger Bedürfnislagen«[5] und entsprechendes vorausschauendes Handeln.

Dieses Zeitbewusstsein ist – ungeachtet aller kulturellen und individuellen Unterschiede, und selbst wenn ein Begriff für Zeit fehlt[6] – eine für den Menschen typische Erfahrungsdimension, die sich im Tier-Mensch-Übergang herausgebildet hat und sich in jeder Kindheit wiederholt. Wie aus eigener Anschauung bekannt sein dürfte, reichen die frühesten bewussten Kindheitserinnerungen in der Regel nur bis etwa ins dritte bis fünfte Lebensjahr zurück. Alles Erleben vor dieser Zeit gehört bei den meisten Menschen nicht mehr zur bewusst erinnerten Lebensgeschichte. Zudem fehlt diesen frühesten Kindheitserinnerungen, die häufig auf Bruchstücken stark gefühlsbetonter Erlebnisse basieren, sowohl eine zeitliche Ordnung als auch eine zeitliche Kontinuität. Zeit als Kategorie des Bewusstseins, ja menschliches Bewusstsein überhaupt ist somit nichts Gegebenes, sondern bildet sich als kognitiver Entwicklungsprozess im Laufe der ersten Lebensjahre zusammen mit dem Gedächtnis und eng verbunden mit dem Spracherwerb und dem Aufbau von Handlungskompetenz heraus.[7]

Aus stammesgeschichtlicher Perspektive bestand das zu lösende Problem darin, dass Zeit nicht über spezialisierte Sinnesorgane wahrgenommen werden kann. Wir können sehen, hören, tasten, schmecken und riechen, wobei diesen fünf Sinnen je spezifische Sinnesorgane zugeordnet sind, doch für die Wahrnehmung von Zeit und Raum existieren keine Sinnesorgane. Da Wahrnehmung stets gegenwärtige Wahrnehmung ist, entziehen sich Vergangenes oder Zukünftiges ebenso der sinnlichen Anschauung wie Bewegungen oder Veränderungen. Das dreidimensionale Bild des Raumes entsteht aus der Verschmelzung zweier nicht deckungsgleicher Netzhautbilder. Und Zeit, deren wesentlichstes Kennzeichen das der Veränderung ist, kann nur über einen Vergleich zweier unterschiedlicher Zustände erschlossen werden. Das aber sind kognitive Leistungen des Gehirns.

Die neuronalen Mechanismen, die dem Bewusstsein, der Sprache und dem Gedächtnis zugrunde liegen, sind im entwicklungsgeschichtlich jüngsten Teil des Nervensystems, in der Großhirnrinde, zu verorten. In jener Hirnregion also, die bei der Entwicklung des Menschen eine große Ausdehnung erfahren hat und in der auch die Funktionen zu finden sind, die für die Ausbildung des Zeitbewusstseins verantwortlich sind. Menschliches Zeiterleben dürfte somit entwicklungsgeschichtlich jüngeren Datums sein und mit der Entwicklung des Bewusstseins im Tier-Mensch-Übergang zusammenfallen.

Wenn das Gehirn nichts ist als eine Ansammlung von Nerven, Dendriten und Synapsen und Gedanken nichts als Elektronenblitze, ist dann das Zeitbewusstsein bloß ein Produkt einer bestimmten neuronalen Verknüpfung und die Welt nur ein Hirngespinst? Zwar beruht das Bewusstsein von Zeit auf einer integrierenden Tätigkeit des Gehirns und wird getragen von der Funktionsfähigkeit bestimmter Hirnstrukturen, das soll aber nicht bedeuten, dass wir das Bewusstsein als Selbsttäuschung, Zeit als Illusion und die Welt als Fiktion abtun können. Dem Leib-Seele-Problem ist weder mit einem biologistischen noch einem psychologistischen Reduktionismus beizukommen. Denn das Bewusstsein bildet, so der Neurologe Georges Schaltenbrand, »den nicht mehr reduzierbaren Grund all unseres Wissens, all unserer Erfahrungen und all unserer Wissenschaft«[8] – egal mit welcher Methode wir es untersuchen.

Zudem ist jedes Bewusstsein von Zeit immer schon ein Bewusstsein in der Zeit, benötigen doch unsere Sinnesorgane und unser Gehirn selbst Zeit zur Informationsverarbeitung. Zeitliche Aspekte der neurophysiologischen und neuropsychologischen Informationsverarbeitung in den Sinnesorganen und im Gehirn bilden somit die Grundlage des menschlichen Zeitbewusstseins, wobei sich je nach Sinnesorgan spezifische Wahrnehmungs-, Verarbeitungs- und Reaktionszeiten unterscheiden lassen. Dabei lässt sich menschliches Zeiterleben laut dem Psychologen Ernst Pöppel mithilfe verschiedener elementarer Phänomene ordnen, nämlich den Erfahrungen der Gleichzeitigkeit, der Ungleichzeitigkeit, der Aufeinanderfolge, der Gegenwart und der Dauer.[9]

Von besonderem Interesse ist dabei das schillernde Phänomen der Gegenwart. Schillernd darum, weil über das Wesen der Gegenwart seit je und bis heute debattiert wird. In der Physik beispielsweise wird Gegenwart bloß als Punkt zwischen Vergangenheit und Zukunft verstanden. Gegenwart besitzt somit keine Ausdehnung.[10] Auch im Alltagsverständnis war Gegenwart lange Zeit einem Punkt vergleichbar, weil man annahm, psychische Prozesse verliefen in unendlicher Geschwindigkeit. Doch wenn »Vergangenheit und Zukunft nicht sind, und Gegenwart ohne Ausdehnung und Dauer«, so Augustinus,[11] existiert keine Zeit, denn ohne Jetzt gibt es keine Zeit.

Erst im 19. Jahrhundert setzte sich aufgrund von Reaktionszeitmessungen durch den Physiker Hermann von Helmholtz allmählich die Überzeugung durch, dass psychische Prozesse Zeit benötigen und Gegenwart somit eine Ausdehnung besitzt. So schrieb der Psychologe William James im Jahre 1886: »Die praktisch erkannte Gegenwart ist keine Messerschneide, sondern ein Sattelrücken mit einer gewissen ihm eigenen Breite, auf den wir uns gesetzt finden und von dem aus wir nach zwei Seiten in die Zeit hineinblicken.«[12]

Von neuropsychologischen Untersuchungen wird diese Erkenntnis mittlerweile bestätigt. Als »psychische Präsenzzeit« oder als »psychische Gegenwart«[13] bezeichnet, sollen diese »Inseln der Gegenwart« laut Pöppel etwa drei Sekunden dauern. Experimente mit Kippfiguren, also räumlichen Wahrnehmungsgestalten, die auf zwei verschiedene Arten gesehen werden können wie beispielsweise der Neckersche Würfel, zeigen, dass diese in der Regel in einem Intervall von etwa drei Sekunden von einer Gestalt zur anderen hüpfen.

Auch akustische Reize werden zu Wahrnehmungsgestalten verknüpft. Werden beispielsweise die Silben KU und BA vorgegeben, hören wir entweder KUBA oder BAKU, wobei ein Umschlag der beiden Hörweisen etwa alle drei Sekunden erfolgt. Eine Wahrnehmungsgestalt scheint sich somit nach etwa drei Sekunden zu erschöpfen. Dem Gehirn wird es langweilig und es fragt sich, so Pöppel, was es sonst noch auf der Welt zu sehen oder zu hören gibt.[14]

Auch in der Alltagssprache werden, unabhängig von Grammatik oder Syntax, etwa alle drei Sekunden kurze Pausen gemacht, die den Redefluss unterbrechen und als »intellektuelle Atempausen« die nachfolgende sprachliche Einheit, im Glücksfall ein vollständiger Gedanke, vorbereiten.[15] Von den Eskimos bis zu den Indianern, vom abgelegenen Bergbauerndorf bis ins bayerische Bierzelt, überall auf der Welt leben die Menschen im Dreisekundentakt.

Selbst die Ästhetik ist nicht frei von neurologischen Randbedingungen. Von Gryphius bis Hofmannsthal dauern gesprochene Verszeilen etwa drei Sekunden. Die griechischen und lateinischen epischen Hexameter werden durch eine strenge Zäsur in etwa drei Sekunden lange Segmente aufgeteilt. Und auch für viele musikalische Motive gilt die Dreisekundenregel.

Bei räumlichen und zeitlichen Wahrnehmungsgestalten zeigen sich jedoch grundlegende Unterschiede. Während räumliche Wahrnehmungsgestalten wie ein Bild oder eine Figur selbst dann noch als ähnlich wieder erkannt werden, wenn diese an einer Achse gespiegelt, räumlich rotiert oder vergrößert beziehungsweise verkleinert werden, gelingt dies bei Zeitgestalten wie einer Melodie, einem Rhythmus oder einem Satz nicht. Werden diese rückwärts abgespielt, sind sie kaum noch wieder zu erkennen: *erkennen zu wieder noch kaum sie sind, abgespielt rückwärts diese werden.* Und gänzlich unverständlich wird es, wenn sie auch noch rückwärts buchstabiert werden: *nennekre uz redeiw hcon muak ies dnis, tleipsegba sträwkcür eseid nedrew.* »Im Gebiete des Rhythmus und der Zeit überhaupt gibt es keine Symmetrie«, hat Grüsser diese Tatsache auf den Punkt gebracht.[16]

Dieser Dreisekundenmechanismus definiert somit die psychische Gegenwart. Alles, was unserem Erleben verfügbar ist, alles, worauf sich unsere Aufmerksamkeit richtet, tut dies für etwa drei Sekunden. Alles, was den Inhalt des Bewusstseins ausmacht, geschieht in solch kleinen Einheiten durch Einschalten und Ausschalten, Beleuchten und Verdunkeln, Hervortreten und Untertauchen. Gedanken, Erlebnisse oder Empfindungen als elementare zeitliche Bausteine, als vergängliche Elemente des Bewusstseins haben eine zeitliche Ausdehnung von etwa drei Sekunden.[17]

Doch wie kommt es trotz der zeitlichen Segmentierung der Wahrnehmung zur Kontinuität des Erlebens? Zwar kann der Mensch bekanntlich weder nicht nicht denken noch nicht nicht wahrnehmen und erzeugt daher fortwährend einen kontinuierlichen Bewusstseinsstrom, doch ob dieser »Stream of consciousness« das Resultat eines semantischen Zusammenhangs ist, wie Pöppel oder die Physikerin Eva Ruhnau vermuten,[18] oder auf einem weiteren Integrationsmechanismus des Gehirns, ist noch unklar. Dass es sich beim Erleben von Kontinuität jedoch um eine aktive Leistung des Gehirns handeln muss, belegen Untersuchungen des Zeiterlebens bei schizophrenen Patienten. Diese sind nämlich oft nicht mehr dazu in der Lage, aufeinander folgende Bewusstseinsinhalte zu einer sinnvollen Gedankenkette zusammenzufügen.

Den wichtigsten zeitlichen Integrationsmechanismus, ja die unabdingbare Voraussetzung des menschlichen Zeitbewusstseins überhaupt bildet jedoch das Gedächtnis. Ohne Gedächtnis wären Vergangenheit und Zukunft nicht existent, gäbe es weder Wissen noch Kultur, weder Erinnerung noch Hoffnung. Jeder Morgen wäre eine unbekannte Welt. Menschen blieben sich so fremd wie am ersten Tag. Man selbst wäre stets ein anderer. Und der Froschkönig würde nie zum Prinzen. Denn auch Identität, so Elias, ist »nicht so sehr eine Frage der Substanz als vielmehr eine der Kontinuität der Wandlungen (...) ist erinnerte Kontinuität.«[19]

Indem erinnerte Vergangenheit nicht vergangen, sondern für das Bewusstsein immer gegenwärtige Vergangenheit ist, und Zukünftiges für das Bewusstsein stets gegenwärtige Zukunft, produziert das Bewusstsein durch das Gedächtnis eine Einheit von Vergangenheit, Gegenwart und Zukunft und erweckt dergestalt subjektiv den Eindruck von Kontinuität.

Das Gedächtnis ist auch dafür verantwortlich, dass wir Dauer wahrnehmen und als subjektiv unterschiedlich lang erleben können. Dauer ist somit nichts den Gegenständen Anhaftendes, ist kein Gegebenes, sondern Produkt eines Bewusstseins und wird von emotionalen und inhaltlichen Aspekten beeinflusst. »Wenn man mit einem netten Mädchen zwei Stunden zusammen ist«, schrieb Einstein, »hat man das Gefühl, es seien zwei Minuten; wenn man zwei Minuten auf einem heißen Ofen sitzt, hat man das Gefühl, es seien zwei Stunden. Das ist Relativität«.[20]

In der Rückschau wird das Erleben von Dauer dabei stets über den mentalen Inhalt beurteilt. Ist wenig geschehen, erscheint rückblickend die Zeit kurz, ist viel passiert, wird sie später als lang beurteilt. Ganz im Gegensatz dazu steht die Beurteilung der Dauer im aktuellen Erleben. Passiert viel, erscheint uns die Dauer als kurz, geschieht wenig, erscheint sie uns lang. Je nachdem also, worauf sich die Aufmerksamkeit richtet, erscheint der subjektive Verlauf der Zeit mal als schnell, mal als langsam, haben wir Langeweile oder Kurzweil.

Schnelleres oder langsameres Verfließen der Zeit muss somit der subjektiven Perspektive zugerechnet werden. Was in vielen psychologischen Tests unter dem Stichwort der Schätzung von Zeit oder Dauer gemessen wird, ist somit nicht die subjektiv unterschiedlich erlebte Dauer, sondern allein die erlernte Fähigkeit, eine bestimmte Dauer anhand eines objektiven Parameters wie der Uhr abzuschätzen.

Nichtsdestotrotz darf das Bewusstsein des Menschen kein willkürliches Bild seiner Umwelt entwerfen. Will ein Organismus überleben, muss das von den Wahrnehmungs- und Bewusstseinsprozessen hergestellte Bild der Umwelt biologisch zweckmäßig sein. Das heißt, der Wahrnehmungsapparat muss grundlegende physikalische Eigenschaften wie schwer oder leicht, fest oder flüssig, räumliche Eigenschaften wie nah oder fern, hoch oder tief, oder zeitliche Eigenschaften wie vorher oder nachher adäquat berücksichtigen. Dass der Mensch dieses Wissen erworben hat, ist insofern plausibel, als er in Auseinandersetzung mit und in Anpassung an vorgegebene ökologische Bedingungen entstanden ist und sich fundamentale Irrtümer aus Gründen der Selbsterhaltung nicht leisten konnte.

Man kann also davon ausgehen, dass das menschliche Zeitbewusstsein mit der Zeitlichkeit seiner Umwelt kompatibel ist. Die Unumkehrbarkeit gelebter, erlebter und erinnerter Zeit ist somit nichts anderes als eine entwicklungsgeschichtlich zweckmäßige Anpassung an die Umwelt. Aus evolutionstheoretischer Perspektive ist deshalb die Gretchenfrage, ob Zeit real oder irreal, reversibel oder irreversibel ist, kaum relevant. Umso wichtiger jedoch ist die Frage, wofür Menschen über ein Zeitbewusstsein verfügen.

Nach der Evolutionstheorie müssen Eigenschaften, die sich evolutionär durchsetzen, für den betreffenden Organismus Vorteile bringen oder zumindest die Nachteile überwiegen. Die Vorteile des menschlichen Zeitbewusstseins liegen auf der Ebene der Motivation und auf der Handlungsebene. Ein kognitiver Mechanismus wie das Zeitbewusstsein, mit dem zukünftige Bedürfnisse vorausgesehen werden können und der damit das gegenwärtige Handeln bestimmen kann, relativiert die gegenwärtigen Bedürfnisse. Das heißt, sie werden laut Bischof »aus dem Modus unerbittlicher ›Triebe‹ in die Rolle ›emotionaler Appelle‹ zurückgedrängt«.[21] Der Zwang des Müssens weicht der Freiheit des Könnens.

Die Triebe haben sich nun ihrerseits nach dem zu richten, was im Bewusstsein abläuft, gerade so, als ob es sich dabei um handfeste Realität handeln würde. Durch die Fähigkeit, künftige Bedürfnisse, Motive oder Situationen vorwegzunehmen, werden zudem die gegenwärtigen Handlungsimpulse multipliziert. Zu den aktuellen gesellen sich noch die zukünftigen, über die bereits heute entschieden werden kann. Menschliches Zeitbewusstsein erweitert somit die Zeitachse in die Zukunft und damit den Zeitraum, der synchronisiert bzw. kontrolliert werden kann. So bestellen wir uns beispielsweise frühzeitig ein Taxi, um pünktlich zum Flughafen gefahren zu werden.

Dies gilt in analoger Weise für die Verlängerung der Zeitachse in die Vergangenheit. Haben wir die Erfahrung gemacht, ein Flugzeug verpasst zu haben, weil ein Stau auf der Autobahn nicht mit einberechnet wurde, bestellen wir zukünftig das Taxi eine halbe Stunde früher. Oder wir steigen – im Vertrauen auf deren Pünktlichkeit – auf öffentliche Verkehrsmittel um. Das Zeitbewusstsein ermöglicht somit eine zeitliche Flexibilisierung von Handlungen, vermehrt Handlungsoptionen und verbessert die situative Anpassung an die jeweilige Situation.

Weil jedoch jeder Moment mehr Optionen bereit hält, als gegenwärtig verwirklicht werden können, werden die ausgeführten Handlungen zumeist vom diffusen Gefühl begleitet, dass man sich auch anders hätte verhalten können. Wer nicht muss, sondern will, könnte meistens auch anders, als er tut. So kann das Wissen um die Möglichkeit einer Fehlentscheidung zu Verunsicherung führen: Ach, hätte ich doch nur... Wer die Wahl hat, hat auch die Qual.

Diese Verunsicherung wird noch verstärkt durch einen »schubhaften Anstieg angstauslösender Reize«.[22] Da sitzt man gemütlich in einem Sessel, lässt die Gedanken schweifen oder die Seele baumeln, bis plötzlich das Denken an einem bevorstehenden, möglicherweise noch weit in der Zukunft liegenden bedrohlichen Ereignis hängen bleibt. Der Puls beschleunigt sich und ein dumpfes Gefühl breitet sich in der Magengegend aus.

Kompensiert werden kann diese Angst vor dem Zukünftigen vor allem durch den Aufbau von Kultur. Zum einen in Form mythischer Erzählungen, religiöser Vorstellungen, künstlerischer Entwürfe oder wissenschaftlicher Erklärungen, zum anderen als Gesellschaft. Die Bildung von Gesellschaften hat in dieser Hinsicht für den Menschen eine Bedeutung wie für kein anderes Lebewesen.[23]

Das Konzept vom Menschen als »biologischem Mängelwesen« entpuppt sich so als Mythos.[24] Die zeitliche Flexibilisierung menschlichen Handelns durch Bedürfnisaufschub, durch Warten auf einen günstigen Zeitpunkt oder durch Planung ist weder Verlust noch Mangel, sondern ein ganz gewaltiger Vorteil im Kampf ums Überleben. Haben wir beispielsweise die Absicht, auf eine längere Wanderung zu gehen, nehmen wir Wasser und Nahrung mit. Obwohl wir im Moment der Abreise keinen Durst verspüren, weil wir reichlich getrunken haben, können wir uns vorstellen, bei brütender Hitze in einer ausgetrockneten Gegend unterwegs zu sein ohne Aussicht auf Wasser. Der imaginierte Durst stellt also sicher, in einer zukünftig auftretenden Mangelsituation mit genügend Wasser versorgt zu sein.

Dank vorausschauender Planung, dank Fantasie und Kraft seiner Vorstellung ist der Mensch in der Lage, selbst in Umwelten zu überleben, an die er von seiner physischen Ausstattung her nicht angepasst ist: in den Eiswüsten der Polkappen, in der Trockenheit der Wüste oder in der Dunkelheit der Nacht. Zudem ist er in der Lage, sich rasch anzupassen: ein bei der Eroberung neuer Lebensräume kaum zu überschätzender Vorteil. Ob des Menschen Fähigkeit zu vorausschauender Planung ihm auch dabei helfen wird, die hausgemachte ökologische Bedrohung rechtzeitig zu erkennen und adäquate Maßnahmen zu ergreifen, wird sich zeigen. Der Lackmustest der evolutionären Vorteile des Zeitbewusstseins steht noch aus.

Was von allem Anfang an durch Zeitordnungen koordiniert
und auf der symbolischen Ebene mit Magie synchronisiert wurde,
war die Beschaffung und Distribution von Lebensmitteln.
Christine Müller-Wichmann[1]

Das Abenteuer des Zeitbestimmens oder Jede Zeit ist eine eigene Zeit

Auch der Mensch ist eingebettet in die Rhythmen der Natur, in der die zur Sonne relativen Bewegungen der Erde und ihres Mondes den Grundrhythmus bilden. Der Mensch ist aber insofern einzigartig, als er sich auch eine eigene zeitliche Ordnung schafft: eine »soziale Zeit«.[2] Zwar beziehen sich auch die Grundstrukturen sozialer Zeitordnungen auf die natürlichen Zeitgeber wie dem Tag als sozialem Abbild des kleinen Sonnenzyklus, dem Monat als Abbild des Mondzyklus oder dem Jahr als sozialer Wiedergabe des großen Umlaufs der Sonne. Der Mensch schafft sich aber auch Zeiteinteilungen, die nicht mehr auf natürlichen Vorgaben basieren, sondern kulturelle Ursprünge haben und daher von Kultur zu Kultur variieren: Kalender, Langzeitrechnungen und Chronologien, die Unterteilung des Tages in ungleiche oder gleich lange Stunden, in Minuten und in Sekunden, Zeitpläne und Agenden.

Zeit als soziale Kategorie ist zunächst nichts, was eine Realität unabhängig von konkreten Ereignissen beanspruchen könnte. Sie ist primär eine »Ereigniszeit« (Robert Levine).[3] Doch wie kommt es zu einer zeitlichen Ordnung? Zeit als symbolische Sinnstruktur, mit deren Hilfe die Welt begriffen und natürliche, soziale und psychische Ereignisse geordnet werden können, hat sich – analog dem Zeitbewusstsein auf psychischer Ebene – im Laufe der menschlichen Entwicklungsgeschichte ausgebildet. Die anthropologische

Ausgangslage bestand dabei laut Norbert Elias darin, die Zeit aus ihrer Bindung an die einzelne Handlung herauszulösen und die Vielzahl der Handlungen in einer ihnen gemeinsamen Zeit zu verorten.[4]

Was damit gemeint ist, wird deutlich, wenn man sich fragt, was man eigentlich macht, wenn man die Zeit bestimmt. Denn »beim Nachdenken über das Problem der Zeit« wird man, wie Elias meint, »leicht von der substantivischen Form des Begriffes fehlgeleitet.«[5] Den instrumentellen Charakter von Zeit verdeutlichen würde der englische Begriff des »timing«, dessen Sinn mit dem deutschen Wort »zeiten« jedoch nur ungenau wiedergegeben wird.

Das Problem, das sich beim Zeitbestimmen nämlich stellt, ist, Geschehensabläufe des Nacheinanders miteinander in Beziehung zu setzen. Um diese nicht direkt vergleichbaren Abläufe vergleichen zu können, muss der Umweg über einen standardisierten Geschehensablauf benutzt werden. Beispiele für solche Standardkontinuen, also wiederkehrende Muster des Nacheinanders, sind Naturabläufe wie die Gezeitenwechsel von Ebbe und Flut, das rhythmische Pochen des Herzschlags, das tägliche Auf- und Untergehen der Sonne, die Bahnen von Mond und Sternen oder jahreszeitliche Klima- und Vegetationsveränderungen. Aber auch technisch hergestellte standardisierte Bewegungsabläufe wie Wasser-, Sand- oder Sonnenuhren können als Standardkontinua dienen.

Wieweit Menschen Ereignisse »zeiten«, hängt in erster Linie davon ab, inwiefern sie vor Probleme gestellt werden, die ein Zeitbestimmen erfordern, und wieweit ihre gesellschaftliche Organisation und ihr Wissen sie dazu befähigen, eine Wandlungsreihe als Bezugsrahmen und als Maßstab für eine andere zu benutzen.

Solange die Zeit von Interaktionen noch in Face-to-face-Beziehungen verläuft, verbleibt soziale Zeit in den Grenzen der Logik der Interaktion. Schlafenszeit ist von Essenszeit, Gesprächszeit oder von haushälterischen Verrichtungen nicht getrennt. Die subjektive Müdigkeit bestimmt den Schlafrhythmus und nicht die Anpassung an ein verbindliches Zeitmodell von Wach- und Ruhephasen.[6] Auch die Überschreitung lebenszyklischer Schwellen wird nicht durch feste Zeitpunkte markiert, beispielsweise Volljährigkeit mit dem

Erreichen des achtzehnten Lebensalters, sondern durch körperlich-seelische wie Initiation, Kampftauglichkeit, Menstruation oder Krankheit, oder durch außergewöhnliche Ereignisse wie Kriege, Brände oder Unfälle.[7]

Diese Form sozialer Zeit lässt sich in allen Gesellschaften, selbst in den hoch industrialisierten wiederfinden.[8] In der terminlosen Zeit der Ferien etwa, im Alltag zu Hause, im Umgang mit Kindern oder im Spiel. Auch auf dem Lande wird die Zeit bis heute vielerorts nicht chronologisch, sondern vorwiegend handlungs- bzw. ereignisorientiert strukturiert. Der Arbeitstag von Bäuerinnen zum Beispiel ergibt sich aus konkreten Tätigkeiten. Lebenserinnerungen werden anhand von Schlüsselereignissen wie Bränden, Dürren oder Unfällen geordnet. Selbst weltpolitische Ereignisse werden so in das familial-dörfliche Bezugssystem eingebettet.[9]

Historisch gesehen sind solche Formen zeitlicher Gliederung jedoch typisch für die Jäger- und Sammlergemeinschaften der Frühzeit. Denn die Frage, zu deren Beantwortung die Menschen sich auf das »Abenteuer des Zeitbestimmens« eingelassen haben, die Frage »Wann machen wir es?«, stellt sich laut Elias auf dieser Stufe noch nicht.[10] Zeitbestimmung erfolgte daher weitgehend passiv.

Wenn Gesellschaften jedoch größer werden, Handlungen sich zu Handlungsketten verlängern, Interaktionen nicht mehr auf Face-to-face-Beziehungen beschränkt bleiben und die örtliche Anwesenheit der Interaktionspartner nicht mehr vorausgesetzt werden kann, wird eine handlungsunabhängige, symbolische Zeit benötigt, in der die Interaktionen weiterlaufen können, beispielsweise natürliche Standardkontinuen. Je größer jedoch der zeitliche und räumliche Aktionsradius sozialer Gruppen ist, je uneinheitlicher die lokalen und sozialen Einheiten und je differenzierter Gesellschaften sind, desto weniger genügen selbst die lokalen natürlichen Standardkontinua als zeitlicher Referenzrahmen. Sie müssen einem ortsunabhängigen, abstrakten, gleichförmigen, einheitlichen Maßstab weichen, wie beispielsweise der Uhr.

Die sozialen Ursprünge von Zeitordnungen finden sich in der Koordination von Jagd, Aussaat und Ernte und kultischen Zeremonien, Ritualen und Festen, aber auch in der Festlegung von Initiations- und Übergangsriten, Begräbnissen, Kriegszügen und anderen kollektiven Handlungen. Während die zeitliche Ordnung sozialer Aktivitäten in einfachen Gesellschaften eng in die Rhythmen der Natur eingebettet ist, erfordert der Übergang zu komplexeren sozialen Organisationsformen die Einführung neuer, präziserer, ortsunabhängiger und kulturübergreifender Methoden der Zeitbestimmung und Zeiteinteilung. Die Rhythmen der Natur weichen dem Takt kultureller Zeitgeber, und die handlungs- und ereignisorientierten Zeiten weichen dem Maß der abstrakten Zeit. Der soziale Fremdzwang der Zeit, repräsentiert durch Uhren oder Kalender, nimmt im Laufe des Zivilisationsprozesses stetig zu.

Zeitordnungen sind auch Ausdruck von Machtordnungen. Macht kann sich mithilfe von Zeitordnungen legitimieren und stabilisieren. Während in Stammesgesellschaften Zeitordnungen zumeist von Schamanen, Medizinmännern oder Häuptlingen bestimmt wurden, ging dieses Privileg in größeren, differenzierteren Gesellschaftsformen an religiös-kirchliche Kreise über. In der Neuzeit wurden sie hauptsächlich politisch bestimmt, und in heutiger Zeit vor allem von wirtschaftlichen Interessen geprägt.

Wer Macht hat, kann die soziale Zeit in Zeitplänen festschreiben. Zeitpläne schreiben vor, wann etwas getan werden soll. Sie legen verbindliche und verbindende Ereignisketten fest, bestimmen Wechsel und Dauer, erzeugen Wiederholungen und Gewohnheiten. Sie bezeichnen Anfangs- und Endpunkte, Phasen und Übergänge, lineare Folgen und zyklische Kehren. Sie definieren Handlungszeiten und Pausen und lenken zukünftige Ereignisse in vorgezeichnete Bahnen. Dadurch wird Handeln voraussehbar und gesellschaftlich integrierbar. Je lückenloser der Zeitplan, desto weniger Zeit bleibt für unplanmäßige Vorkommnisse oder für Abweichungen. Je dichter das Zeitgitter, desto intensiver die Nutzung der Zeit. Zeitpläne garantieren Effektivität, liefern zugleich das Mittel zu deren Kontrolle und sind deshalb als Form der Machtausübung in allen Kulturen, aber auch in Institutionen und Organisationen anzutreffen.

Praktisch alle sozialen Zeitordnungen bestehen aus den drei unterschiedlichen Bereichen der Jahresgliederung (Tage, Wochen, Monate, Jahreszeiten; zusammengefasst durch Kalender), der Tagesgliederung (Lichttag und Nacht, Sonnenhöchststand, Sonnenaufgang und -untergang, Temporalstunden, Uhren) und der Zählung der Jahre (Langzeitrechnung, Großjahre, Chronologie, Theorien und Mythen über die Entstehung der Welt). In der konkreten Ausgestaltung bestehen jedoch gewaltige Unterschiede.

Allein für die Bestimmung des Tagesbeginns kommen grundsätzlich vier Möglichkeiten in Betracht: der Morgen, der Abend, der Mittag und Mitternacht. Der morgendliche Tagesbeginn scheint zwar der natürlichste zu sein, ist kulturgeschichtlich jedoch selten. Weit verbreitet dagegen war, den Tag mit dem Sonnenuntergang zu beginnen. Während der Mittag als Grenzlinie aus praktischen Gründen kaum angewendet wurde, hat sich Mitternacht als Tagesbeginn erst mit dem Aufkommen von Uhren durchgesetzt. Auch die Aufteilung des Tages in 24 oder 2 mal 12 beziehungsweise 4 mal 6 gleich lange Stunden ist eine reine Konvention, abhängig von mechanischen Uhren und deshalb ein spätes Zivilisationsprodukt.

Zwar kennen die meisten Gesellschaften einen wochenähnlichen Rhythmus – offenbar ist für den Menschen eine Zeiteinheit unerlässlich, die kleiner ist als ein Monat, aber größer als ein Tag. Doch sowohl bezüglich ihrer Länge, dem Feiertag sowie des Wochenbeginns bestehen beträchtliche Unterschiede. So teilten etwa die Griechen den Monat in drei Wochen zu je 10 Tagen ein. Die Römer kannten eine Marktwoche mit 8 Tagen, die mit einem Ruhe- und Festtag ausklang. Die europäische Sieben-Tage-Woche geht zurück auf die Babylonier und wurde von den Juden und Christen mit religiösem Sinngehalt erfüllt. Warum gerade die Zahl Sieben, die in der abendländischen Zahlenlandschaft zwischen Sexagesimal- und Dezimalsystem ziemlich einsam dasteht, als Einheit gewählt wurde, ist umstritten. Sicher ist bloß, dass nicht die Woche an die Weltschöpfung, sondern die Schöpfung an die Arbeitswoche erinnert.[11]

Verbürgt dagegen ist die Herkunft des Monats als sozialem Abbild des Mondrhythmus. Wie die Sonne, deren Untergang sich von Tag zu Tag am Horizont verschiebt, ist auch der Mond sein eigener Zeitindikator. So verzichtete man früher darauf, die Gesamtzahl von Tagen in einem Monat festzustellen. Wichtig war nicht, wie lang ein Monat war, sondern nur, wann eine der Erscheinungsformen des Mondes wie Neumond, Vollmond oder die beiden Halbmonde auftreten würde. Als echter Mondmonat lebte der Monat einst vom natürlichen Rhythmus der Mondumläufe. Mit der Herstellung von Zeitordnungen auf rechnerischer Basis wurde der Monat jedoch eine abstrakte Größe, eine Zeiteinheit ohne Rhythmus und ohne eigene Gesetzlichkeit. So ist der heutige Monat von den Mondumläufen ebenso abgetrennt wie die Woche.

Neben dem Tag als Abbild des kleinen Sonnenzyklus ist das Jahr als Abbild des großen Sonnenzyklus die bedeutsamste natürliche Zeiteinheit. Tag und Jahr sind laut dem Zeithistoriker Rudolf Wendorff »die Eckpfeiler jedes Kalenders mit eindeutigem Maß«.[12] Doch wie die Woche und der Monat sind auch Tage und Jahre nicht auf einen ganzzahligen Nenner zu bringen, dauert doch ein astronomisches Jahr 365,2422 Tage.

Gelöst wurde dieses Problem, indem in den durch hundert teilbaren Jahren die Schalttage weggelassen wurden (mit Ausnahme jener Hunderter, die durch vier teilbar sind). Dadurch verkleinerte sich die Abweichung von gregorianischem Kalender und astronomischen Jahr auf 26 Sekunden. Noch einmal verkleinert wurde diese Abweichung mit dem so genannten »idealen Kalender«, indem alle 10 000 Jahre drei Schalttage weggelassen werden. Das wird nächstes Mal in den Jahren 3200, 6400 und 9600 der Fall sein. Nicht vergessen!

Neben dem Tag und den Mondzyklen bilden die Jahreszeiten die älteste Unterteilung des Jahres. Doch die Jahreszeiten sind sowohl bezüglich Anzahl als auch Ausprägung entsprechend der geografischen Breite höchst verschieden. Äquatoriale Gegenden kennen zwei sehr ähnliche Halbjahre mit je eigenen Vegetationszyklen. Auch für die arktischen und antarktischen Gebiete lassen sich nur zwei Jahreszeiten unterscheiden. Die Unterteilung in vier Jahreszeiten, wie sie in den gemäßigten Breiten üblich ist, ist vor allem eine soziale

Konvention. Der Herbst beispielsweise blieb im antiken Griechenland unbeachtet. Auch im alten Ägypten kannte man nur drei Jahreszeiten. Und in Indien werden gar sechs Jahreszeiten unterschieden: Sommer, Regenzeit, Herbst, Winter, Tauzeit und Frühling.

Analog der Setzung des Tagesbeginns ist auch die Festlegung des Jahresbeginns eine kulturelle Setzung und daher von Kultur zu Kultur verschieden. Lag er im europäischen Spätmittelalter vor der gregorianischen Kalenderreform in Mitteleuropa vorwiegend am 25. Dezember, lag er in Frankreich an Ostern, auf den Britischen Inseln, in Italien, Deutschland und manchen Gegenden Frankreichs aber am 25. März, in der Republik Venedig am 1. März und im Osmanischen Reich am 1. September. Den Jahresanfang auf den 1. Januar festzulegen, also mitten in der kalten, toten Zeit des Winters, hat sich erst mit der gregorianischen Kalenderreform im Jahre 1582 durchgesetzt.

In allen Kulturen finden sich Zeiteinheiten, die über das Jahr und über die Dauer eines Menschenlebens hinausgehen.[13] Es scheint ein urmenschliches Bedürfnis zu bestehen, sich in einen weit gespannten Zeitbereich eingegliedert zu wissen und im Strom der Zeit festen Boden unter den Füßen zu haben. Da es jedoch keinen Nullpunkt für die menschliche Entwicklung gibt, hängt die Wahl des Beginns einer Ära, eines Weltalters oder einer Zeitrechnung eng mit religiösen oder politischen Interessen zusammen. So stellten sich die Babylonier ein Großjahr als den Zeitraum vor, der von der Schöpfung der Welt bis zu ihrer Zerstörung und Wiedergeburt reicht. Der indische Kalender sprach von einem Großjahr als dem Zeitraum von 2850 Jahren und setzte den Nullpunkt auf die Nacht vom 17. auf den 18. Februar 3100 v. Chr. Und die Maya datierten die letzte Schöpfung auf den 11. August 3113 v. Chr.

Für das europäische Abendland lassen sich zwei Chronologien unterscheiden: Die eine beginnt mit der Erschaffung der Welt, die andere mit der Geburt Christi. Dass die heute gebräuchliche Chronologie nicht mit dem Urknall beginnt – angesichts der Dominanz des (natur-)wissenschaftlichen Denkens nahe liegend –, sondern unverändert mit der Geburt Christi, verdeutlicht die Relevanz religiöser oder metaphysischer Aspekte selbst in scheinbar so rationalen Zeitrechnungen wie der abendländischen. Kein Grund also, andere Zeitordnungen als irrational oder mystisch zu belächeln.

Doch dass andere Kulturen zu anderen Zeiten anders über Zeit gedacht haben und noch heute anders über Zeit denken, dass Zeitordnungen existierten und noch existieren, die einer anderen als der abendländischen Logik folgen, diese Selbstverständlichkeit ist noch immer nicht selbstverständlich. Entsprechend sind viele ethnologische Untersuchungen anderer Zeitkulturen ausgesprochen ethnozentrisch.[14] Doch kulturelle Zeitvielfalt ist, analog der biologischen Vielfalt, eine Ressource, die nicht vernichtet werden sollte. »Jede Zeit«, so der Historiker Günter Dux, »ist einzigartig.«[15]

Was im Zeichen der mechanischen Uhr formuliert wird,
ist das Programm der mathesis universalis:
die berechenbare, maschinell gewordene Welt.
Martin Burckhardt[1]

Stop and go oder Die Hemmung als Zeitzünder eines ungehemmten industriellen Take-off

Bis zur ersten Jahrtausendwende wurden in Europa in der Zeitmessung kaum nennenswerte Fortschritte erzielt. Noch immer waren die in Ägypten entwickelten Sonnen- und Wasseruhren in Gebrauch. Noch immer bestimmte die Zwölfteilung des Lichttages als babylonisches Erbe die zeitliche Struktur des Tages. Entsprechend waren im Sommer die Stunden lang und im Winter kurz. Und bis ins Hochmittelalter wurde der Tag nach dem liturgischen Läuten der Kirchen- und Klosterglocken, den so genannten Horen, eingeteilt. Gearbeitet wurde von Sonnenaufgang bis Sonnenuntergang. Das Leben verlief weitgehend im Rhythmus des natürlichen Tagesablaufs, ohne Streben nach Präzision und ohne Sorge um messbare Produktivität. Technisch gesehen stand die Zeit still.

Das allmähliche Auseinanderdriften der klösterlichen Gebetszeiten und der säkularen Tageszeiten deutete jedoch an, dass das Rad der Geschichte sich wieder zu drehen begann. Seit der Jahrtausendwende mehrten sich in Europa die Indizien, dass in den Klöstern an der Verbesserung der Uhrentechnik gearbeitet wurde. Der entscheidende technische Durchbruch gelang mit der Erfindung der Hemmung im letzten Drittel des 13. Jahrhunderts.[2]

Das Umwälzende an dieser Erfindung bestand in der Bändigung der Schwerkraft. Die Erdanziehung als Kraftquelle nutzend, wurden die ersten Räderuhren noch von frei fallenden Gewichten angetrieben. Diese Gewichte führten jedoch nicht zu einer gleichförmigen, sondern zu einer sich beschleunigenden Bewegung. Die Laufdauer einer Uhr hing somit von der Länge der Seile ab, an denen die Gewichte hingen – und die waren relativ kurz. Technisch ging es also darum, die sich beschleunigende Fallbewegung in eine kontinuierliche und die begrenzte räumliche Ausdehnung der Seile in eine zeitliche Dehnung umzuwandeln. Doch wie konnte eine sich beschleunigende Bewegung verlangsamt und ein ungleichmäßiges Kontinuum in ein gleichförmiges verwandelt werden?

Das Geniale am Hemmungsmechanismus bestand darin, die Abwärtsbewegung regelmäßig zu unterbrechen und das Kontinuum in gleich große und gleichmäßige Impulse zu zerlegen. Dies ermöglichte ein Doppelmechanismus, der verriegelte und entriegelte, hemmte und freisetzte und dergestalt zwischen zwei Zuständen oszillierend eine fließende Bewegung in ein Stop-and-go zerlegte. Die neue Zeit bestand also darin, den Zeitfluss in ein Zeitraster zu verwandeln, den Zeitstrom in Zeitpunkte zu zerlegen und jedem Zeitpunkt einen Zeitwert, eine Zahl, zuzuordnen: Zeit wurde pünktlich und rational.

Mit der Geburt der Uhr als Maschine löste sich die Zeit laut Martin Burckhardt »aus jenem System der Entsprechungen und Analogien, wo die gemessene Zeit stets als ein Echo der sie umgebenden Natur begriffen wurde«.[3] Die Zeitmessung emanzipierte sich von der elementaren Anschauung von Zeit: sie zerrann nicht mehr wie Sand im Stundenglas, sie wanderte nicht mehr wie der Schatten der

Sonnenuhr, sie floss nicht mehr wie das Wasser in der Wasseruhr, sie schmolz nicht mehr wie eine brennende Kerze und sie pulste nicht mehr wie der Herzschlag. Unabhängig von allen natürlichen Periodizitäten steht die mechanische Uhr seither als Symbol für jene ewig laufende Weltmaschine des Perpetuum mobile und verkörpert programmatisch die berechenbare, maschinell gewordene Welt.[4]

Es war kein Zufall, dass ausgerechnet Mönche uhrentechnisch so innovativ waren. Zum einen waren die Klöster theologisch-philosophische Enklaven, wissenschaftlich-künstlerische Biotope und Missionsträger christlicher Kultur. Zum anderen waren sie, ganz im Gegensatz zur Außenwelt, bereits Stätten methodischer Lebensführung. Dennoch ist es unsinnig, die Klöster als »Uhrwerk-Gemeinschaften« oder als »vergeistigte und moralisierte Megamaschinen«[5] zu bezeichnen, weil dies moderne Erfahrungen zurückprojiziert.[6] Mag die Hemmung im klösterlichen Bereich entwickelt worden sein, der klösterliche Tagesablauf wurde durch die Uhr ebenso wenig verändert wie zunächst der Alltag der meisten Menschen.[7]

Zwar darf man die Geschichte des Zeitbewusstseins nicht von der Geschichte der Zeitmesstechniken losgelöst betrachten, aber allein die Erfindung eines neuen Instruments der Zeitmessung kann noch nicht als Indiz für ein verändertes Zeitbewusstsein gelten. Dafür spricht auch, dass von der Erfindung der Hemmung im 13. Jahrhundert bis zum gesellschaftsübergreifenden und den Alltag durchdringenden Gebrauch von mechanischen Uhren im 19. Jahrhundert eine lange Zeit verging. Zudem waren es nicht die Klöster, die für einen fundamentalen Wandel im kollektiven Zeitbewusstsein sorgten, vielmehr vollzog sich der Modernisierungsschub in außerreligiösen Zusammenhängen:[8] zum einen in den Städten und zum anderen im Bereich der Wirtschaft.

Im Gegensatz zu heute wurde das Leben in der hochmittelalterlichen Stadt und der in Hörweite gelegenen Landschaften nicht durch optische, sondern durch akustische Signale geregelt. »Je nach Anlass, Zweck und Adressatenkreis«, so der Historiker Gerhard Dohrn-van Rossum, »wurde mithilfe von Glockensignalen angekündigt, mitgeteilt, gemahnt, gewarnt, eingeladen, verboten oder vorgeschrieben.«[9]

Das Glockenläuten war die Sprache eines regional gültigen Kommunikationssystems. Wer die Glocken hörte und erkannte, nahm Teil am sozialen Leben. Wer sie schlagen durfte, verfügte über konkrete Macht. Und da das Läuten fast ausschließlich dem Klerus vorbehalten war, durchhallte den Raum ein sakraler Ton.[10] Auf Fremde mag die alltägliche akustische Kulisse einer mittelalterlichen Großstadt wie ein buntes und verwirrendes Dauergeläut gewirkt haben. Für die Einheimischen aber war sie ein Kommunikationssystem, dessen Leistungsfähigkeit nicht unterschätzt werden sollte.

Mit der wachsenden Größe einer Stadt nahm die Zahl der Glocken und die Vielfalt der Glockensignale zu. Nichtsdestotrotz war die Einführung stundenschlagender Uhrwerke mit großen Zifferblättern zunächst bloß ein weiteres Angebot, entsprach mehr einem städtischen Prestigeobjekt denn einem tatsächlichen Bedürfnis. Der mit der öffentlichen Uhr getriebene Aufwand war in erster Linie ein Mittel der Kommunen, um ihr Ansehen oder ihren Rang innerhalb der europäischen Städtelandschaft zu behaupten oder zu steigern.[11]

So gehörte um 1400 eine öffentliche Uhr zwar bereits zum städtischen Dekor, die optische Zeitanzeige mit Zifferblättern blieb jedoch bis ins 18. Jahrhundert auf wohlhabende Gemeinden beschränkt. Befestigt zumeist an den Stadttürmen und nur in Ausnahmefällen an Kirchtürmen, kündeten diese Uhren von einer Verschiebung der Herrschaft über die Zeit: von einer langsamen Ablösung der sakralen Zeit des Klerus durch die profane Zeit des Bürgertums.[12]

Folgenreicher als die Form der Zeitanzeige jedoch war der mit der Verbreitung der öffentlichen stundenschlagenden Uhren sich durchsetzende Gebrauch gleichlanger Stunden, ermöglichten diese doch ganz neue Formen der Terminierung. So lassen sich im 14. Jahrhundert in zahlreichen neuen Rats- und Gerichtsordnungen zur Hebung der »Gremiendisziplin« präzise Uhrzeitangaben zum Beginn von Sitzungen sowie das Aussetzen von Geldstrafen für unpünktliches Erscheinen nachweisen.[13] Seit dem 15. Jahrhundert gibt es mit der Einführung von Stundenplänen in städtischen Schulen auch Uhrzeitangaben zur Regelung der Unterrichtsdauer sowie der Arbeitszeit der Lehrer. Diese Techniken setzten sich im 16. Jahrhundert in den Kirchen zur Begrenzung der Predigtzeiten sowie in Gefängnissen zur Befristung von Foltertechniken durch. Alle diese neuen Formen der zeitlichen Präzisierung, Befristung und Koordination blieben jedoch zunächst auf Städte beschränkt.

Ebenfalls auf die Städte beschränkten sich vorerst die neuen Formen der Stundenrechnung. Die Einführung gleich langer Stunden war zwar die Voraussetzung der modernen Stundenrechnung, doch damit war noch nichts darüber ausgesagt, wie diese Einheiten zu zählen sind. Mangels historischer Vorbilder knüpften deshalb die wichtigsten Formen der modernen Stundenrechnung, die »italienische Zeit«, die »Nürnberger Uhr« sowie die »deutsche Zeit«, an jene drei Merkmale an, die bereits alte Zeitsysteme kennzeichneten: die Trennung des Tages und der Nacht, die Zählung in zwei Reihen zu je zwölf Stunden sowie die Verschiebung der Anfangs- und Endpunkte mit dem Tageslicht.[14]

Die vermutlich älteste Stundenrechnung, die »italienische Zeit«, war charakterisiert durch eine durchgehende Zählung der Stunden von 1 bis 24, wobei eine halbe Stunde nach Sonnenuntergang zu zählen begonnen wurde. Dieses System berücksichtigte in nahezu idealer Weise die Bedürfnisse einer Gesellschaft, die eine weitverbreitete künstliche Beleuchtung noch nicht kannte.[15] Es war unabhängig von der Jahreszeit; mit ihm ließ sich allein aufgrund des Zeitpunktes des Sonnenaufgangs mühelos die Tageslänge, das heißt die noch zur Verfügung stehenden hellen Stunden, berechnen.

Ein Nachteil jedoch war, dass mit dem sich täglich verschiebenden Sonnenuntergang auch die Uhren nach- bzw. vorgestellt werden mussten. Zudem waren durch die dreihundert täglichen Schläge – eine Zahl, die sich durch die Addition sämtlicher Einzelschläge ergibt – die Schlagwerke der Uhren einem enormen Verschleiß ausgesetzt. Die Umstellung auf eine Zählweise von 2 mal 12 bzw. 4 mal 6, was einer Reduktion der Schlagzahl von 300 auf 156 bzw. 84 entspricht, geschah deshalb aus rein technischen Überlegungen.

Die »Nürnberger Uhr« baute auf den alten, durch Sonnenuhren berechneten Tageslängentafeln auf. Sie behielt die Trennung von Tag- und Nachtstunden und die beweglichen Anfänge der beiden Zeitreihen bei, ließ aber die Zwölferreihen der späten italienischen Zeit fallen. Nach dieser Zählweise hatte im Dezember der Tag 8 und im Juni 16 Stunden. Zwischen Dezember und Juni wurden etwa alle drei Wochen die Tage um eine Stunde verlängert, anschließend verfuhr man umgekehrt. Diese Zeiteinteilung konnte sich jedoch nicht durchsetzen; zum einen, weil sie so kompliziert war, zum anderen, weil sie das technische Potenzial der mechanischen Uhr weitgehend unausgeschöpft ließ.[16]

Die Form der Stundenzählung, die sich durchgesetzt hat, war die »deutsche Zeit«; sie behielt von den älteren Systemen nur die doppelte Reihe der zwölf Stunden bei. Der Lichttag spielte keine Rolle mehr. Mit der alltagsfremden Halbierung des Tages und der Festlegung des Tagesbeginns auf Mitternacht ist sie zwar die abstrakteste, aber zugleich technisch eleganteste Form der Zeiteinteilung. Ihr entscheidender Vorteil, der sie im Zuge der Vereinheitlichung der Stundenrechnungen zum allgemein gültigen Modell werden ließ, lag darin, dass man die Uhren theoretisch nie nachzustellen brauchte, weil der Tagesbeginn unveränderlich festgelegt wurde. In der Praxis aber war das wegen der noch mangelhaften Ganggenauigkeit der mechanischen Uhren unvermeidlich – man musste sie mithilfe von Sonnenuhren nachstellen, konnte dabei aber auf Tabellen verzichten. Die uns heute geläufige Form, ab Mitternacht 24 Stunden durchzuzählen, tauchte im Mittelalter nur ganz vereinzelt bei astronomischen Zeitangaben auf und spielte vor der Entfaltung der modernen Verkehrssysteme und der Vereinheitlichung der lokalen Zeiten praktisch keine Rolle.

Die mittelalterliche Gesellschaft war von der agrarischen Lebensweise geprägt. Deren Zeitstruktur war aufgabenorientiert und von den Vorgaben der natürlichen Rhythmen geprägt. Und der Umfang der Produktion richtete sich nach dem Eigenbedarf. Diese Zeitstruktur änderte sich auch im Feudalismus nur graduell.

Auch das Handwerk als zweitwichtigster Wirtschaftszweig des Mittelalters war in erster Linie auf Selbstversorgung ausgerichtet. Die Arbeitszeiten waren geprägt von einem Wechsel von höchster Arbeitsintensität und Müßiggang.[17] Arbeitszeitregelungen blieben auf die organisierten Zünfte und auf die noch kleine Gruppe der Lohnarbeiter beschränkt.

Trotz der wachsenden Zahl der Lohnarbeiter bildete bis ins 19. Jahrhundert der Lichttag den natürlichen Rahmen des Arbeitstages und der Tagelohn war die übliche Form des Zeitlohns; nur ganz vereinzelt wurden einzelne Arbeitsstunden bezahlt. Auf das kollektive Zeitbewusstsein hatte das noch wenig Einfluss. Es war, wie Jacques Le Goff meint, »eine schleppende Zeit«, die manchmal stillzustehen schien, zumindest aber »allem Wechsel abhold« war.[18] Dies begann sich jedoch mit der beginnenden Neuzeit grundlegend zu ändern.

Seit dem 16. Jahrhundert wurden die mechanischen Uhren kontinuierlich weiterentwickelt. Deren Ganggenauigkeit und Gangdauer wurde erhöht, so dass immer feinere Zeiteinteilungen möglich wurden. Sie wurden kleiner, leichter und transportabel, was sowohl die Angebotspalette als auch deren Verwendungszwecke vergrößerte. Der steigende Absatz führte zur Gründung erster Uhrmacherzünfte.[19] Viele Uhrmacher spezialisierten sich auf die Herstellung einzelner Teile. Dadurch wurden die Uhren billiger. War der Besitz einer Uhr vormals auf den kaufkräftigen Adel beschränkt, konnten sich jetzt immer breitere Gesellschaftsschichten einen Chronometer leisten.

Zeit, einst ein »göttliches Gut«[20], wurde als weltliches Maß zur Berechnung von Arbeit zum Äquivalent von Geld und damit zu einer knappen Ressource. Das Bewusstsein vom Handeln in der Zeit verwandelte sich in ein Bewusstsein des gezielten, rationalen und rationellen Handelns mit der Zeit.

Für einen ersten Schritt in diesem Rationalisierungsprozess sorgte der Handelskapitalismus.[21] In dem Maße, wie ein organisiertes Handelsnetz durch den Ausbau des Verkehrs- und Nachrichtenwesens immer größere Räume mit einbezog und der Handelskapitalist an einem möglichst schnellen Umschlag seines Kapitals interessiert war, beschleunigte sich die Warenzirkulation. Es entstand ein immer dichteres Netz von Terminen, die es einzuhalten galt, und damit ein Bedürfnis nach einheitlichen Zeitordnungen. Diesen Standardisierungsprozess ermöglichte die mechanische Uhr.

Für den zweiten Schritt sorgte der Industriekapitalismus. Indem er die Produktionsverhältnisse von Grund auf veränderte, begann sich die Wirtschaft gegenüber allen übrigen sozialen Bereichen und Bedürfnissen zu verselbstständigen. Mit der Umstellung von Eigenbedarf auf Anhäufung von Waren und Kapital, von Genug auf Mehr, setzte sich eine Dynamik in Gang, die im Laufe der Zeit immer weitere Bereiche des Lebens in ihren Sog mit hineinreißen sollte.

Die Gleichsetzung von Zeit mit Geld brachte für das moderne Bewusstsein zwei radikal neue Werte mit sich: Produktivität und Effizienz. Diese beiden Zeitwerte begannen sich mit der Einführung der industriellen Arbeitsteilung durchzusetzen.

Dem Prinzip der Arbeitsteilung folgte die Massenproduktion. Indem die einzelnen Teile standardisiert wurden, konnten sie auch von ungelernten Arbeitern zusammengesetzt und in Massen produziert werden. Dies erforderte jedoch detaillierte Arbeitspläne, die rigorosen Zeitstandards unterlagen. Der Urheber des wissenschaftlichen Zeitmanagements, das Effizienz beim Produktionsprozess zum Modus operandi erhob, war Frederick W. Taylor. Seine Arbeitsgeräte: Stoppuhr und Statistik. Sein Ziel: völlige Kontrolle über die Zeit. Seine Methode: Beschleunigung. Die mechanische Uhr, nicht die Dampfmaschine sei die Schlüsselmaschine des modernen Industriezeitalters – so bringt der Wirtschaftshistoriker Lewis Mumford Taylors Zeitökonomie auf den Punkt.

Doch was scheinbar so reibungslos vonstatten ging, war tatsächlich ein spannungsreicher Prozess, der aus allen kulturellen Bereichen hemmende oder fördernde Impulse empfing.[22] Der Versuch, die Arbeit dem ökonomisch-rechnerischen Kalkül zu unterwerfen, scheiterte lange an der beharrlichen Weigerung der Arbeiter, eine methodisch-zeitökonomische Lebensführung zu übernehmen.

Die Formel »Zeit ist Geld« erschien in einer von agrarisch-handwerklichen Arbeitsnormen geprägten Gesellschaft höchst irrational und ein Leistungslohndenken war ihr völlig fremd. So fragte laut Max Weber ein Arbeiter nicht: »Wie viel kann ich am Tag verdienen, wenn ich das mögliche Maximum an Arbeit leiste?«, sondern: »Wie viel muss ich arbeiten, um denjenigen Betrag zu verdienen, den ich bisher einnahm und der meine traditionellen Bedürfnisse deckt?«[23]

Die Ökonomie der Zeit war jedoch so lange unvollkommen, als die Arbeiterschaft den neuen Umgang mit Zeit nicht verinnerlicht hatte. Wurde »der ersten Generation Fabrikarbeiter die Bedeutung der Zeit von ihren Vorgesetzten eingebläut«, schrieb der Historiker E. P. Thompson, »kämpfte die zweite Generation in den Komitees der Zehn-Stunden-Bewegung für eine kürzere Arbeitszeit, die dritte schließlich für einen Überstundenzuschlag. Sie hatten die Kategorien ihrer Arbeitgeber akzeptiert und gelernt, innerhalb dieser Kategorien zurückzuschlagen. Sie hatten ihre Lektion – Zeit ist Geld – nur zu gut begriffen.«[24]

Die Rationalisierung der Arbeit bestand also nicht einfach darin, bereits existierende Produktionsweisen methodischer zu machen. Vielmehr war sie laut André Gorz »eine Revolution, eine Umwälzung der Lebensweise, der Werte, der sozialen Beziehungen und der Beziehungen zur Natur; sie war im vollen Wortsinn eine Erfindung von etwas vorher noch nie Dagewesenem«.[25] Die produktive Tätigkeit wurde von ihrem inneren Sinn und ihrem Gegenstand abgeschnitten, sie war nicht mehr Teil des Lebens, sondern bloßes Mittel zum Geldverdienen. Zeit ist Geld, diese Grundformel der klassischen Arbeitswertlehre wird in den modernen Industrie- und Dienstleistungsgesellschaften zum gesellschaftsübergreifenden Kitt.

Die Evolution des Kommunikationsmediums Geld ist somit nicht nur historisch eng verknüpft mit seinem Zwilling, der Uhrzeit, in modernen Gesellschaften durchziehen beide (beinahe) alle Sphären des täglichen Lebens. Doch Zeit und Geld sind nicht neutral. Mit der Substitution von Zeit durch Geld begann ökonomisches Denken immer weitere Bereiche der Gesellschaft und des täglichen Lebens in seinen Bann zu ziehen und mit seinen Zeitwerten der Produktivität und der Effizienz zu durchdringen.

Zeitplanungskonzepte, Zeitbudgets, Zeitmanagement und Zeitnutzungsmaximierungsstrategien haben sich einen Weg aus der Wirtschaft in das gesellschaftliche und kulturelle Leben, ja sogar in private und religiöse Bereiche gebahnt. Effizienz »ist das Güte- und Firmensiegel der zeitgenössischen Kultur«.[26] Ökonomie der Zeit wird zur bestimmenden Form des gesellschaftlichen Zeitbewusstseins, ja verabsolutiert sich als »ökonomische Vernunft«[27] zum Paradigma von Rationalität überhaupt. »In der Ökonomie der Zeit löst sich schließlich alle Ökonomie auf«, wusste bereits Karl Marx.[28]

Ein Leben in Arkadien?
Genau das Gegenteil ist eingetreten:
Das Leben wird immer hektischer.
Staffan B. Linder[1]

Modern Times oder
Vom Leben unter der Herrschaft der Zeit

Ästhetisch überhöht im Geschwindigkeitsrausch des Futurismus, analytisch ausgereizt von den Kritikern des Fortschrittsglaubens und umgangssprachlich verwässert in der Klage über die Schnelllebigkeit der Zeit – stets wurden Begriffe wie Tempo, Geschwindigkeit oder Beschleunigung verwendet, um vermeintlich spezifisch moderne Zeitwerte zu kennzeichnen. Selbst die Klagen über Stress, Hetze und Hast sind nicht konstant, sondern immer häufiger zu hören. Skepsis und Zurückhaltung gegenüber dem Gebrauch so unscharfer Begriffe wie »schnell« oder »langsam« sind jedoch durchaus angebracht.

Zwar ist die Feststellung des Philosophen Hermann Lübbe, »dass die Menge der Innovationen pro Zeiteinheit in einigen kulturellen Bereichen, insbesondere in denen von Forschung und Entwicklung sowie in Produktion und Organisation, derzeit immer noch zunimmt«[2], empirisch durchaus nachweisbar. Die meisten technischen Errungenschaften wie Telefon, Radio und Fernseher, Eisenbahn, Auto und Flugzeug, Waschmaschine, Geschirrspüler und Staubsauger, aber auch Annehmlichkeiten wie die Zentralheizung, fließendes Warm- und Kaltwasser oder private Toiletten sind denn auch nicht viel älter als 100 bis 150 Jahre, viele davon jedoch wesentlich jünger. Nimmt man gar alle Gegenstände, die der Mensch je ersonnen hat, vom Faustkeil und Handschaber bis zum Walkman und den Weltraumsatelliten, stammen 80 Prozent seiner technischen Artefakte aus den letzten vier Jahrzehnten.

Dadurch aber wird die Tatsache verdeckt, dass auch die menschliche Ur- und Frühgeschichte kein innovationsfreier Zeitraum war. Verrechnet man die Anzahl der Erfindungen pro Zeiteinheit, erhält man auch für die Urzeit einen exponentiellen Verlauf, also eine Beschleunigung. Beschleunigung des zivilisatorischen Wandels ist somit eine kulturelle Konstante und keine Eigenheit der Neuzeit. Der entscheidende Unterschied liegt nicht im Charakter der Beschleunigung als vielmehr in deren Maß.

Während »früher die Zeitspanne, die eine schwerwiegende Veränderung in Anspruch nahm, wesentlich länger gedauert hat als ein Menschenleben«, so der Philosoph Alfred North Whitehead, »ist diese Zeitspanne heute wesentlich kürzer.«[3] Die Zeitmaße von Innovationen in der Ur- und Frühgeschichte besaßen sozusagen subgeologische Dimensionen. Das heißt, die Fortschritte beispielsweise in der Herstellung feiner Steinklingen zwischen Jungpaläolithikum und Neolithikum – einem Zeitraum von immerhin mehreren zehntausend Jahren – konnten für die an diesem Prozess beteiligten Menschen kein Gegenstand der Aufmerksamkeit sein. Unterhalb des für menschliches Zeitbewusstsein typischen Zeithorizontes von ein bis zwei Generationen gelegen, versickerten diese Veränderungen gleichsam zwischen den Generationen.

Das bedeutete aber auch, dass sich die Menschen der Frühzeit in die Welt ihrer Ahnen eingebettet fühlten, dass diese Welt für sie präsent war. Unser Leben dagegen ist gekennzeichnet von einer »Gegenwartsschrumpfung«.[4] Damit ist zum einen gemeint, dass uns unsere eigene Vergangenheit immer rascher immer fremder wird. Ein Blick ins Fotoalbum unserer Kindheit, und wir glauben, in ein vergangenes Jahrhundert zu blicken. Das Gleiche gilt für den Blick in die Zukunft. Denn auch die Zahl der Jahre, in denen wir damit rechnen können, unsere gegenwärtigen Lebensverhältnisse wieder zu erkennen, nimmt kontinuierlich ab. Die Gegenwart schrumpft somit sowohl in ihrer Vergangenheits- als auch in ihrer Zukunftsdimension.

Erfahrung als vergegenwärtigte Vergangenheit und Erwartung als vergegenwärtigte Zukunft sind jene zwei Erkenntniskategorien, die Vergangenheit und Zukunft in der Gegenwart verschränken.[5] Da die Zukunft stets mehr Möglichkeiten offen hält, als die zukünftige Gegenwart einlösen kann, lässt sich Erwartung nie ganz aus der Erfahrung ableiten. Diese Differenz zwischen Erfahrung und Erwartung vergrößert sich in der Neuzeit zunehmend. In der bäuerlichen Gesellschaft der Vormoderne war die kulturgeschichtliche Dynamik noch so gering, dass zwischen Erfahrungsraum und Zukunftshorizont kaum eine Differenz bestand. Wissen und Fertigkeiten konnten von Generation zu Generation weitergegeben werden. Die Erwartungen speisten sich gänzlich aus den Erfahrungen der Vorfahren.

Diese beinahe nahtlose Überführung früherer Erfahrungen in kommende Erwartungen wurde jedoch in der Neuzeit aufgesprengt. Bereits Mitte des 19. Jahrhunderts kam Friedrich Perthes zur Erkenntnis, dass frühere Epochen Richtungswechsel nur über Jahrhunderte hinweg gekannt hätten, »unsere Zeit aber das völlig Unvereinbare in den drei jetzt gleichzeitig lebenden Generationen vereinigt hat. Die ungeheuren Gegensätze der Jahre 1750, 1789 und 1815 entbehren aller Übergänge und erscheinen nicht als ein Nacheinander, sondern als ein Nebeneinander in den jetzt lebenden Menschen, je nachdem dieselben Großväter, Väter oder Enkel sind«.[6] Aus dem einen langsamen Zeitverlauf der Vormoderne wurde eine Dynamik vieler Zeiten zur gleichen Zeit.

»Fortschritt« war laut dem Historiker Reinhart Koselleck in diesem Kontext »der erste genuin geschichtliche Begriff, der die zeitliche Differenz zwischen Erfahrung und Erwartung auf einen einzigen Begriff gebracht hat.«[7] Fortschritt konnte sich jedoch nur erhalten, solange diese Differenz sich veränderte: und zwar als Beschleunigung. Dass die Zukunft auf immer schnellere Weise die Gesellschaft ändere und verbessere, kennzeichnet den Erwartungshorizont seit der Aufklärung.

Aus heutiger Sicht überrascht jedoch weniger, dass alles sich beschleunigt – selbst das kann zur Gewohnheit werden –, sondern dass diese Beschleunigung an die Grenzen individueller wie institutioneller Verarbeitungskapazitäten stößt. Erneuert sich beispielsweise das zur Verfügung stehende Wissen immer schneller, sinkt die Halbwertszeit der Lehrbücher. Das Dauererfordernis von Lehrplanreformen führt letztlich dazu, dass die Schule der Kinder den Eltern fremd wird. Die Ratgeberkompetenz der Eltern nimmt ab, Generationenkonflikte nehmen zu.

Auch das immer rascher sich wandelnde Erscheinungsbild von Städten und Landschaften lässt die Bewohner das Gefühl der Vertrautheit verlieren. Selbst in Wissenschaft, Politik und Wirtschaft zeichnen sich Grenzen der Verarbeitbarkeit von Innovationen ab. So bereitet eine Ausbildung immer weniger auf einen Beruf vor, Prognosen über spätere Arbeitsmarktchancen übersteigen kaum die Trefferquote von Horoskopen, die Aussagen von Politikern über den zukünftigen Kurs der Gesellschaft verkommen zu Orakelsprüchen und in der Wirtschaft überholen die Innovationen die Dauer der Marktpräsenz.

Parallel zur wachsenden Rate der Neuerungen steigt auch die Rate der veraltenden Dinge. Ein Indiz dafür ist der Vorgang der »progressiven Musealisierung«.[8] Die Zahl der Museen steigt, ebenso die Besucherzahlen und die Sachgebiete. Selbst ganze Kulturlandschaften fallen mittlerweile der Musealisierung anheim. Auch die Zeitspanne, bis etwas als museumswürdig gilt, verringert sich stetig. Bloß noch eine Frage der Zeit, bis auch die Gegenwart unter Denkmalschutz gestellt wird.

Komplementär zu den Bemühungen, die Vergangenheit mittels Museen durchsichtig zu halten, verhalten sich die Versuche, mittels der Zukunftswissenschaften bzw. der Trendforschung, Schneisen ins

Dickicht der Zukunft zu schlagen. An der prinzipiellen Nichtvorhersehbarkeit der Zukunft ändert dies jedoch wenig. Denn wir können unser zukünftiges Wissen nicht kennen, sonst wäre es ja heutiges Wissen. Zukunft lässt sich weder kontrollieren noch beherrschen.

Was also läge näher, als dieses prinzipielle Nichtwissen als Wissensbasis einer Technologie zugrunde zu legen, deren Kennzeichen Fehlerfreundlichkeit und Zukunftsoffenheit ist? Doch das Gegenteil ist der Fall. Mit Technologien wie der Gen- oder Atomtechnologie wächst die Notwendigkeit, Zukunft planungstechnisch zu bewältigen. Ein Dilemma, das sich bei der über Generationen sicherzustellenden Lagerung radioaktiver Abfälle exemplarisch zeigt. Wenn der Homo neanderthaliensis vor 10 000 Jahren Neptunium 237 gelagert hätte, wäre bis heute weniger als ein Zwanzigstel der Halbwertszeit abgelaufen. Das Neptunium wäre strahlungsaktiv wie zuvor, doch wir wüssten weder, wo unsere Vorfahren die Abfälle vergraben hätten, noch könnten wir etwaige Hinweise darauf entziffern.

Die Beschleunigung des Lebens entspringt aber weder einem individuellen Drang noch einem kollektiven Zwang, sondern ist eine direkte Folge der raumzeitlichen Verdichtung von Verhältnissen und Beziehungen sowie der wechselseitigen Abhängigkeiten, wie sie sich im Laufe der zivilisatorischen Entwicklung ausgebildet haben. Entsprechend ist das Tempo des Lebens in der Stadt höher als auf dem Land, in Entwicklungsländern niedriger als in den Industriestaaten und auf öffentlichen Plätzen hektischer als in privaten Räumen.

Eingebunden in eine Fülle von Beziehungen, Funktionen, Aufgaben, Organisationen und Institutionen, haben sich die Menschen laut Elias an eine »ganz genaue Einteilung der Lebenszeit« und an die »Unterordnung der augenblicklichen Neigungen unter die Notwendigkeiten der weitreichenden Interdependenzen« zu gewöhnen.[9] Pünktlichkeit ist in modernen Gesellschaften weniger eine Tugend als vielmehr ein soziales Erfordernis. Und auch Zeitknappheit und Warten sind somit typisch moderne Zeitphänomene. »Wer in einer komplexen Welt leben will«, so der lakonische Kommentar Niklas Luhmanns, »strapaziert sein Zeitbudget.«[10]

Und je länger und differenzierter die Ketten der wechselseitigen Abhängigkeiten werden, die Menschen aneinander binden, desto strenger wird das Regiment der Uhren.

Entsprechend weit verbreitet sind Uhren. 1978 tickte in Europa an 85 Prozent je eines Handgelenkes eine Uhr.[11] Angesichts der weltweit steigenden Produktions- und Verkaufszahlen ist davon auszugehen, dass heute fast jeder mindestens eine Uhr besitzt. Denn die Armbanduhr, diese »Handfessel der Zeit«,[12] hat auch symbolischen Wert. Das belegen nicht nur Uhrensammler, sondern auch die Verbindung der Uhr mit Mode, Luxus und Lebensstil. Und was verdeutlicht den Prestigewert von Uhren mehr als die Tatsache, dass selbst in der Dritten Welt viele Menschen Armbanduhren tragen, obwohl sie weder schreiben noch die Uhrzeit lesen können?[13]

Möglicherweise gäbe es deshalb eine einfache, aber effektive Methode, unsere Industriegesellschaft radikal zu verändern, indem man alle Uhren abschafft.[14] Doch selbst diese Revolution im Taschenformat wird eine Utopie bleiben. Denn im Gegensatz zu früher, als die Menschen noch mit so unzimperlichen Methoden wie einem Armbandwecker, der zur gewünschten Zeit eine Nadel ins Handgelenk stach, oder einem Kerzenwecker, der beim Abbrennen Bleikugeln auf die Schlafenden fallen ließ, geweckt werden mussten, erhebt sich die Menschheit heute vergleichsweise freiwillig. Entsprechend schlagen Wecker immer sanftere und angenehmere Töne an: »Je größer die Verinnerlichung, desto behutsamer das Signal.«[15]

In der modernen Gesellschaft führt kein Weg an der Zeitmessung vorbei. Mag auch das Zeitkorsett im Zeichen der Flexibilisierung gelockert worden sein,[16] Uhr- und Kalenderzeiten sind und bleiben das unsichtbare Skelett der Lebenswelt. Sie symbolisieren das Zeitbewusstsein der Moderne in praktisch jeder Beziehung und sind aus den Ordnungsstrukturen des Lebens kaum noch wegzudenken. Die Fahrpläne der öffentlichen Verkehrsmittel, die Öffnungs- und Schließzeiten von Schaltern, Läden, Büros und Ämtern, Arbeitszeiten, Verabredungen mit Freunden und Bekannten, der Besuch kultureller Veranstaltungen, Volljährigkeit, Pensionierung, Fristen für den Erhalt von Arbeitslosengeldern und die Bezahlung von Rechnungen, die Legislaturperioden in der Politik, die Periodizitäten der Printmedien und die Programmstruktur des Fernsehens sind streng nach Uhrzeiten geregelt. Ja, selbst Schlafen und Aufwachen, Essen und Trinken richten sich weniger nach Müdigkeit oder Munterkeit, Hunger oder Durst, als nach dem vorgegebenen Maß der Uhr. Doch je mehr wir um die präzise Uhrzeit wissen, desto weniger scheinen wir von der Zeit zu verstehen.

Alles verändert sich –
aber nicht alles gleich schnell.
Moderne Erfahrung

Timelag oder Die Beschleunigung überholt uns selbst

»Cultural lag« – dieser Begriff wurde von William Fielding Ogburn in den zwanziger Jahren des 20. Jahrhunderts geprägt; er bezeichnet Ungleichzeitigkeiten zwischen Kulturen aufgrund unterschiedlicher Entwicklungsgeschwindigkeiten.[1] Bereits im 17. Jahrhundert wies der Philosoph und Staatsmann Francis Bacon auf Ungleichzeitigkeiten zwischen den Fortschritten in den Naturwissenschaften und anderen Teilen der Gesellschaft hin.[2] Mit dem Begriff des »Timelag« sollen jedoch nicht kulturelle Ungleichzeitigkeiten bezeichnet werden, sondern Ungleichzeitigkeiten zwischen natürlicher und kultureller Evolution.

Im Gegensatz zu kulturellen Veränderungen scheint die Natur zunächst die These von der Konstanz des Lebens zu bestätigen. Pflanzen, Tiere und Menschen bringen ausschließlich Nachkommen der eigenen Art hervor. Berge scheinen unverrückbar und die klimatischen Bedingungen stabil. Das liegt daran, dass der menschliche Wahrnehmungsapparat nur eine Zeitspanne von etwa einer dreißigstel Sekunde bis zu rund hundert Jahren umfasst. Ein Zeitraum also, der für die Wahrnehmung grundlegender natürlicher Veränderungen in der Regel viel zu kurz ist.

Erst mit der Verzeitlichung des Denkens im 19. Jahrhundert hat sich die Erkenntnis durchgesetzt, dass die natürlichen Verhältnisse ebenso wenig konstant sind wie die gesellschaftlichen und dass die heute existierenden Lebewesen ebenso Produkte komplizierter und lange dauernder evolutionärer Wandlungsprozesse sind wie die heutigen gesellschaftlichen Verhältnisse.

In der Biologie werden mit dem Begriff der »Evolution« jedoch zwei höchst unterschiedliche Entwicklungsprozesse bezeichnet; zum einen die individuelle Entfaltung eines Organismus von der befruchteten Eizelle bis zu seinem Tod, die so genannte Ontogenese; und zum anderen die Phylogenese, die Stammesgeschichte, als jener Prozess, der zur Ausbildung verschiedener Arten geführt hat und der damit die tief greifenden Wandlungen des Organischen, von seiner Entstehung vor etwa dreieinhalb Milliarden Jahren bis zur Gegenwart, dokumentiert.

Mit der Etablierung der Evolutionstheorien wurde auch der Mensch Teil der Entwicklungsgeschichte und dergestalt seiner Sonderstellung in der Welt beraubt. Durch die Übertragung der biologischen Entwicklungstheorie auf scheinbar naturferne, kulturell geprägte Gebiete wie Ethik und Politik sind auch Vergleiche zwischen der Entwicklung menschlicher Kulturen und der natürlichen Evolution angestellt worden.

Dabei ging es den einen darum, Unterschiede zwischen Natur und Kultur festzustellen, um die angefochtene Sonderstellung des Menschen als Kulturwesen wiederherzustellen. Andere versuchten, gleichsam in der Flucht nach vorne, durch eine Gleichsetzung von Naturgeschichte und Kulturgeschichte die Sonderstellung des Menschen als Krone der Schöpfung zu bewahren und die Kulturgeschichte des Menschen als eine aufsteigende Stufenleiter darzustellen.

Diese Sichtweise hat sich zwar als falsch erwiesen, damit hat sich aber der Vergleich zwischen natürlicher und kultureller Evolution selbst nicht erübrigt. Im Gegenteil! Um die ökologischen Probleme der Gegenwart in ihrer zeitlichen Dimension zu verstehen, kann es durchaus Gewinn bringend sein, die beiden Entwicklungsprozesse zu vergleichen.

Ebenso wie die genetischen Merkmale von Organismen sind auch die Merkmale von Kultur übertragbar, und zwar durch Lernen, Imitieren, Plagiieren oder Lehren. Genau wie genetisches Material ist auch kulturelles Material durch »Mutationen« wie Entdeckungen, Erfindungen oder Planungen veränderungsfähig. Ebenso wie genetische Einheiten verloren gehen, können auch kulturelle Merkmale verschwinden, beispielsweise wenn der letzte Schuhmacher stirbt, bevor er sein Wissen weitergegeben hat. Und den Populationen unterschiedlicher Organismen entsprechend können auch Gesellschaften voneinander isoliert werden. In ihrer Struktur sind sich Naturgeschichte und Kulturgeschichte durchaus ähnlich.

Neben diesen Gemeinsamkeiten gibt es aber auch erhebliche Unterschiede. So sind die Prozesse der natürlichen Evolution nicht zielgerichtet. Kulturelle Evolution dagegen kennt – selbst wenn dies begründetermaßen bezweifelt werden kann – auch ein zweckgerichtetes Bewusstsein. Die natürliche Evolution kennt keine direkte Vererbung erworbener Eigenschaften auf die jeweils nächste Generation, während in der kulturellen Evolution Erfahrungen, Wissen und Ideen unmittelbar weitergegeben werden können.

Daraus folgt der wohl markanteste und tiefgreifendste Unterschied zwischen den beiden Evolutionstypen: die unterschiedlichen Entwicklungsgeschwindigkeiten. Während tief greifende genetisch-biologische Veränderungen nur sehr langsam vor sich gehen, kann man bei der kulturellen Entwicklung eine enorme Beschleunigung feststellen.[3] Das ist beileibe keine neue, in ihren Konsequenzen jedoch noch immer zu wenig beachtete Erkenntnis.

Der Grund für die enormen Geschwindigkeitsunterschiede zwischen diesen beiden Evolutionstypen liegt in der unterschiedlichen Art des Informationstransfers zwischen den Generationen. Während natürliche Informationen an die nachfolgende Generation genetisch weitergegeben werden, werden kulturelle Informationen sprachlich-symbolisch durch Worte und Gesten, Bilder und Bücher übermittelt.

Kultureller Informationstransfer erweitert damit seine Speicher- und Übertragungsmöglichkeiten. Aufgezeichnetes und konserviertes

Wissen längst verstorbener Generationen kann wieder aufgenommen werden. Indem Eltern von ihren eigenen Nachkommen lernen, können Informationen auch in zeitlich umgekehrter Richtung weitergegeben werden.

In Anlehnung an die vererbbaren Gene hat der Soziobiologe Richard Dawkins den Begriff des kulturell vererbbaren »Mems« geprägt.[4] Meme sind beispielsweise Melodien, Gedanken, Kleidermoden oder eine bestimmte Technik Bögen zu bauen. Entsprechend wird vom Mempool statt vom Genpool gesprochen, wobei Meme sich nicht wie Gene durch Spermien und Eizellen von Körper zu Körper verbreiten, sondern »von Gehirn zu Gehirn überspringen, vermittelt durch einen Prozess, den man im weitesten Sinne als Imitation bezeichnen kann«.[5]

Wenn kultureller Wandel sich ungleich schneller vollzieht als die natürliche Evolution, ist damit jedoch nicht gemeint, dass dieser unabhängig von ihr stattfände. Der Prozess der natürlichen Selektion ist nicht ausgeschaltet. »Selbst die allerkünstlichste Umwelt«, so der Psychobiologe Norbert Bischof, »hört nicht auf, Selektion zu treiben.«[6]

Die Qualität der Krankenversorgung, die Benützung von Antibiotika, rückwirkende Umweltbelastungen, verbesserte hygienische Verhältnisse, ausreichend Nahrung sowie deren verbesserte Qualität, medizinische Errungenschaften oder der Gebrauch von Verhütungsmitteln – solche und viele andere Faktoren greifen auch weiterhin selektiv in kulturelle Entwicklungsprozesse ein. Auch natürliche Bedrohungen wie Dürren, Überschwemmungen, Kälteperioden, Missernten, Seuchen, Brände, Tornados, Heuschreckenplagen oder Lawinen machen den Menschen seit je und bis heute zu schaffen. Früher jedoch waren sie diesen Naturereignissen in einem Maße ausgeliefert, wie wir das heute kaum noch kennen.

In diesem Lichte besehen erscheint der Wunsch nach Herrschaft über die Natur nur allzu verständlich. Und wer möchte bestreiten, dass es großartige Triumphe der Kultur über die Natur gibt: die Überbrückung von Strömen, die Trockenlegung von Sümpfen als Brutstätten krankheitsübertragender Mücken, die Abwehr von Krankheiten und Seuchen, das Graben von Brunnen und Kanälen oder die Abwendung von Blitzen. Doch wir können die Natur nicht so bändigen, dass wir eines Tages keine Natur mehr hätten und bloß noch Kultur übrig bliebe. Alles, was wir tun, tun wir im Rahmen der Natur. Wir können sie nicht umgehen.

Kultureller Wandel findet nicht jenseits der natürlichen Evolution statt, sondern ist in diese eingebettet. Mögen wir uns noch so sehr dem Glauben hingeben, uns von der Natur emanzipiert zu haben, mögen wir noch so stolz auf unsere kulturellen Errungenschaften sein, spätestens bei der nächsten so genannten Naturkatastrophe müssen wir erfahren, dass wir die Natur nicht überwinden können: Dämme und Deiche brechen, Lawinenschutz und Dörfer werden mitgerissen, ganze Städte unter Lavaströmen und Vulkanasche begraben. Selbst ein mit 250 km/h daherbrausender Porsche-Fahrer macht spätestens beim nächsten Crash die Erfahrung, dass die Gesetze der Natur wirksam bleiben.

Entsprechend sind denn auch Naturkatastrophen keine Katastrophe für die Natur als vielmehr für den Menschen. So regt sich in für den Menschen unbewohnbar gewordenen Gebieten wieder pflanzliches und tierisches Leben, lange bevor der Mensch an eine Rückeroberung denken kann (beispielsweise im strahlenverseuchten Gebiet um Tschernobyl).

Während die Menschen evakuiert werden mussten und in der näheren Umgebung die Zahl der Schilddrüsenerkrankungen um das Dreißigfache stieg, entwickelte sich dieses Gebiet zu einem Paradies für Tiere. Amerikanische Wissenschaftler entdeckten nicht nur eine Erhöhung der Mutationsraten bestimmter Tierarten, sondern auch eine Zunahme an Populationen. Wofür gewisse Arten normalerweise 10 Millionen Jahre gebraucht hätten, um diesen evolutionären Wandel zu vollziehen, reichte bereits die kurze Zeitspanne seit dem Unfall. Evolution im Zeitraffer sozusagen.[7]

Gerade dieser Tatbestand weist aber darauf hin, dass sich auch die Natur des Menschen längst nicht so schnell ändert wie seine kulturelle Umwelt. Wahrscheinlich sind wir biologisch immer noch an jene Lebensumstände angepasst, »die in den 99 Prozent der Jahrmillionen geherrscht haben, in denen es die Gattung Homo gab: an die Lebensumstände freischweifender Wildbeuter«.[8]

Weder an die Sesshaftigkeit haben wir uns gewöhnt, wie die zwanghafte Mobilität und die periodisch einsetzenden Touristenströme belegen, noch an das Leben in der Nacht, geschweige denn an die beengte Existenz in großen Ballungsgebieten, wie Ergebnisse der Crowding-Forschung belegen.[9] Ja, selbst Telefon, Fernsehen und Internet ersetzen nicht den direkten zwischenmenschlichen Kontakt. Kurzum: Wahrnehmungspsychologisch sind wir immer noch Fußgänger, motivational in der Primärsippe verankert und kommunikativ auf ein reales und leibhaftiges Gegenüber angewiesen.

Die kulturelle Entwicklung ist der natürlichen Evolution nicht davongelaufen, sondern immer noch in diese eingebettet. Gerade deshalb kommt es überall dort, wo kulturelle und natürliche Systeme miteinander verbunden sind und ihre jeweiligen Systemzeiten nicht zueinander passen, über kurz oder lang zu nachhaltigen Störungen.[10]

Die Anpassung des Tempos an die natürlichen Verhältnisse ist somit das Gebot der Stunde. Doch was jeder Pilot weiß, dass er, um Turbulenzen zu vermeiden, mit dem Toben des Hurrikans mitziehen muss – und zwar in exakt derselben Geschwindigkeit –, von diesem Wissen ist die moderne Gesellschaft praktisch noch weit entfernt und steht theoretisch erst am Anfang.

Selbst ökologische Kreise verfangen sich argumentativ noch immer in der Begrenztheit menschlicher Zeitdimensionen. »15 Jahre intensiver Wald(schadens)forschung« reichen jedoch laut dem Biologen und Ökologen Wolfgang Haber nicht aus, »um Lebensprozesse von Bäumen bzw. Waldökosystemen, die viele Jahrzehnte, ja Jahrhunderte umfassen, gründlich genug zu erfassen.«[11] Zudem hat in einem so komplexen Ökosystem wie dem Wald jede hierarchische Organisationsstufe des Lebens ihr eigenes Zeitmaß bzw. ihre eigene Reaktionszeit. Die Zelle im Blatt von Sekunden bis Minuten, das Blatt von Tagen bis Wochen, der Zweig von Wochen bis Monaten, der Baum von Jahren bis Jahrzehnten und das Ökosystem Wald bis zu Jahrhunderten.

Die Folgen sind bekannt: Durch das Ausbleiben der Katastrophe zum prognostizierten Zeitpunkt ist die zu Beginn gewaltige Medienresonanz immer weiter abgeflacht. Meldungen über neue Erkenntnisse wurden kaum noch zur Kenntnis genommen. Mittlerweile gehört das Bewusstsein eines möglichen Waldsterbens gar zur psychischen Grundausstattung. Mit Katastrophen, zumal solchen, die nicht eintreffen – wie die zur Jahrtausendwende prophezeiten Apokalypsen –, lässt sich gut leben.

Die zeitgenössische Katastrophenresistenz könnte sich aber spätestens dann als Bumerang erweisen, wenn sich das Verhältnis der Veränderungsraten natürlicher und kultureller Systeme umkehren sollte. Falls die gewaltigen Stoffeinträge in die Atmosphäre zu einem Umkippen des Klimas führen, könnte die Geschwindigkeit dieses Prozesses alle in der Geschichte der Menschheit bis heute bekannten weit übertreffen. Ein Tempo, dem selbst der beschleunigte kulturelle Wandel der Moderne – von unserer biologischen Veränderungsrate ganz zu schweigen – nicht gewachsen wäre: »die Beschleunigung überholt uns selbst«.[12] Nicht Stämme werden dann überleben, sondern Flechten und Viren, Insekten- und Rattenpopulationen.

Jeden Morgen wacht in Afrika eine Gazelle auf.
Sie weiß, dass sie sich, will sie nicht gefressen werden,
in ihrem Verhalten nach den Jagd-Zeiten der Löwinnen richten muss.
Jeden Morgen wacht in Afrika eine Löwin auf.
Sie weiß, dass sie nur dann nicht verhungern wird,
wenn sie die Zeiten beachtet, zu denen die Gazellen ihren Durst am Wasser stillen.
Es ist egal, ob man eine Löwin oder eine Gazelle ist:
Wenn die Sonne aufgeht, muss man etwas von den
Zeiten anderer Lebewesen verstehen und sie beachten.
Held & Kümmerer[1]

III.
Ansätze einer sozialökologischen Zeitkultur

Trotz der Tatsache, dass viele unserer heutigen Probleme mit unserem Umgang mit Zeit zu tun haben, sind wir von einer Zeitkultur, die auf der Berücksichtigung von Rhythmen und Eigenzeiten beruht, noch Lichtjahre entfernt. Noch immer wird Zeitpolitik als »irgendeine kleine Nische, eine Art Spezialpolitik«[2] behandelt. Und noch immer wird Zeitforschung eher als Zweig der Esoterik denn als wissenschaftliche Disziplin betrachtet.

Ein flüchtiger Blick auf die politische Landschaft bestätigt denn auch, dass eine auf Erkenntnisse der Chronowissenschaften sich stützende sozialökologische Zeitpolitik fehlt. So existieren zwar in der Verkehrspolitik Geschwindigkeitslimiten und Emissionsgrenzwerte, verkehrsberuhigte oder verkehrsfreie Zonen, aber schon bei der Forderung nach autofreien Sonntagen, großräumigen verkehrsfreien Zonen oder dem Abbau innerstädtischer Parkplätze hat die Politik einen kurzen Atem. In der Medienpolitik wird das Denken von Globalisierung, Entgrenzung und Entzeitlichung beherrscht und von Einschaltquoten als einzigen beachteten Grenzwerten gelenkt. Die Landwirtschaftspolitik wird noch weitgehend von Rahmenbedingungen gesteuert, in denen der Begriff der Nachhaltigkeit zwar auf dem Papier, aber noch kaum in der Praxis erscheint. In der Wirtschaftspolitik wird zwar explizit mit Zeit gerechnet, in den Quartalszwischenabrechnungen oder in der jährlichen Endabrechnung wird jedoch nur noch mit Geldwerten operiert und ökologische Anliegen mit dem Hinweis auf kurzfristige Rentabilität abgewiesen. Und auf der Ebene der Gemeindepolitik existieren seit der Liberalisierung kaum noch geregelte Öffnungszeiten. Das einzige gesamtpolitisch wirksame Zeitmaß sind die kurzfristigen Legislaturperioden, aber gerade sie stehen einer langfristige Ziele ansteuernden sozialökologischen Zeitkultur diametral entgegen.

Dabei fällt ein merkwürdiges Missverhältnis zwischen dem politischen Umgang mit Raum und dem mit Zeit auf.[3] Zwar gibt es heute Bau- und Zonenordnungen, die landwirtschaftliche Nutzflächen vor der Bebauung schützen und Naturschutzgebiete als Biotope vor der wirtschaftlichen Nutzung bewahren. Chronotope wie die Nacht, der Sonntag und die allgemeinen Feiertage jedoch werden dem ökonomischen Wettbewerb praktisch widerstandslos preisgegeben und mit dem Argument des Standortvorteiles oder dem Erhalt von Arbeitsplätzen auf dem Altar der Rendite geopfert.

Eine sozialökologische Zeitkultur meint nun aber keineswegs, dass in Zukunft der staatlichen Umweltbehörde noch ein zusätzliches Zeitministerium, ein »Amt für gesellschaftliche Zeitplanung und sozialökologische Zeitpolitik« (GZSZ) – nicht zu verwechseln mit der RTL-Endlos-Soap ›Gute Zeiten, schlechte Zeiten‹ (GZSZ)! – zur Seite gestellt würde, in dem zwielichtige »graue Männer« mit der Verwaltung und Ausgestaltung der Zeit beschäftigt wären.[4] Vielmehr geht es darum, auf die Bedeutung des Zeitfaktors im gesellschaftlichen Handeln aufmerksam zu machen, die Dimension der Zeit in die wissenschaftliche Forschung mit einzubeziehen und deren Erkenntnisse in allen wichtigen Bereichen handlungswirksam und handlungsleitend zu machen. Insofern der Modernisierungsprozess sich im Wesentlichen als Befreiung von den Schranken der organischen Natur und den naturalen Einbindungen vollzog, hat eine sozialökologische Zeitkultur für eine Wiedereinbindung zu sorgen und die Rhythmen und Eigenzeiten der inneren und äußeren Natur des Menschen als Maß zu nehmen. Dabei sollten jedoch zwei Positionen vermieden werden:

Zum einen jene konservierende Haltung, die Natur auf einen bestimmten Zustand festlegen will. Insofern Natur sich in der Zeit permanent verändert und weiterentwickelt, kann eine sozialökologische Zeitkultur nicht darauf bestehen, Natur in ihrem gegenwärtigen Zustand zu erhalten. Selbst die Natur, wie wir sie heute kennen, ist das Ergebnis einer *auch* von Menschen beeinflussten Entwicklung. »Von den Metropolen bis zu den Polen«[5] existiert Natur, wie sie vor dem Menschen war, praktisch nirgends mehr. Zudem war diese nie das Paradies. Die mit dem Ökosiegel versehene und garantiert harmonische Natur ist laut Carl Friedrich von Weizsäcker »nur ein spätbürgerlicher Traum nach der Ausrottung der Wölfe in unseren Wäldern«.[6] Die heutige Vorstellung von Natur als dem »mütterlich tragenden Grund«[7] ist eine hartnäckige Illusion. Kurz: Es gibt kein Zurück zur Natur!

Vermieden werden sollte aber auch jene Position, die mit Etiketten wie »Ganzheitlichkeit«, »Holismus« oder »Einklang« die Einsicht verdeckt, dass weder ein archimedischer Punkt existiert, von dem aus das Ganze überblickbar wäre, noch eine beobachterunabhängige Position, in der sich alle Relativitäten auflösen würden. Das Ganze ist nicht denkbar – das gilt auch für das Denken über die Zeit: Es gibt kein ganzheitliches Zeitverständnis. Ein radikal verzeitlichtes Denken sollte sich in erster Linie an Differenzen zwischen Systemzeiten orientieren. Doch die »kulturelle Semantik moderner Zeiten« ist noch immer an Einheit orientiert.[8] Damit aber wird die Chance vertan, bestimmte Krisenphänomene der Moderne überhaupt wahrnehmen zu können: beispielsweise Zeitkonflikte als Folge mangelhafter Synchronisation von Rhythmen und Eigenzeiten.

Gemäß der These, dass an den Schnittstellen nicht aufeinander abgestimmter Systemzeiten Störungen entstehen, die sich als soziale, psychische, ökologische, politische oder ökonomische Gefährdungen äußern, muss eine sozialökologische Zeitpolitik für eine Neusynchronisation sorgen und sich an den Leitlinien einer nachhaltigen, zukunftsoffenen Entwicklung orientieren. Im Zentrum zeitplanerischer Konzepte hat dabei auch deren Fehlerfreundlichkeit zu stehen. Eine sozialökologische Zeitkultur muss das »Menschenrecht auf Irrtum« gewährleisten.[9] Deren erstes Gebot lautet, sich Zeit zum Nachdenken zu nehmen.

Es entbehrt somit nicht einer gewissen Ironie, dass gerade den Apologeten eines sozialökologischen Umbaus der Industriegesellschaften dieser nicht schnell genug vorangehen kann. So tritt regelmäßig die paradoxe Situation auf, dass zuerst die allgegenwärtige Beschleunigung beklagt wird, bei der Frage nach der politischen Umsetzung sozialökologischer Konzepte jedoch die Beschleunigung aller Verfahren gefordert wird. Gut Ding will Weile haben, dass gilt auch – oder erst recht – für eine sozialökologische Zeitkultur.

Du hast eine Verabredung mit dem Leben,
und diese findet im gegenwärtigen Augenblick statt.
Wenn du diesen Augenblick verpasst,
verpasst du deine Verabredung mit dem Leben.
Thich Nhat Hanh, ein vietnamesischer Zen-Mönch

Carpe diem oder Von Zeitpionieren und Zeitkonventionalisten

Von Kindesbeinen an die Uhrzeit gewöhnt und, wie Hermann Hesse sagte, darauf trainiert, »den Zustand eines gezwungenen, atemlosen Angestrengtseins als Ideal«[1] anzuerkennen, haben wir den Eigenwert der Zeit, des Daseins und des Lebens beinahe vergessen. Von Unruhe getrieben, hasten wir durchs Leben, als gälte es ein Pflichtprogramm zu absolvieren oder einen Pokal zu gewinnen. Blind dem Aktivismus verfallen, machen wir nicht nur stets zuviel, sondern das viele auch noch flüchtig. So ist, wie bereits Seneca schrieb, »an vielen das Leben schon vorübergegangen, während sie noch die Ausrüstung für das Leben zusammensuchen«.[2]

Als ein Zen-Meister gefragt wurde, was das Geheimnis seiner Kraft und Ruhe sei, antwortete er: »Wenn ich sitze, dann sitze ich. Wenn ich stehe, dann stehe ich. Wenn ich gehe, dann gehe ich.« »Aber das tun wir doch auch!«, wurde ihm entgegnet. »Nein«, erwiderte dieser: »Wenn ihr sitzt, dann steht ihr bereits. Und wenn ihr steht, dann geht ihr.«[3] Wer immer schon ein Nächstes im Sinne hat, so die Moral der Geschichte, verpasst den Augenblick. Allein die Gegenwart und der gelebte Augenblick zählen. Denn das Leben besteht aus der Summe jener Augenblicke, in denen wir ganz gelebt haben.

Diese Beschränkung auf den gelebten Augenblick ist möglicherweise ein quantitativer Verlust, vor allem aber ein qualitativer Gewinn: nämlich ein erfülltes Leben. Nicht mehr, sondern weniger tun, dieses Wenige aber ganz, wäre somit ein probates Mittel gegen die allseits beklagte und laut verkündete Zeitnot. Zwar bleibt, wo nicht alles getan werden kann, was getan werden möchte, so manches ungetan. Dies könnte aber zur Einsicht führen, so Peter Sloterdijk, dass »der höchste Verhaltensbegriff nicht Tun lautet, sondern Lassen«.[4] In Zeiten, wo der Machbarkeitswahn an seine Grenzen stößt, hat diese Einsicht viel von ihrem gegenaufklärerischen Ton verloren und redet keineswegs einer Ohnmachtsphilosophie das Wort. Vielleicht könnten gar die Dinge wieder »in Fluss und Ordnung kommen«, mutmaßt Sloterdijk, »wenn wir als Subjekte abrüsten und von seriös getarnten, zerstörerischen Aktivismen ins Seinlassen zurücktreten.«[5]

Auch das Akzeptieren der Nicht-Linearität ist eine solche Abrüstungsstrategie, wobei mit Nicht-Linearität weniger Chaos an Stelle von Ordnung gemeint ist – das vielleicht auch –, als vielmehr eine Weltsicht, die Leben ermöglicht.[6] Unterbrechungen, Überraschungen, Unvorhersehbares oder Verwirrung müssen aus dieser Perspektive nicht mehr als Planungsfehler bekämpft werden, sondern sollten als Teil eines gelungenen Lebens betrachtet werden. Dazu gehört auch, die Macht der Gefühle, der Hoffnungen, Enttäuschungen, Freude und Trauer als Ausdruck der Eigenzeitlichkeit des Gefühlslebens zu akzeptieren ebenso wie Müdigkeit, Krankheit, Alter und Tod als Ausdruck biologischer Rhythmen und Eigenzeiten.

Teil dieser Weltsicht ist auch die Langsamkeit. Zwar ist Langsamkeit, im Gegensatz zur Geschwindigkeit, noch kein Gütekriterium. Bekanntlich beißen den Letzten die Hunde. Und wer zuletzt kommt, den bestraft das Leben. Kein Wunder, bedeutet in einer Welt, die immer rascher vorankommt, jedoch immer weniger weiß, wohin sie geht, langsamer zu sein auf der Strecke zu bleiben. »Zurückgeblieben« lautet allzu rasch das Urteil, wenn ein behindertes Kind mit den Tempovorgaben der Mehrheit nicht Schritt halten kann. Doch wieso soll es wesentlich sein, ob ein Kind mit zwölf Monaten laufen und mit sechs Jahren lesen kann? Kommt es nicht vielmehr darauf an, dass es seinen eigenen Rhythmus findet und in diesem Rahmen seine Möglichkeiten ausschöpft?

Sollten nicht vielleicht die Schnellen ihr Tempo nach dem Schritt der Langsameren richten? Zwar fällt es schwer, in einer Gesellschaft, die auf Stoßzeiten ausgerichtet ist und die Langsameren überrennt, eine gemächlichere Gangart einzuschlagen. Allzu schnell sind wir bereit, dem Gebot der Effizienz nachzugeben und etwas selber zu tun, damit es schneller geht, wo es doch besser wäre, dem Langsameren seine Zeit zu lassen. Doch eine Gesellschaft ist nur so sozial, wie sie auch dem Langsamsten Zeit zur Entwicklung lässt. Wer die Zeit nicht mehr bekämpfen will, muss daher auch die Langsamkeit hegen.

So kann Langsamkeit verstanden werden als Respekt vor den Eigenzeiten des Menschen und als Anerkennung von Subjektivität. Mit Behinderten und Behinderungen, mit Kindern und Alten leben heißt deshalb auch, sich in Geduld zu üben. Damit ist jedoch weniger jene Geduld gemeint, die wir zumeist als strapazierte kennen, sondern jene, die auch Erfüllung verspricht. »Bis zur rechten Zeit harrt der Geduldige aus, und nachher erwächst ihm daraus Freude«, hieß es bereits in der Bibel.[7] Als der liebe Gott die Zeit schuf, hat er nichts von Eile gesagt.[8]

»Er hörte auf die innere Stimme. Sein eigener Rhythmus, sein gut behüteter langer Atem sind die Zuflucht vor allen scheinbaren Dringlichkeiten, vor angeblichen Notwendigkeiten ohne Ausweg, vor kurzlebigen Lösungen«, schrieb Sten Nadolny über seinen Helden, den Seefahrer John Franklin.[9] In der Verweigerung kurzfristiger und kurzlebiger, aus vermeintlichen Sachzwängen geborenen Lösungen wird Langsamkeit gar zu einer wichtigen sozialen Kraft, trägt sie doch dazu bei, »Realität auch im Horizont von unentwickelten Möglichkeiten«[10] zu begreifen und das Unterlassen, das Liegenlassen und das Reifenlassen als Teil des Handelns zu akzeptieren.

»Erst auf dem Land beginne ich wieder hinzuschauen. Die Lebensgeschwindigkeit ist halb so hoch, dafür erkenne ich doppelt soviel«, sagte die Musikerin Polly Jean Harvey in einem Interview.[11] Wer langsamer fährt, entdeckt nicht nur Abzweigungen, an denen er zuvor achtlos vorübergebraust wäre, er hat zudem mehr Zeit, um zu reagieren. Nicht immer zwar wird endlich gut, was lange währt, doch ein Zeitmaß, das den Irrtum zulässt, weil noch Zeit bleibt, ihn zu korrigieren, ist zumindest menschenfreundlicher. Auch ist Langsamkeit allein noch kein Garant für Frieden, hat aber nie die Zerstörungspotenz der Geschwindigkeit. So »gibt es den Blitzkrieg, den Blitzfrieden aber gibt es nicht«.[12] Und so wie Beziehungen, Freundschaften und Liebe ihre Zeit benötigen, um zu wachsen und zu reifen, so schnell sind sie zerstört. »Nimm dir Zeit und nicht das Leben«, selbst in diesem Slogan der deutschen Verkehrspolizei steckt die Erkenntnis, dass Schnelligkeit lebensfeindlich sein kann.[13]

Auch andere anti-moderne Tugenden gewinnen heute den Charakter von befreienden Energien, beispielsweise Muße und Kontemplation. Damit ist jedoch weniger die in den modernen Instant-Beglückungs-Therapien propagierte Selbstversenkung als Selbstfindung gemeint, als vielmehr die selbst- und seinsvergessene Haltung jenes von Hesse beschriebenen Weltflüchtigen, der »auf dem Grat eines Gebirges sitzend, den Kreislauf seines Schattens beobachtet und seine lauschende Seele an den stetigen, leisen, berauschenden Rhythmus der vorüberkreisenden Sonnen und Monde verliert«.[14] Stundenlang mit so wichtig-unwichtigen Dingen wie den Gesetzen des Mückenflugs, der Rhythmik der Sonnenstäubchen, der Melodik der Lichtwellen, dem Mäandern der Rauchwölkchen, dem Zirpen der Grillen, dem Spiel von Wind und Wolken oder dem Rauschen des Grases beschäftigt, offenbart sich ihm eine Weltsicht, die moderne Zeitgenossen als Weltflucht oder Eskapismus bezeichnen würden und damit eine psychische Krankheit meinen.[15] Entsprechend ist »der Weg über die Aktivität heute zur mehrspurigen Schnellstraße ausgebaut, jener über die Kontemplation aber zugeschüttet«.[16]

Unter dem Pflaster liegt aber nicht nur der Strand, sondern auch der Liegestuhl. So entfalten Kindergeschichten oder die orientalischen Märchen aus Tausendundeiner Nacht ihre große Verführungskraft nicht zuletzt im liegenden Lesen, Erzählen und Zuhören. Während wir jenen unendlichen, ineinander verflochtenen Geschichten folgen, werden auch wir selber geduldig und wünschen kein Ende herbei. »Für Augenblicke dem großen Zauber verfallen«, so Hesse, »hat die Gottheit des Müßiggangs uns mit ihrem wundertätigen Stabe berührt.«[17]

Müßiggang ist denn auch nicht aller Laster Anfang, wie der Volksmund versichert, sondern der Anfang aller Liebe und aller Kunst. Der englische Begriff »leisure«, der auf das lateinische »licere« zurückgeht und soviel bedeutet wie »erlaubt sein«, legt zudem die Vermutung nahe, dass es bei der Muße auch um Freiheit geht, um die Freiheit des Nichtstuns beispielsweise. Nichtstun ist aber nicht zu verwechseln mit Faulheit, wobei in diesen geschäftigen Zeiten auch diese eher zu den Tugenden als zu den Lastern zu zählen wäre. Nichtstun ist vielmehr die Basis von Aktivität. »Niemals ist man tätiger, als wenn man dem äußeren Anschein nach nichts tut«, wusste bereits Cato.[18]

In der Kunst sind Muße, Nichtstun und Freiheit gar die Conditio sine qua non. Erst in diesen scheinbar leeren Mußestunden reift heran, was später in ein Werk verwandelt wird. Gar manches unbekannte und unerkannte Künstlerleben soll nur aus solchen Stunden der kreativen Muße bestanden haben. Möglicherweise haben die größten Dichter gerade deshalb kein einziges Wort geschrieben, weil sie ihr Werk gelebt haben. Die Fähigkeit zu Kontemplation, Muße und geduldigem Warten auf die schöpferische Stunde, auf die magischen Momente, in denen einen die Muse küsst, erweist sich als jene Kunst, sensibel zu werden für die sinnliche Gegenwart und die entscheidenden Momente des Lebens. Als diejenige Fähigkeit also, den Kairos, den richtigen Augenblick zu erkennen.[19]

Im Kampf gegen die Zeit und gegen die Vergänglichkeit des Lebens gibt es nichts zu gewinnen, sondern nur zu verlieren. Zeit kann weder erworben noch gewonnen, weder besessen noch vermehrt werden, sondern nur gelebt werden. Und gelebt wird weder in der Erinnerung noch in der Erwartung, sondern nur in der sinnlichen Gegenwart. Leben lässt sich weder aufschieben noch auf später vertrösten.

»Lebe hier und jetzt – oder du lebst nie!«[20], lautet denn auch die Losung der »Zeitpioniere«.[21] Indem die Zeitpioniere die Gleichung »Zeit ist Geld« nicht mehr zugunsten von mehr Geld und materiellem Reichtum, sondern zugunsten von mehr Zeit auflösen, wird ihnen »Zeitwohlstand« wichtiger als »Güterwohlstand«[22]: »Ich habe es genossen, mittags einen Umweg zu machen über den Bürgerpark, anderthalb Stunden spazieren zu gehen, mich in die Sonne zu setzen, nach Hause zu kommen, mit einer Gemütlichkeit Kaffee zu trinken«[23], beschrieb ein Zeitpionier sein neues Zeitgefühl.

Damit aber widersprechen Zeitpioniere all jenen ökonomischen Theorien – und das sind beinahe alle –, die der Zeit einen Eigenwert absprechen.[24] Mit der einfachen und vereinfachenden Gleichung, dass die Gesamtzeit der Konsumenten der Summe von Erwerbszeit und Konsumzeit entspreche, konstituieren sie gar eine Welt, in der der Wert der Zeit ausschließlich materiell durch die in der Erwerbszeit erworbenen und in der Konsumzeit eingesetzten Güter definiert wird. Außer Acht lässt die ökonomische Theorie dabei jedoch, dass Genuss nicht allein durch die eingesetzten Güter ermöglicht wird, sondern zu seiner Entfaltung Zeit benötigt und beeinträchtigt wird, wenn zu wenig zur Verfügung steht.

Der Ausstieg aus der »Wohlstandsfalle«[25] – womit folgende paradoxe Situation gemeint ist: Je mehr Güter wir besitzen, desto weniger Zeit haben wir, diese Güter zu nutzen – kann somit nicht in der Erhöhung der materiellen Produktivität, in der Steigerung der Produktion von noch mehr Waren und im Erwerb von noch mehr Geld liegen, sondern allein in der Erhöhung der immateriellen Produktivität, also in der Erhöhung des Zeitwohlstands. Zeitwohlstand darf aber nicht allein quantitativ im Sinne der gesamten zur Verfügung stehenden Zeit verstanden werden, sondern hängt ebenso von der freien Wahl des Zeitpunktes und der Dauer einer Aktivität ab. Dabei darf das optimale Zeitmaß nicht von außen vorgegeben werden, sondern wird von der Aktivität selbst bestimmt. Zeitwohlstand ist zugleich Voraussetzung und Folge von Zeitsouveränität.

Indem der Lebensstil der Zeitpioniere die mit dem Gegensatzpaar von Haben und Sein aufgestellte Gleichung nicht mehr zugunsten des Habens, sondern zugunsten des Seins auflöst[26], skizziert er auch Auswege aus der Krise der Arbeitsgesellschaft. In dem Maße nämlich, wie der Anteil der Erwerbsarbeitszeit an der Lebenszeit schrumpft, wird Erwerbsarbeit zu einer Beschäftigung unter vielen und verliert ihre Funktion als alleiniger Orientierungspunkt für die Identitätsfindung.

Um sich von den Verhaltensnormen einer starren, standardisierten Normalarbeitszeit abzugrenzen, orientieren sich Zeitpioniere an eigenen zeitlichen Präferenzen und bestehen auf eigenen Vorstellungen über das zeitliche Verhältnis von Arbeit und Leben. Mit dem Anspruch auf selbstbestimmtere, flexiblere Arbeitszeiten geraten sie jedoch zwischen die Fronten von Arbeitgebern und Gewerkschaften.

Sehen Erstere ihr unternehmerisches Heil in der Flexibilisierung ausschließlich nach betrieblichen Vorgaben, lehnen Letztere genau diese Art von Flexibilisierung ab, befürchten sie doch berechtigterweise einen Abbau von Schutzrechten für die Arbeitnehmer. Beiden gemeinsam ist jedoch die Angst, die Kontrolle über die Arbeitnehmer zu verlieren. So haben Zeitpioniere keine Lobby. Damit aber werden die Chancen und Risiken eines neuen Umgangs mit Zeit jenseits von ökonomischem Zeitdiktat und postmoderner Beliebigkeit individualisiert und damit entpolitisiert.

Sind Zeitpioniere somit die Avantgarde, deren Lebensstil aus dem Reich der Notwendigkeiten ins Reich der Freiheit führt? Oder sind sie bloß die gesellschaftlichen Stoßtrupps jener Wirtschaftsideologien, die mit der Flexibilisierung aller Zeitverhältnisse und der Zeit aller noch weiter in die Sackgasse der Arbeitsgesellschaft hineinführen?

Haben wir bis jetzt ausschließlich von Zeitpionieren gesprochen und damit Frauen scheinbar stillschweigend mit gemeint, so ist diese geschlechtsspezifische Argumentationsweise kein Versehen, sondern hat System. Betrachtet man nämlich die Motive von Zeitpionierinnen, fällt auf, dass deren Beweggründe zur Reduktion oder Flexibilisierung von Arbeit ganz anders gelagert sind: »Ich habe eine kleine Tochter, und dann ist es meiner Meinung nach auch nötig, weniger zu arbeiten.« Und eine andere Frau schildert: »Vor sieben Jahren ist meine Mutter gestorben. Dann musste ich zu Hause bleiben. Ich habe mich entschieden, zwanzig Stunden zu arbeiten und ansonsten zu Hause die Hausarbeit zu machen, da mein Vater und mein Bruder noch mit mir zusammen wohnen.«[27]

Während Männer in ihrer außerhäuslichen Arbeit und in ihrer Karriere von familiären Ereignissen nach wie vor weitgehend unbeeinträchtigt sind, führen Frauen eine zeitlich widersprüchliche Doppelexistenz. Für sie gilt laut Ulrich Beck »der Familienrhythmus immer noch und in der Mehrzahl der Fälle der Bildungs- und Berufsrhythmus auch schon«.[28] Während Männer ihre Verfügungsmacht über Zeit nur durch den Arbeitgeber eingeschränkt erleben, ihre Zeitsouveränität somit zumindest in der Freizeit in hohem Maße gewährleistet bleibt, ist für Frauen das Leben in fragmentierter Zeit und der Umgang mit widersprüchlichsten zeitlichen Anforderungen die Regel.

Zeitordnungen sind Ausdruck von Machtordnungen und auch der selbstbestimmte Umgang mit Zeit verläuft entlang der Geschlechtergrenzen. Wen also wundert's, dass als Zeitpioniere praktisch nur Männer in Frage kommen. Frauen erscheinen so überwiegend zwangsläufig als »Zeitkonventionalisten«[29], womit jene Personen gemeint sind, die zwar flexibel arbeiten wollen, deren Gründe aber nicht in einem vagen »um mehr Zeit für mich selber zu haben« liegen, sondern ganz konkret sind, beispielsweise »weil meine kleine Tochter mich braucht«.

Die vermeintlich avantgardistischen Forderungen der Zeitpioniere sind also nicht viel mehr als der Luxus, losgelöst von sozialen Bindungen einem ungehemmten Hedonismus zu frönen. Vergleichsweise leicht fällt es daher Männern, naserümpfend von einem »Wochenendleben« zu sprechen und das Leben »von Urlaub zu Urlaub« als belastend, monoton, unbefriedigend und lebensunwürdig zu empfinden. Und vergleichsweise leicht fällt es ihnen, davon zu schwärmen, aufgrund der reduzierten Arbeitszeit »bis spät in die Nacht in die Kneipe zu gehen« oder »auf der Terrasse sitzend sich zu sonnen«.[30]

Indem Zeitpioniere die ihnen zur Verfügung stehende Zeit weder in ihre soziale noch in ihre natürliche Umwelt investieren,[31] sondern bloß für sich reservieren, sind sie weniger eine gesellschaftliche Avantgarde als vielmehr Wegbereiter eines ungehemmten Individualismus, der alle sozialen Bindungen als Einschränkung erfährt. Damit aber weisen sie weniger auf einen Ausweg aus der Arbeitsgesellschaft, sondern bilden die Vorhut der Nonstop-Gesellschaft auf dem Weg zur Deregulierung aller verbindlichen und verbindenden Zeitparameter.

Eine Avantgarde zudem, die in wirtschaftlich härteren Zeiten, wenn aus freiwilligen Zeitaußenseitern unfreiwillig gesellschaftliche Außenseiter werden, nur allzu rasch in Einzelkämpfer zerfällt. Denn wer lässt sich schon freiwillig marginalisieren? Zudem benötigen auch Zeitpioniere sowohl Güter wie Geld, um ihren Zeitwohlstand zu genießen. Nicht Zeit- *statt* Güterwohlstand, sondern Zeit- *und* Güterwohlstand ist somit die Gleichung, die es zu lösen gilt. Eine Lösung, die das Vermögen des Einzelnen übersteigt und nur politisch gefunden werden kann.

> Heute geben die Ungewissheiten der neuen Ökonomie
> mehr denn je ein Argument ab
> für ein Eigenleben so gut wie für ein ziviles Verhalten,
> das sich von den Arbeitsumständen gelöst hat.
> *Hannah Arendt*[1]

Wechselfälle oder Wie das Leben vom Förderband wieder auf die Erde kommt

»Acht Stunden Arbeit – acht Stunden Schlaf – acht Stunden Menschsein« lautete bereits zu Beginn dieses Jahrhunderts die bis heute gültige Zauberformel des Normalarbeitstages. Eine Zeiteinteilung, die sowohl eine ausreichende Regeneration der Arbeitskraft gewährleisten als auch dem Bedürfnis nach freien, selbstbestimmten Tätigkeiten gerecht werden sollte. Angesichts von Massenarbeitslosigkeit verkommt diese Zauberformel jedoch zur Leerformel. Was also liegt näher als eine systematische Arbeitszeitverkürzung und eine Umverteilung der Erwerbsarbeit?

Doch im wirtschaftspolitischen Ideenvakuum der Gegenwart verhallt selbst diese Forderung ungehört. Hartnäckig wird an der Zauberformel des Normalarbeitstages festgehalten, als würde diese der Natur der Verhältnisse entsprechen. Vor die Wahl gestellt, zwischen einer Situation, in der ein Teil der Arbeitskräfte voll beschäftigt ist, während die Übrigen ohne Arbeit sind, oder einer Situation, in der die Beschäftigungsmöglichkeiten gleichmäßig auf die arbeitsfähige und arbeitswillige Bevölkerung verteilt sind, entscheiden sich die gesellschaftsgestaltenden Kräfte für die erste Option. So klagen diejenigen, die noch eine Stelle haben, über die stetig wachsende Zahl an Überstunden, über Stress, zu wenig Zeit und Übermüdung, während gleichzeitig immer mehr Menschen ohne sicheres Einkommen sind.

Dabei geht es den Unternehmern wohl kaum um die eine Arbeitsstunde mehr oder weniger pro Tag, vielmehr befürchten sie einen »Dammbruch, der ihre Herrschaftsposition gefährden könnte«.[2] Die Forderung nach einer allgemeinen Arbeitszeitverkürzung stößt jedoch nicht nur bei den Arbeitgebern auf Widerstand, sie bereitet auch den Gewerkschaften Kopfschmerzen.

Zwar verband die politische Linke und die Gewerkschaften mit Arbeitszeitverkürzungen stets die Perspektive einer »Selbstverwaltung der Zeit und des Tagesablaufs«.[3] Doch mit dem Ende des realexistierenden Sozialismus wurde auch der Glaube an grundlegende gesellschaftliche Veränderungen begraben. Kleinlaut, kleinmütig und kleinkariert geworden, übernehmen sie über weite Strecken die Argumentation der Arbeitgeber und plädieren für den Erhalt der Wettbewerbsfähigkeit und von Arbeitsplätzen.

Dabei ist der Ruf nach weiteren Arbeitszeitverkürzungen nicht nur die gängigste Antwort auf die Krise der Arbeitsgesellschaft, sie bleibt zudem ganz der Logik des Normalarbeitstages und der Trennung von Arbeitszeit und Freizeit verhaftet. Auf der Strecke aber blieb die Frage nach einer »Wiederaneignung der Arbeitszeit als Lebenszeit«.[4] Denn so wenig Arbeit gleich Arbeit ist, ist Arbeitszeit gleich Arbeitszeit. Gewiss eine triviale Feststellung, doch in Zeiten, wo selbst Selbstverständliches nicht mehr selbstverständlich ist, erlangen Trivialitäten wieder Sprengkraft.

Selbst wenn in den nächsten Jahren mit weiteren Verkürzungen der Arbeitszeit zu rechnen ist, verliert die Frage nach der »Innenansicht der Arbeitszeit« nicht an Bedeutung.[5] Denn wie die Geschichte zeigt, boten Arbeitszeitverkürzungen für die Unternehmen noch stets Anlass zu weiteren Verdichtungen und Intensivierungen der Arbeit.

Die Aufforderung »Mach mal Pause!« hat daher auch in der heutigen Arbeitswelt noch ihre Berechtigung. Ob jemand seine Arbeitszeit selbstständig einteilen und selber entscheiden kann, ob und wann er Pausen einlegen will, oder ob er in einen strikten technischen oder organisatorischen Zeitablauf eingebunden ist und einem ausgeklügelten Arbeitstakt unterliegt, dazwischen können Welten liegen.

Wer ignoriert, dass ein Interesse an individuellen Arbeitszeitmodellen besteht, riskiert, dass tariflich fixierte Normalarbeitsverhältnisse sich von den Rändern her auflösen.[6]

Auf einer Tagung der ›Schweizerischen Handelszeitung‹ zum Thema »Arbeitsmodelle der Zukunft« präsentierten 1994 150 Führungskräfte der Schweizer Wirtschaft ihre firmeneigenen Konzepte.[7] Bei der Fluggesellschaft Swissair beispielsweise bestehen Wahlmöglichkeiten zwischen 38 und 45 Wochenstunden. Beim Textilunternehmen Sarnafil gibt es Jahresarbeitszeitverträge mit reduzierten Pensen. Bei der Bank Credit Suisse können nach den positiven Erfahrungen mit Teilzeitkräften vermehrt flexible Arbeitszeitvereinbarungen getroffen werden. Und in einem Hydraulikunternehmen können alle Angestellten Anfang Dezember ihre persönliche Arbeitszeit für das nächste Jahr festlegen, wobei die Palette von 31 bis 45 Wochenstunden und 4 bis 12 Wochen Ferien reicht und das Salär proportional errechnet wird.

Auch in Deutschland gibt es in vielen Unternehmen bereits flexiblere Arbeitszeitmodelle jenseits des Normarbeitstages. Bei BMW existieren mittlerweile über 200 verschiedene (Schicht-)Arbeitszeitregelungen. Allein im Werk Regensburg wurden so 2500 Neueinstellungen möglich – bei gleichzeitiger Erhöhung der Produktionsauslastung, der Senkung von Stückkosten und der Verbesserung der Wirtschaftlichkeit des Unternehmens. Bei VW gibt es in den sechs deutschen Werken seit Januar 1994 die so genannte »Volkswagen-Woche«. Unter dem Motto »Die Volkswagen-Woche gehört zur Volkswagen-Welt« wurde in Zusammenarbeit mit der Gewerkschaft IG Metall die tarifliche Wochenarbeitszeit von 36 Stunden auf 28,8 Stunden verkürzt und auf vier Tage verteilt. Dadurch konnte nicht nur der Abbau zehntausender Stellen verhindert, sondern gleichzeitig die Voraussetzungen für ein »atmendes Unternehmen« geschaffen werden. Je nach saisonal schwankender Auftragslage können jetzt die Arbeitskräfte flexibler eingesetzt werden.[8]

Die »atmende Fabrik« erweist sich jedoch im Rückblick als äußerst kurzatmig: Seit dem 8. Februar 1999 hat VW den Rückwärtsgang eingelegt und ist zum alten Dreischichtenmodell zurückgekehrt. Damit muss sich nicht nur die Stadt Wolfsburg wieder umstellen, in der die Busse bei Schichtwechsel wieder so voll und die Zufahrtsstrassen wieder so verstopft sind wie fünf Jahre zuvor, sondern auch die Mitarbeiter, die sich mit viel Mühe und gravierenden Folgen für den Alltag auf die neue Flexibilität eingestellt hatten. Erfreut über diese Kehrtwende ist aber nicht nur der Betriebsrat, können doch Familien nun wieder gemeinsam planen, Kollegen gemeinsam zur Arbeit fahren und Freunde den gemeinsamen Skatabend wieder aufleben lassen, gefreut hat sich insbesondere auch die Geschäftsleitung: In den Nachtschichten kann sie die Belegschaft erhöhen, die Samstagszuschläge kürzen und die Produktion der neuesten VW-Modelle von 641 000 auf 730 000 Stück pro Jahr steigern.[9]

Neue Arbeitszeitmodelle werden, wie dieses Beispiel zeigt, nicht aus sozialen, sondern allein aus betriebswirtschaftlichen Gründen eingeführt. Die heute gängigen flexibilisierten Arbeitszeitmodelle nützen in erster Linie den Unternehmen und ihren Kunden, schaden aber den Familien und den sozialen Strukturen. Die Zeit kollektiver Lösungen mag zwar vorbei sein, nicht aber die Zeit kollektiver Lösungsfindung. Auch bei den Gewerkschaften setzt sich langsam die Erkenntnis durch, dass sie nur dann eine Zukunft haben, wenn sie die individualisierten Zeitpräferenzen ihrer Klientel, die ja keineswegs nur eine Erfindung böser Kapitalisten sind, in arbeitszeitgesetzliche Regelungen einbringen.

Solche arbeitszeitlichen Regelungen, die kollektivvertraglich abgesichert sind, aber dennoch individualisierte Zeitpräferenzen berücksichtigen, wären beispielsweise eine Freistellung bei Krankheits- oder Pflegefällen, eine Freistellung für berufliche, wissenschaftliche, politische oder kulturelle Fort- und Allgemeinbildung, eine Freistellung für ehrenamtliche, gemeinde- oder staatspolitische sowie gewerkschaftliche Tätigkeiten. Denkbar wären aber auch persönliche Verfügungstage pro Monat oder ein Sabbaticalyear.

Im wirtschaftlichen Sektor müsste sich eine neue Zeitkultur auf eine Umverteilung der Erwerbsarbeit, auf eine systematische Arbeitszeitverkürzung und ein existenzsicherndes Grundeinkommen konzentrieren. Daneben müssten aber auch qualitative Verbesserungen der Arbeitszeit durch flexiblere Arbeitszeiten, durch neue Arbeitszeitmodelle, physisch und psychisch angepasstere Pausen-, Ferien- und Ruhezeitregelungen und sozial verträglichere Betriebszeiten (Stichwort Abschaffung der Nachtschichtarbeit) im Mittelpunkt stehen.

Eine neue Zeitkultur, verstanden als Ausgang des Menschen aus seiner selbst verschuldeten wirtschaftlichen Unmündigkeit, besteht nicht in einer fortschreitenden Abkoppelung der Wirtschaft von der Lebenswelt, sondern in einer neuen Durchmischung von Erwerbs- und Nichterwerbsarbeit, von Fremd- und Eigenarbeit, von Beruf und Familie und von selbst- und fremdbestimmter Zeit. Dabei sind die Frauen Vorreiterinnen bei der Neugestaltung der Zeitverhältnisse. Denn Frauen als »Grenzgängerinnen zwischen Haus- und Berufsarbeit«[10] müssen ein individuelles (Zeit-)Arrangement finden, um die widersprüchlichen Anforderungen in beiden Bereichen in eine erträgliche Balance zu bringen.

Nimmt man sich diesen flexiblen Umgang mit Zeit zum Vorbild, steht das von der bürgerlich-kapitalistischen Männergesellschaft durchgesetzte und von den Gewerkschaften legitimierte Programm der Trennung von Produktions- und Reproduktionsbereich, von Lohn- und Hausarbeit, Öffentlichkeit und Privatsphäre sowie deren geschlechtsspezifische Zuordnung grundsätzlich zur Debatte. Politisch neu geregelt werden muss heute sowohl das Zusammenspiel der beiden Bereiche als auch deren geschlechtsspezifische Zuordnung. Dazu aber reichen weder die Ansätze der Zeitpioniere noch jene der Unternehmen, noch jene der Gewerkschaften aus. Denn bei allen ideologischen Unterschieden vertreten sie in einem Punkte die gleichen Interessen: diejenigen der Männer. Und in dieser verengten Perspektive bündeln sich weibliche Interessen im blinden Fleck.

Was in den Biographien von Frauen als individuelles Problem erscheint, ist gesellschaftlich bedingt.

Die tragende Rolle, die die »Familienarbeit« in der Gesellschaft spielt, wird klein geredet, dafür wird diese zentrale Rolle ausschließlich der Erwerbsarbeit zugeschrieben.

Die Versorgungs- und Erziehungsarbeit in Haushalt und Familie ist in den Industrieländern einer der größten Wirtschaftssektoren. Laut einer 1994 veröffentlichten Studie des schweizerischen Bundesamtes für Industrie, Gewerbe und Arbeit (BIGA) betrug der volkswirtschaftliche Wert der Familienarbeit in der Schweiz 1980 rund 60 Milliarden Franken. 1992 lag dieser Wert gar bei 75 Milliarden Franken, was etwa einem Drittel des Bruttosozialproduktes entspricht.[11]

Völlig im Widerspruch zu ihrer volkswirtschaftlichen Bedeutung taucht Familienarbeit als »schwarzes Loch« der ökonomischen Analyse in den gängigen volkswirtschaftlichen Gesamtrechnungen und Statistiken nicht auf.[12] Doch genau wie die Nutzung natürlicher Ressourcen als der andere von der Ökonomie ausgeklammerte Bereich sollte auch die unbezahlte Arbeit in die wirtschaftliche Analyse einbezogen werden.

Veranschlagt man beispielsweise die vorwiegend von Frauen geleistete Gratisarbeit in Haushalt und Familie auf bescheidene

25 Franken pro Stunde und die durchschnittliche Arbeitszeit auf 10 Stunden pro Tag während sieben Tagen die Woche, ergäbe sich für die Schweiz ein Betrag von gegen 120 Milliarden Franken.[13] Erwerbs- und Gratisarbeit zusammengezählt, arbeiten Frauen im Durchschnitt zehn Prozent mehr als Männer. Bezahlt aber werden bloß 36 Prozent ihrer Arbeit, bei Männern dagegen sind es 76 Prozent.

Doch es genügt nicht, der Gratisarbeit von Frauen einen Geldwert beizumessen und sie ins Bruttosozialprodukt mit einzubeziehen. Damit wird zwar der Wert der Arbeit von Frauen ökonomisch aufgedeckt, aber an der geschlechtsspezifischen Arbeitsteilung kaum gerüttelt. Denn nicht nur sozialversicherungstechnisch, auch bei den alltäglichen Arbeiten leben Männer auf Kosten der Frauen. Nur gerade 1,7 Prozent der Männer nehmen in der Schweiz ihren Partnerinnen das Waschen und Bügeln ab. Beim Putzen sind es gerade mal 1,8 Prozent. Dann folgt auf der negativen Hitliste das Kochen. Beim Einkaufen helfen immerhin schon 38,6 Prozent der Männer – und das notabene bei Paaren, wo beide erwerbstätig sind![14] Nur bei den administrativen und handwerklichen Tätigkeiten ist ihr Anteil größer.

Kein Wunder, ist die Wirtschaft nach wie vor so organisiert, als hätten Arbeitnehmerinnen und Arbeitnehmer neben den beruflichen Verpflichtungen keine Haus- und Betreuungsarbeit zu leisten. Drei Viertel der weiblichen Führungskräfte haben keine Kinder, während es beim männlichen Kader bloß ein Viertel ist. Für die Kinder von berufstätigen Müttern gibt es viel zu wenig Betreuungsplätze in Krippen, Tageshorten oder öffentlichen Tagesschulen. Zudem bremst die einseitige Zuweisung der Familienarbeit die berufliche Entwicklung vieler Frauen in dem Maße, wie sie die Karrieren der von solchen Tätigkeiten freigestellten Männer beschleunigt.

Statt also das einseitig männliche Verständnis von Autonomie und den Lebensrhythmus der voll Berufstätigen zum Maßstab zu nehmen, sollte sich eine neue Zeitkultur an den Lebensverhältnissen jener Menschen orientieren – und das müssen nicht zwangsläufig Frauen sein –, die sich, oft neben der Arbeit, um Kinder und die

Familie kümmern. Dieses Postulat, das von Frauen am Gewerkschaftstag der Gewerkschaft Öffentliche Dienste, Transport und Verkehr (ÖTV) im Jahre 1988 vorgebracht wurde und eine heftige Grundsatzdebatte auslöste, wurde damals zwar abgelehnt, ist aber nichtsdestotrotz wegweisend für eine Neuorganisation der Zeit.

Nicht in einer fortschreitenden Abkoppelung der Wirtschaft von der Lebenswelt, geschweige denn in einer Anpassung der Lebenswelt an die Sphäre der Wirtschaft, liegt die Zukunft für einen neuen Umgang mit Zeit, sondern gemäß Barbara Sichtermann darin, »das Leben vom Förderband zurück auf die Erde« zu bringen und die Wechselfälle des Lebens wieder in die ökonomische Sphäre zurückzuholen.[15] Mit den »Wechselfällen« sind dabei all jene Ereignisse gemeint, die teils einer natürlichen oder sozialen Rhythmik folgen, zumeist unvermeidbar sind und letztlich für ein bewegtes Leben sorgen wie Masern, Mumps und Keuchhusten, Schneesturm, Föhn und Hagel, Besuch der Schwiegereltern, Jubiläen und Todesfälle, Einbrüche und Umzüge, Geburtstage und Schwangerschaften, Apfelblüte und verregnete Ostern, Stromausfälle und Kündigung, Festessen und Totenwache, Frühgeburten und Weltschmerz.

Solche Wechselfälle sind für Berufstätige, sprich: Männer, kaum vorgesehen. Zum Zuständigkeitsbereich der Frau erklärt, sollen sie in ihren Wirkungen auf den Arbeitenden neutralisiert und von den Frauen vorhergesehen, abgefangen und durchgestanden werden. Dass die Frauen dergestalt dem Leben näher stehen sollen, nützt ihnen jedoch insofern wenig, als ihre einzige Aufgabe darin besteht, die Arbeit vor dem Leben zu schützen. So wird zwar die Effizienz der Arbeitszeit gesteigert, Lebenszeit aber schrumpft auf den Stellenwert einer Restgröße. Das Leben vor dem Tode versäuert zu einer Vermeidungsstrategie und die individuellen Eigenzeiten verkommen zur Dispositionszeit ökonomischer Interessen. Leben jedoch müsste noch zu etwas anderem gut sein als bloß dazu, die »große Maschine am Funktionieren und das eigene Ich dafür fit zu halten«.[16]

Eine neue Zeitkultur müsste dafür sorgen, dass Frauensachen wieder zu Menschensachen werden.[17] Unternehmen müssten dann zusätzlich zur Umweltverträglichkeitsprüfung auch eine Sozialzeitverträglichkeitsprüfung durchlaufen, in der beispielsweise untersucht würde, ob die Unterbrechbarkeit der Arbeit, bisher ein zeitliches Strukturmerkmal von Frauen-, Mütter- und Hausarbeit, auch in der betriebsinternen Arbeitsorganisation Berücksichtigung findet.

So könnte die Krise der Arbeitsgesellschaft zur Chance dafür werden, eine Gesellschaft aufzubauen, die sich nicht am Takt der Ökonomie, sondern an den Rhythmen des Lebens orientiert. Utopie? Gefährdung von Arbeitsplätzen? Gift für das zarte Konjunkturpflänzchen? Nicht finanzierbar? Es ist schon eigenartig: Da gelingt es der Menschheit, auf den Mond zu fliegen, Marssonden auszusenden und künstliche Biosphären zu schaffen, der natürlichen Evolution mit dem Klonen von Schafen nachzuhelfen, die Reifungs- und Zerfallszeiten von Lebensmitteln beinahe beliebig zu verändern, altersschwache Organe bei Bedarf auszuwechseln und möglicherweise gar den Schlüssel zu ewigem Leben zu entdecken – sozial verträgliche Wirtschaftsstrukturen zu schaffen scheint jedoch ein Ding der Unmöglichkeit. Da hilft nur eins: Flexibilisiert die Flexibilisierer und dereguliert die Deregulierer!

Wenn wir unser Konto mit der Natur ausgleichen wollen,
müssen wir das Tempo unserer Wirtschaftstätigkeit so drosseln,
dass es sich mit den Zeitplänen der Natur verträgt.
Jeremy Rifkin[1]

Seasons in the sun oder Vom Wirtschaften im Rhythmus der Natur

Ursprünglich aus der Forstwirtschaft des 18. Jahrhunderts stammend, bezeichnete der Begriff der Nachhaltigkeit zunächst ein rein betriebswirtschaftliches Konzept, das eine längerfristige Nutzung des Waldes durch dessen Eigentümer garantieren sollte. In der Folge hat sich das Prinzip der Nachhaltigkeit jedoch seinen Weg aus dem Dickicht des Waldes gebahnt und prägt seit Mitte der achtziger Jahre als »Sustainable Development« die ökologische Debatte.

Die Erweiterung der Nachhaltigkeit zu einem gesamtökologischen Konzept konnte jedoch den Gegensatz von Ökologie und Ökonomie, der bis heute die Umweltschutzdebatte ebenso nachhaltig prägt wie eine Versöhnung der beiden Bereiche nicht gelingen will, nicht verdecken. So definierte zwar der Bericht der World Commission on Environment and Development (WCED) im Jahr 1987 eine Entwicklung dann als nachhaltig, wenn sie »die Bedürfnisse der Gegenwart befriedigt, ohne zu riskieren, dass künftige Generationen ihre eigenen Bedürfnisse nicht befriedigen können«.[2] Eine Definition, die der Interdepartementale Ausschuss Rio (IDARio) 1995 um den Zusatz »... und wenn sie die Vielfalt der Natur (Tiere und Pflanzen) gewährleistet« verschärfte.[3] In beiden Definitionen verbirgt sich jedoch jener zeitgenössische Formelkompromiss, der eine umwelt- und zukunftsgefährdende traditionelle Wachstumspolitik begrifflich verschleiern soll.[4]

Deutlich wird dies insbesondere in der Präzisierung des Nachhaltigkeitsbegriffes durch die WCED. Laut diesem Bericht schließt »ein solches Konzept eines *dauerhaften Wachstums (Ausz. des Verf.)* zwar Grenzen ein – doch sind dies *keine absoluten Grenzen*. Es sind vielmehr *lediglich technologische und gesellschaftliche Grenzen*, die uns durch die Endlichkeit der Ressourcen und die begrenzte Fähigkeit der Biosphäre zum Verkraften menschlicher Einflussnahme gezogen sind. Technologische und gesellschaftliche Entwicklungen aber sind *beherrschbar* und können auf einen Stand gebracht werden, der eine *neue Ära wirtschaftlichen Wachstums* ermöglicht.«[5]

Indem die Befriedigung der Bedürfnisse künftiger Generationen im Wesentlichen von der technologischen Entwicklung abhängig gemacht wird, wird die nachhaltige Entwicklung zum »nachhaltigen Wachstum«, zum »Sustainable Growth«. Eine Vorstellung, die davon ausgeht, Naturkapital könne vollständig durch menschengeschaffenes Kapital wie beispielsweise technisches Know-how ersetzt werden. Im Extremfall würde »eine Science-Fiction-Welt ohne

Natur entstehen, in der das Klima, der Wasserkreislauf oder wichtige Rohstoffe künstlich produziert würden«.[6]

Exakt am entgegengesetzten Ende umwelttheoretischer Sackgassen laborieren radikalökologische Konzepte. Dieser Sichtweise entgeht jedoch, dass jegliche menschliche, tierische oder pflanzliche Inanspruchnahme von Natur letztlich nicht-nachhaltig sein muss. Denn wirtschaftliche Produktion bedeutet immer, dass Mineralien in Güter umgewandelt werden, wobei der Natur Rohstoffe entnommen und an die Natur Schadstoffe abgegeben werden.[7] So müsste in letzter Konsequenz die bloße Existenz des Menschen, ja von Lebewesen generell als nachhaltigkeitswidrig gelten.

Einen Ausweg aus diesem Dilemma verspricht sich der Wirtschaftswissenschaftler Hans Nutzinger von der »ökologischen Ökonomie«.[8] Ausgehend davon, dass erstens das Naturkapital konstant ist, dass zweitens ein Ersatz der Leistungen der Natur durch materielles Kapital nur sehr begrenzt möglich ist und dass drittens insbesondere irreversible Umweltschäden vermieden werden müssen, plädiert er für einen Übergang von der gegenwärtigen, extrem nachhaltigkeitswidrigen Wirtschaftsweise der Durchflusswirtschaft zu einer möglichst nachhaltigen Form weltweiten Wirtschaftens, wobei er folgende Nutzungsregeln im Umgang mit Naturkapital postulierte:

1. Die Abbaurate erneuerbarer Ressourcen darf die – natürliche oder menschlich beeinflusste – Regenerationsrate nicht übersteigen.
2. Die Abgabe von Schadstoffen muss unter der Assimilationskapazität des Ökosystems bleiben.
3. Die Reduzierung des Bestandes an erschöpfbaren Ressourcen muss laufend ausgeglichen werden durch eine entsprechende Zunahme an erneuerbaren Ressourcen, durch eine Effizienzsteigerung oder durch den Ersatz von knappen durch reichlichere Ressourcen.
4. Der Erlös aus dem Einsatz erschöpflicher Ressourcen muss dazu verwendet werden, alternative Technologien zu entwickeln, die – ausschließlich oder vorrangig – auf erneuerbare Ressourcen zurückgreifen.

5. Das Zeitmaß der menschlichen Eingriffe in die Umwelt muss im ausgewogenen Verhältnis zum Zeitmaß der für das Reaktionsvermögen der Umwelt stehen.[9]

All diese Nutzungsregeln haben einen zeitlichen Bezug. Im Hinblick auf eine sozialökologische Zeitkultur kann man Nachhaltigkeit deshalb folgendermaßen definieren: Eine nachhaltige Entwicklung muss möglichst lange möglichst viele Zukünfte offen halten, Elastizitäten so groß wie möglich erhalten und Irreversibilitäten so gut wie möglich vermeiden. Die Eingriffe des Menschen in ökologische Systeme dürfen deshalb möglichst wenig Sachzwänge erzeugen, müssen fehlerfreundlich und an die Systemzeiten natürlicher Systeme angepasst sein, so dass eine Überlastung der Elastizitäten von Ökosystemen vermieden und ihre Anpassungsfähigkeit aufrecht erhalten wird.[10]

Eine ökologisch nachhaltige Entwicklung von Ökonomie und Gesellschaft besteht in der Anpassung der Zeitmaße des Menschen an die Rhythmen und Eigenzeiten der Natur. Allein, diese Erkenntnis beantwortet noch nicht die Frage, wie die beiden Systeme zu synchronisieren sind.

Ökonomische und ökologische Prozesse sind in der »Einheit von Produktion und Reproduktion« von Stoffen unauflöslich miteinander verbunden[11]. Und mit jeder ökonomischen Entscheidung über Produktionsverfahren und Produktlinien werden Stoffströme in Gang gesetzt, von denen wir oft nicht wissen, wie lange sie in natürlichen und von Menschen geschaffenen Systemen zirkulieren.

Stoffpolitik ist Zeitpolitik. Mit Blick auf den *anthropogenen Haushalt* muss eine dergestalt verzeitliche Stoffpolitik gemäß der Landschaftsplanerin Sabine Hofmeister Sorge tragen, dass vorzugsweise Stoffe und Stoffverbindungen entwickelt und verwendet werden, deren ökologische Wirkung weitgehend überschaubar sind und die über möglichst *lange* Zeiträume Bestand haben. Dauerhaftigkeit in der menschlichen Nutzung setzt auf die Langlebigkeit der Produkte und auf die Wiederverwendbarkeit der Stoffe. Mit Blick auf den *ökologischen Haushalt* gilt es umgekehrt Stoffe zu entwickeln und zu verwenden, die in möglichst *kurzen* Zeiträumen eine produktive Verbindung mit dem Stoffhaushalt des ökologischen Systems eingehen. Langlebige Stoffe wie FCKW oder Plastik müssen aus den anthropogenen Wirtschaftsprozessen herausgenommen und durch abbaubare Stoffe ersetzt werden.[12]

Im Interesse kommender Generationen hat eine solche Stoffpolitik zudem dafür zu sorgen, dass die mit anthropogenen Stoffströmen verbundenen ökologischen Risiken von den Verursachern getragen werden; dass der Nachweis über die Dauer der ökologischen Wirksamkeit von Stoffen von deren Herstellern erbracht werden muss; dass Konstruktionspläne von Stoffen und Produktlinien um geeignete Reduktionsverfahren erweitert werden und dass die Herstellerverantwortung über das Produkt hinaus auch auf das Abfallprodukt ausgedehnt wird. Abfälle sind nämlich nicht einfach Abfälle, sondern Rohstoffe am falschen Ort und in falscher Form.

Unbestrittene Lehrmeisterin dabei ist die Natur. Zum einen kennt sie keine Abfälle im Sinne eines Stoffes, der nicht mehr abgebaut oder wiederverwendet werden könnte. Zum anderen werden alle diese Umwandlungsprozesse von der Sonnenenergie gespeist. Die Sonne bestimmt die Grundgeschwindigkeit der Natur. Was also liegt näher, als sich generell am Maß der Sonne als zeitlichem Grundmaß zu orientieren? Im Bereich der Energieversorgung beispielsweise kann der Übergang von der Durchflusswirtschaft zur Nachhaltigkeit nur gelingen, wenn die endlichen fossilen Energieträger durch solare Energiequellen ersetzt werden.[13]

In der Umsetzung einer nachhaltigen Energie- und Stoffpolitik sind insbesondere die Industrienationen gefordert, verbrauchen diese doch bei einem Anteil an der Weltbevölkerung von bloß 20 Prozent etwa 80 Prozent aller Ressourcen. Um einen nachhaltigen und ausgeglichenen Pro-Kopf-Verbrauch zu erreichen, muss somit deren Ressourcenverbrauch um etwa einen Faktor 10 produktiver werden.[14]

Allein, in den gesättigten Märkten der Industrieländer haben bis jetzt weder die Rohstoffproduzenten, welche von einem höheren Ressourcenverbrauch leben, noch die Produkthersteller, welche von einer Absatzsteigerung leben, noch der Staat, welcher daraus höhere Steuereinträge abschöpft, ein grundsätzliches Interesse an einer Reduktion von Energie- und Stoffströmen und einer Dematerialisierung der Wirtschaft.

Nichtsdestotrotz haben weitsichtige Unternehmen mittlerweile begriffen, dass eine höhere Ressourcenproduktivität neben ökologisch positiven Auswirkungen längerfristig auch ökonomisch interessante Perspektiven verspricht. Denn zum einen bedeutet eine doppelte Kosteneinsparung – sowohl beim Materialeinkauf als auch bei der Abfallentsorgung – letztlich eine größere Wettbewerbsfähigkeit auf dem internationalen Markt. Und zum anderen stoßen sie mit neuen Marketingstrategien in Marktlücken vor, die gegen den Zeitwettbewerb weitgehend immun sind und so auf einen Ausweg aus der Beschleunigungsfalle verweisen. Als erfolgversprechendste Strategien haben sich dabei bisher die Erhöhung der Langlebigkeit von Produkten und der Verkauf von Nutzen statt von Produkten erwiesen. Ein wichtiges Konzept dabei ist die Modulbauweise beziehungsweise das Baukastenprinzip.[15] Indem ein Produkt so aufgebaut ist, dass es das einfache Auswechseln einzelner defekter Komponenten erlaubt, wird nicht nur die Lebensdauer des gesamten Produkts verlängert, es kann auch an neuere Entwicklungen angepasst werden.

Eine weitere Option besteht in der Einführung von »Nutzungskaskaden«, indem ältere Güter für einen weniger anspruchsvollen Zweck weiterverwendet werden. So wird beispielsweise eine Schnellzuglokomotive zu einer Güter- und schließlich zu einer Rangierlok. Die Sonntagshose verwandelt sich über die Werktags- in eine Gartenhose und schließlich in Putzlappen. Und aus den Dachbalken von gestern wird der Gartenzaun von morgen und das Kaminfeuerholz von übermorgen. Solche Nutzungskaskaden sind zudem energiesparend, da die ursprüngliche Energieinvestition weitgehend erhalten bleibt.

Auch die Erhöhung der »Nutzungsintensität« von Gütern verlängert indirekt deren Nutzungszeit und reduziert die Stoffströme.[16] So stehen bekanntlich Rasenmäher, Skiausrüstungen oder Autos den größten Teil ihrer Lebenszeit nutzlos herum. Indem solche Güter durch Mitbenutzung, Ausleihe oder Miete häufiger genutzt werden, wird deren Nutzungsintensität gesteigert und die Zahl der in Umlauf befindlichen Güter gesenkt. Nutzung muss keineswegs an Besitz gebunden sein.

So könnte zudem das »Wegwerfprinzip« der Abfallgesellschaft vermieden werden.[17] Denn eine Verdoppelung der Nutzungszeit bedeutet eine Halbierung der Geschwindigkeit der Stoffströme und damit auch eine Halbierung der Abfallmenge.

Beispiele für solche Steigerungen der Nutzungsintensität sind die Langzeitvermietung von Fotokopierern, Car-pools, Waschsalons oder das Vermieten von Sportausrüstungen in Ferienorten. Gerade für die Feriengäste, die mit der Bahn anreisen, ist in vielen Winterkurorten der Zwischenhalt im Mietcenter mittlerweile ebenso selbstverständlich wie der Boxenstopp in Formel-1-Rennen.

Auch in der Bauwirtschaft gibt es Anzeichen eines Umdenkens. Wenn man berücksichtigt, dass Mensch rund 90 Prozent seiner Lebenszeit in der künstlichen Haut von Innenräumen, davon rund drei Viertel in den eigenen vier Wänden verbringt, ist der Wohnraum aus zeiträumlicher Sicht gar der wichtigste Aufenthaltsort des Menschen. Was also liegt näher, als diesen gemäß den Kriterien der Nachhaltigkeit zu gestalten? So verabschiedete die Union Internationale des Architectes (UIA) im Jahre 1993 eine Erklärung mit dem Grundsatz, dass »alle bestehenden und zukünftigen Bestandteile der gebauten Umwelt – in ihrer Gestaltung, Herstellung, ihrem Gebrauch und letztlich ihrer Wiederverwertung – auf einen Standard zu bringen sind, welcher hohem Umweltbewusstsein entspricht«.[18]

Doch trotz der Verpflichtung, energiewirtschaftliche, biologische und ökologische Anforderungen und Zusammenhänge zu berücksichtigen, herrscht laut dem Architekten Peter Steiger in der Praxis bei Architekten, Bauleitern und Handwerkern überwiegend Hilflosigkeit vor. So ist etwa die Zusammensetzung von Baustoffen mangels Deklarationspflicht für die Produzenten weitgehend unbekannt. Zudem sind die meisten Baufachleute von der ständigen Zunahme an neuen Baumaterialien überfordert und kaum noch in der Lage, einen Überblick über deren Inhalte zu behalten.[19]

Auch bezüglich der Leitidee eines ökologisch orientierten Bauens besteht also noch eine breite Kluft zwischen Wunsch und Realität. Dennoch lassen sich einige Grundsätze formulieren. So sollte das verwendete Material in der Natur vorkommen und von der Gewinnung bis zur Verarbeitung Mensch und Umwelt so wenig als möglich belasten. Es sollte wieder verwertbar oder natürlich abbaubar sein. Bei der Wahl eines Baumaterials sollte eine Gesamtenergiebilanz erstellt werden, so dass Materialien mit großem »ökologischem Rucksack« zugunsten standortgegebener Materialien bevorzugt würden. Zudem sollte möglichst flächensparend gebaut werden.

Als Baustoffe würden sich neben Ziegeln und Lehm insbesondere einheimisches Holz anbieten. Wer mit Holz baut, liegt im Trend, verzeichnet der Holzbau doch mit jährlichen Zuwachsraten von 15 Prozent einen ungebrochenen Aufschwung. Als nachwachsender Rohstoff ist dessen Verfügbarkeit langfristig gesichert, zudem fällt dessen Energiebilanz im Vergleich zu Beton rund 2,5-mal günstiger aus.

Die Energiebilanz eines nach ökologischen Gesichtspunkten gebauten Hauses ist vergleichsweise hervorragend. Während für den Bau eines normalen Hauses rund 250 000 Kilowattstunden benötigt werden, kommt das gleiche Haus, wenn es aus natürlichen Stoffen gebaut ist, mit nur 50 000 kWh aus. Eine Energiedifferenz, mit der sich ein Haus für rund 20 Jahre mühelos heizen ließe. Nochmals um etwa 50 Prozent senken ließe sich der Energieverbrauch durch den Einsatz von Sonnenkollektoren, Wärmepumpen, Wärmetauschern, Kachelöfen oder offene Kamine.

Der Verbrauch von Wasser kann durch gesammeltes Regenwasser reduziert werden. Neben der Vermeidung von Wasserverschmutzung durch Kompostier-WCs bieten sich zu dessen Klärung auch naturnahe Abwasser-Reinigungstechniken wie Pflanzen- und Sandfilter an. Durch den reduzierten Einsatz fossiler Energieträger wie Öl und Gas werden weniger Schadstoffe freigesetzt. Im Haus selbst sorgen Pflanzen für ein gutes Raumklima. Bei den Abfällen reduziert die Trennung von recyclebaren Materialien den Abfallberg um etwa die Hälfte. Und mit Kompostieranlagen werden die organischen Abfälle wieder in den Bio-Kreislauf eingeführt.

Streng genommen hieße erst die größtmögliche Verflechtung all dieser Kreisläufe ökologisch bauen. Wen wundert's, existiert – zumindest in der Schweiz – noch kein Bauwerk, bei dem alle Aspekte berücksichtigt wurden. Wohl gibt es aber bereits viele Bauten, die sich an baubiologischen Grundsätzen orientieren.

Auch in der Forstwirtschaft wird den Regenerations- und Reproduktionszeiten des Ökosystems Wald heute in vielen Ländern ebenso Beachtung geschenkt wie den Nutzungsinteressen der Holzwirtschaft. Wurden früher riesige Flächen kahl geschlagen und anschließend wieder bepflanzt, mit dem Resultat, dass in solchen Wirtschaftswäldern nur großflächige Bestände mit Bäumen gleichen Alters vorkommen, ist man in der schwedischen Forstwirtschaft in neuerer Zeit dazu übergegangen, den Wald trotz intensiver Nutzung wieder in einen möglichst naturnahen Zustand, vergleichbar dem der Urwälder zu bringen.[20]

Pro Hektar lässt man etwa 75 bis 120 besonders große und schöne Bäume stehen, aus deren Samen sich im Laufe der nächsten Jahrzehnte bis Jahrhunderte ein neuer Wald bilden soll. Einige Bäume werden zudem nicht auf Bodenhöhe abgesägt, sondern man lässt etwa drei Meter hohe Rümpfe stehen, um geknickte oder abgestorbene Bäume zu simulieren. Äste und Rinde lässt man als Unterschlupf für Kleintiere und Nährboden für Humus am Boden liegen und Randzonen als Refugien für Fauna und Flora stehen.

Dieser relativ naturnahe Jungwald wird nach 10 Jahren erstmals auf den gewünschten Baumbestand ausgedünnt, um die zukünftige Qualität des Holzes zu gewährleisten. Eine erste kommerzielle Holzernte für die Papierherstellung, bei der etwa ein Drittel der Bäume gefällt werden, erfolgt nach 30 bis 40 Jahren. Eine erneute Durchforstung wird nach 60 bis 65 Jahren durchgeführt, wobei wiederum jeder dritte Baum gefällt wird. Die eigentliche Ernte, bei welcher vorwiegend Bauholz produziert wird, erfolgt nach 90 bis 120 Jahren.

Danach erfolgt das Neuanpflanzen oder Ansäen. So dauert heute in der nordischen Forstwirtschaft ein Zyklus von der Aussaat bis zum Fällen der Bäume rund 120 Jahre.

Doch trotz dieser Fortschritte werden wichtige ökologische Aspekte noch zu wenig beachtet. So wird, um dem Schädlingsbefall vorzubeugen, oft Saatgut verwendet, das von resistenten Bäumen stammt. Da jedoch massiver Schädlingsbefall bereits eine Folge monokultureller Bewirtschaftung ist, werden solchen Entwicklungen durch die genetische Auswahl des Saatmaterials noch zusätzlich gefördert. Zu wenig beachtet werden auch die Zeitmaße der Bodenbildung sowie die langfristigen Auswirkungen auf den Wasserhaushalt und die Auswirkungen der Baumselektion auf die Artenvielfalt von Fauna und Flora sowie auf deren Regenerationszyklen.

Auch auf anderen Kontinenten gibt es mittlerweile Ansätze einer nachhaltigen Forstwirtschaft. So wird gegenwärtig im Amazonasgebiet Brasiliens ein 86 000 Hektar großer Urwald von einem Unternehmen der Precious-Woods-Gruppe nach den Kriterien der Nachhaltigkeit kommerziell genutzt.[21] Und auch in Indien versucht die Regierung auf Druck der so genannten Non-Governmental Organisations (NGO) die verhängnisvolle Entwaldung zu bremsen. Seit 1980 ist die Aufforstungsrate auf jährlich 930 000 Hektar gestiegen. Zwar ist die fatale Entwicklung noch nicht wieder rückgängig gemacht worden. In vielen kahl geschlagenen Gegenden wird klar, um wie viel leichter es ist, einen alten Wald zu zerstören, als einen neuen wachsen zu lassen. Doch wo die Wälder wieder wachsen, ist es »beinahe wieder wie früher«, sagt ein NGO-Mitglied: »Die neuen Bäume ziehen viele wild lebende Tiere an. Wir hören plötzlich wieder das Singen der Vögel.«[22]

Auch in der Landwirtschaft und im Nahrungsmittelsektor finden sich Ansätze einer Produktionsweise, die die chronobiologischen Aspekte und die zeiträumlichen Bedürfnisse von Tieren und Pflanzen berücksichtigt.

In der Käserei der Herrmannsdorfer Landwerkstätten wird beispielsweise seit 1987 wieder Käse auf der Basis von Rohmilch hergestellt. Das führt zwar dazu, dass nicht jederzeit jeder Käse in der gleichen Qualität erhältlich ist. Dafür bekommen die Konsumenten einen Käse, der je nach Jahreszeit anders schmeckt.[23] In der Klosterbrauerei Andechs wird statt gegen die Zyklen der Natur wieder mit ihnen gebraut. Dadurch ist das Bier zwar weniger lange haltbar, schmeckt aber umso intensiver.[24] Und während sich die Zutatenliste vieler Bäckereien wie ein Werbeprospekt für eine Chemiefabrik ausnimmt, verzichtet die Hofpfisterei München auf derlei Tricks und vertraut selbst beim Backen auf den Faktor Zeit. Statt das Brot bei hoher Hitze kurz zu backen, wird es bei milder Hitze, aber dafür doppelt so lange gebacken. So wird es nicht nur aromatischer, es bleibt zudem länger haltbar.[25] Wenn das kein Kühlverfahren für eine überhitzte Gesellschaft ist!

Willst du immer weiter schweifen?
Sieh, das Gute liegt so nah.
Goethe

Think global, act local: Plädoyer für eine ökologische Kirchturmpolitik

Wer vor 150 Jahren auf den örtlichen Kirchturm stieg, konnte als Lohn für die mühsame Turmbesteigung seine gesamten Lebensgrundlagen überblicken.[1] Falls er heute die gleichen Anstrengungen auf sich nähme, würde er in der Regel weder seine Wohnung noch seinen Arbeitsplatz, geschweige denn einen Kartoffelacker oder ein Getreidefeld erblicken. Seine Wohnung befindet sich irgendwo in der Agglomeration, sein Arbeitsort in der zwei Reisestunden entfernten Wirtschaftsmetropole und seine Lebensmittel werden irgendwo in der weiten Welt, womöglich gar auf der entgegengesetzten Seite des Erdballs erzeugt und über die halbe Welt verteilt.

Was also liegt näher, als angesichts der Folgeprobleme dieser verstreuten und zerstreuten Lebensweise und der enträumlichten und entzeitlichten Produktionsweise ein Plädoyer für eine neue Kirchturmpolitik, einen neuen Regionalismus zu halten, in dessen Zentrum weniger die Überzeugung steht, dass »small beautiful« sei[2], als vielmehr die Einsicht, dass wir unser Heil nicht in der Globalisierung suchen sollten, sondern in angepassten Raum- und Zeitmaßen finden müssen?

Nicht gemeint sind mit dem Konzept des Regionalismus jedoch all jene aktuellen Autonomiebestrebungen, welche auf einem fragwürdigen Ethnozentrismus basieren.[3] Es geht nicht darum, der Moderne den Rücken zu kehren und dem rechten Ruf der Heimat zu folgen – obwohl der Wunsch nach Heimat und Zugehörigkeit durchaus berechtigt ist –, sondern einen Weg zu finden, der auch die widersprüchlichen Anforderungen der heutigen Zeit berücksichtigt.

Eine Widersprüchlichkeit, die darin besteht, dass Auswege aus der »Globalisierungsfalle«[4] nur durch eine größere wirtschaftliche und kulturelle Eigenständigkeit der Regionen und durch die Beachtung lokaler Raumzeitverhältnisse gefunden werden können – eine Ansicht, die übrigens auch der Weltentwicklungsbericht 1999/2000 der Weltbank vertritt[5] –, aber der Umgang mit Phänomenen wie Migration, Arbeitslosigkeit oder der vor keinen Grenzen Halt machende Schadstoffausstoß einer weitsichtigen internationalen politischen Zusammenarbeit bedarf: Think global, act local!

Regionalismus als sozialökologisches Konzept ist weder anachronistisch noch utopisch, sondern eine realpolitische Notwendigkeit. So reduziert beispielsweise die Förderung lokaler und regionaler Wirtschaftsstrukturen die Versorgungsströme und verkürzt die Transportwege und -zeiten. Eine Dezentralisierung der Energieversorgung fördert erneuerbare Energiequellen wie Sonnen- oder Windenergie vor Ort, drosselt den Energieverbrauch und damit den Schadstoffausstoß. Eine kleinräumigere Lebensweise verringert den Natur- und Landverbrauch. Und durch Lebensmittel, die in ein und derselben Region produziert und konsumiert werden, kann auf viele chemische Zusatzstoffe verzichtet werden. Die damit verbundene erhöhte Abhängigkeit von saisonalen Schwankungen hat möglicherweise gar eine gesteigerte Wertschätzung der Speisen zur Folge. Denn zurzeit werden in Europa noch mehr als doppelt so viele Nahrungsmittel produziert wie konsumiert. Das heißt, die Hälfte aller Lebensmittel findet nicht mehr den Weg in den Magen, sondern landet direkt im Müll.[6]

Durch die Stärkung regionaler Selbstversorgungswirtschaften und die Befriedigung der Grundbedürfnisse unabhängig von anderen Wirtschaftsregionen werden zudem die internationalen Wettbewerbsbedingungen unterlaufen. Diese (teilweise) Abkoppelung vom Weltmarkt gäbe insbesondere auch den Ländern der Dritten Welt eine Chance, sich von der ruinösen Exportproduktion zu lösen und ihre Ressourcen zum Wohle der eigenen Bevölkerung einzusetzen, statt sie als Luxusprodukte an die satten Industrienationen zu verkaufen, um die Schulden zu tilgen.

Damit sollen, wohlverstanden, nicht die internationalen Wirtschaftsbeziehungen unterbunden, sondern bloß die Prioritäten geändert werden: »Zuerst werden die lokalen und regionalen Möglichkeiten ausgeschöpft und die primären Bedürfnisse abgedeckt«, so die Autoren der Studie ›Zukunftsfähiges Deutschland‹ Reinhard Loske und Raimund Bleischwitz, »erst dann werden Ressourcen und Produkte exportiert oder importiert.«[7] Erst auf der Basis eines solchen regionalisierten Selbstversorgungskonzeptes wäre dann grundsätzlich zu überlegen, wie und inwieweit internationaler Austausch und Handel zu organisieren sind.

Aus verkehrsplanerischer Sicht hat eine neue Kirchturmpolitik somit für eine Erhöhung des Widerstandes von Raum und Zeit zu sorgen. Im Gegensatz zum Prozess der Modernisierung, der sich weitgehend als Entbettungsprozess vollzog und bis heute durch die Aufhebung raumzeitlicher Beschränkungen gekennzeichnet ist, können so die Qualitäten von Grenzen und Distanzen wieder entdeckt werden. Dergestalt ließe sich auch der überfrachtete Heimatbegriff neu definieren: »Zu Hause ist man dort, wo man sich zu Fuß auskennt.«[8]

Zwar wird in den der Verkehrsplanung zugrunde liegenden Modellen der Raumwiderstand längst als Zeitwiderstand abgebildet und damit die Verkehrszeit als maßgebendes Gestaltungselement berücksichtigt. Auf der politischen Ebene aber wird die Zeitdimension weitgehend negiert. So bestehen in der Schweiz Pläne, die wirtschaftlichen Zentren mittels einer unterirdischen, in einem Vakuum praktisch reibungsfrei verkehrenden Hochgeschwindigkeitsbahn im Viertelstundentakt miteinander zu verbinden. Wenn man aber durch ein höheres Tempo Zeit einsparen kann, kann man weitere Strecken zurücklegen, weswegen eine Anhebung der mittleren Geschwindigkeit nicht zu Zeiteinsparungen, sondern bloß zu einer Ausweitung des Verkehrsaufwandes sowie einer Erhöhung der zurückgelegten Distanzen führen würde. Die Erhöhung des Raum- und Zeitwiderstandes dagegen führt zu einer Reduktion des Verkehrsaufwandes.

Die Verkehrsvermeidung hat als Herzstück einer ökologischen Verkehrswende jedoch oberste Priorität. Sie sollte deshalb vor so unbequemen wie unpopulären Maßnahmen wie einem verkehrsfreien Tag pro Woche, einem Fahrverbot für Pkws mit geraden Endziffern an geraden Tagen oder ungeraden Endziffern an ungeraden Tagen oder einer zeitlichen Befristung der Befahrbarkeit von Straßen nicht Halt machen. Oder warum nicht einen autofreien Sonntag pro Jahreszeit einführen, wie das eine im Februar 1996 lancierte Volksinitiative in der Schweiz anstrebte?

Ein konstantes Verkehrszeitbudget vorausgesetzt, werden durch drastische Geschwindigkeitsbegrenzungen Wegzeiten verlängert, so dass der Nahraum bevorzugt wird. Dadurch wird gleichzeitig die gigantische Belastung durch die Spitzengeschwindigkeiten reduziert, welche ein besonders hohes Maß an Energie und Raum erfordern. Auch Geschwindigkeitsobergrenzen für neue Autos und öffentliche Verkehrsmittel eröffnen ein großes Potenzial zur Reduktion des Energie- und Materialaufwandes, weil weniger materialintensiv und dadurch leichter und sparsamer im Treibstoffverbrauch gebaut werden kann. Denn noch immer benötigen selbst die leichtesten Modelle beispielsweise von Mercedes mit einem Leergewicht um die 1300 Kilogramm und einer Ausgangsleistung von 122 PS (90 kW) über 10 Liter nicht erneuerbares Benzin, um einen Fahrer mit etwa 80 Kilogramm Lebendgewicht zu transportieren, wobei rund 78 Prozent der Eingangsleistung in Form von Abwärme verpuffen. Sehr effizient ist das nicht. Um die gleiche Leistung zu erbringen, müssten 225 Spitzensportler, die auf dem Fahrrad-Ergometer je 0,4 kW leisten, unter der Motorhaube in die Pedale treten.

Bei den schwersten Mercedes-Modellen wären es gar 750 hochtrainierte Energiesklaven.[9]

Auch bauliche Maßnahmen wie Bodenwellen, Straßenverengungen sowie der konsequente Vorrang der öffentlichen Verkehrsmittel führen zu einer Senkung der Geschwindigkeit und belasten das Verkehrszeitbudget, so dass viele Wege im Nahraum wieder zu Fuß oder per Fahrrad zurückgelegt werden.

Verkehrsplanerisch muss der Blick auf den Nahraum gerichtet werden, statt ihn in die Ferne schweifen zu lassen. Dann können auch die Bedürfnisse der Alltagswelt wieder berücksichtigt werden. Denn während die Infrastruktur der schnellen Distanzüberwindung in erster Linie auf die Erfordernisse der Wirtschaft ausgelegt ist, kommen die Bedürfnisse der Alltagswelt eher in nahräumlichen Strukturen zur Geltung. Eine Politik, die die Lebenswelt der Erwerbswelt gleichstellen möchte, muss daher die Fernerschließungen bremsen und die Naherschließung fördern.

Eine Verkehrswende setzt einen Perspektivenwechsel voraus. Statt die »Vision der europäischen Einigung als hindernisfreien Verkehrsraum«[10] mit milliardenteuren Großprojekten wie dem Ärmelkanal-Tunnel, der Öresund-Brücke oder der neuen Alpentransversalen voranzutreiben, wobei der Nahraum als Lebensraum buchstäblich auf der Strecke bleibt, sollte wieder vermehrt auf die Lebensqualität vor Ort geachtet werden.

Indem sich die städtischen Strukturen am Maß des Menschen und nicht mehr am Maß des Automobils orientieren, würde die Vorherrschaft des Automobils gebrochen und die Zeit- und Raumsouveränität aller nicht motorisierten Verkehrsteilnehmer wiederhergestellt. Es entstünde eine Stadt der kurzen Wege, in der das Menschenrecht ernst genommen würde, auch ohne Auto angenehm zu leben. Straßen könnten bepflanzt werden und würden zum Verweilen einladen. Die ganze Stadt würde zu einem urbanen Erlebnisort.

Meist ist noch allzu vielen Wurst, was woher und wie auf ihrem Teller landet. Noch immer schauen die meisten Leute beim Einkauf auf das falsche Schildchen, nämlich auf das Preisschild statt auf die Herkunftsbezeichnung. Doch im Schlaraffenland mehren sich die Zeichen für ein Umdenken. Brachte es beispielsweise ein Menü der Evangelischen Akademie Bad Boll im Jahre 1985 auf die stattliche Zahl von 710 Kilometer, ließ die geänderte Einkaufsstrategie die Kilometerzahl pro Mahlzeit bis heute auf 105 Kilometer und den Verkehr um über 80 Prozent schrumpfen – und das ohne kulinarische Einschränkungen.[11] Eine »Ernährung mit Weitblick« meint weniger das Bemühen, die Welt auf den Teller zu kriegen, als vielmehr die Küche im Dorf zu lassen. Wer pflanzliche und nicht verarbeitete Lebensmittel aus der Region bevorzugt und seinen Geschmack nach den Jahreszeiten statt am entzeitlichten Angebot der Supermärkte ausrichtet, erhält frischere, nahrhaftere und vitaminreichere und also gesündere Kost.

So ließen sich auch die vielfältigen Austauschbeziehungen zwischen Stadt und Land erneuern. Beispielhaft für eine solche neue Wechselbeziehung ist das regionale Wirtschaftsmodell in der Rhön. Viele städtische Gastwirte kaufen ihre Waren bei den regional ansässigen Landwirten ein und bieten für die Region typische Gerichte an. Indem sie auf der Speisekarte neben den Rezepten auch die Bezugsquellen nennen, wird den Gästen der Zusammenhang von Kultur, Ökologie und Ernährung verdeutlicht. Bereits heute stammt beinahe die Hälfte aller Produkte aus der Region. Dadurch wird die Existenz vieler regionaler Bauernbetriebe gesichert. Die Direktvermarktung führt zu kürzeren Transportwegen, weniger Abfall, weniger Verkehr und frischeren Waren. Solche regionalen Strukturen bieten zudem Chancen für neue Formen der Zusammenarbeit, wie zum Beispiel Wochenmärkte oder Erzeuger-Verbraucher-Gemeinschaften. Und nicht zuletzt wird dadurch eine Kulturlandschaft vor den Folgen monokultureller Bewirtschaftung bewahrt und in ihrer Vielfalt erhalten.[12]

Zwar ist der Schutz der natürlichen Lebensgrundlagen in erster Linie eine Frage von normativen und nicht von ökonomischen Entscheidungen, nichtsdestotrotz sollten auch die Marktkräfte dazu genutzt werden, ökologischen Zielen näher zu kommen. Dabei ist eine ökologische Steuerreform, verstanden als Umlenkung der marktwirtschaftlichen Dynamik auf umweltorientierte Ziele, ein Kernelement des ökologischen Strukturwandels.[13] Im Bereich der Energieversorgung beispielsweise müssen statt des Bergbaus und der Atomenergie verstärkt alternative, dezentrale Wind- und Solaranlagen subventioniert werden, in der Landwirtschaft statt der industriellen Produzenten die ökologisch produzierenden Betriebe und im Verkehr der öffentliche statt des privaten. Denn wo die Kosten der Gesundheits-, Wald-, Gebäude- und Klimaschäden nicht in Rechnung gestellt werden, bleibt nicht nur die Wahrheit über die Kosten auf der Strecke, sondern auch die umweltverträglicheren, aber vermeintlich teureren Verkehrsmittel.

Gleiches gilt für die Haftpflicht bei zeitlichen und räumlichen Großrisiken. Indem die Betreiber von Atomkraftwerken bisher davon entbunden wurden, sich zu realen Konditionen zu versichern, wurden die Kosten in die Zukunft entsorgt und belasteten so das Konto künftiger Generationen. Würden jedoch die Risikoprämien gemäß dem Verursacherprinzip realistisch angesetzt und in die Kostenkalkulation der Atomkraftwerkbetreiber einfließen (Gleiches gilt für die noch unabsehbareren Risiken der Gen- und Biotechnologie), wäre es mit deren Kostengünstigkeit vorbei. Zudem fänden sich kaum noch Versicherungsgesellschaften, die solche Risiken abdecken würden. Sind es doch sie, die die ökonomischen Folgekosten vergangener Umweltsünden bereits heute zu tragen haben.

Indem eine ökologische Steuerreform den Energie- und Rohstoffverbrauch verteuert und die steuerliche Belastung der Arbeit verringert, verhilft sie nicht nur »grünen Unternehmen« zu Wettbewerbsvorteilen, mit der Wende vom Produkt- zum Nutzenverkauf verstärkt sich auch der Trend, Arbeitsplätze von der Produktion in die Dienstleistung zu verlagern. Auch Eigenarbeit könnte so wieder eine Rolle spielen. Wenn viele Menschen Teilzeit als Bauern, Schreiner oder Elektriker arbeiten, wird die Abhängigkeit vom Erwerbssektor verringert. Und wenn Kostenwahrheit in Zukunft gar in der Küche wieder für mehr Transparenz sorgt, kommt selbst der Blick auf das Preisschild wieder zu Ehren: je weiter, desto teurer.

Small muss somit nicht schön sein – wer möchte schon den Blick von einem Wolkenkratzer auf die hell erleuchtete nächtliche Skyline einer Großstadt missen? Doch in einer Welt, die das Gigantische vergöttert, könnte sich das Kleine, Regionale und Lokale als wertvolle Alternative entpuppen. Ob das verbindliche und verbindende Grundmaß dieser neuen Kirchturmpolitik sich wie einst im Mittelalter in der Reichweite des Glockenklangs einpendeln wird,[14] ist jedoch zu bezweifeln: Beim heutigen Lärmpegel wären die Glockenschläge schon nach wenigen hundert Metern kaum noch hörbar.

Je weiter ich nach Osten reise, desto lockerer wird die Wahrnehmung der Zeit. Das irritiert mich in Polen und bringt mich in der Sowjetunion zur Weißglut.

Anonymer britischer Reisender[1]

Timescape I: Von Staus, Spitzen und Flauten und dem Gedächtnis der Landschaft

Eine Hafenstadt schwingt in einem anderen Rhythmus als ein Kurort. Ein Verkehrsknotenpunkt hat ein höheres Lebenstempo als ein abgelegenes Dorf. Ein Bahnhofsviertel pulsiert anders als ein Bankenviertel. Das Rotlichtviertel entfaltet seine Aktivitäten zu anderen Zeiten als die Boulevards mit ihren Nobelboutiquen. Und Entwicklungsländer haben ein langsameres Lebenstempo als Industrieländer. Doch so leicht es uns vergleichsweise fällt, den räumlichen Charakter einer Stadt, eines Landes oder einer Kultur zu beschreiben, so schwer fällt es uns, deren zeitliche Eigenschaften näher zu bestimmen.

Was in unseren Köpfen als typisierende Zeitaufnahme schwebt, entspricht oft mehr einem Klischee denn der Realität und entbehrt in der Regel jeglicher empirischen Überprüfung. Zwar gibt es Untersuchungen, die sich mit bestimmten zeitlichen Aspekten einer Stadt, eines Landes oder einer Kultur befassen, doch eine vergleichende soziale Rhythmusforschung existiert ebenso wenig wie systematische Analysen der Rhythmen einer Gesellschaft, geschweige denn eine grundlegende Bestandsaufnahme deren vielfältiger zeitlicher Topografie.

Der Sozialpsychologe Robert Levine hat das Lebenstempo in 31 Ländern und 36 nordamerikanischen Städten untersucht und herausgefunden, dass dieses – gemessen an der »Gehgeschwindigkeit«, der »Bedienungszeit bei der Post« und der »Genauigkeit der Uhren« – in der Schweiz am höchsten ist. Dass acht der neun schnellsten Länder in Westeuropa zu finden sind. Dass Mexiko das langsamste Land ist. Und dass die acht langsamsten Länder ausnahmslos nicht-industrialisierte Staaten sind. Und – gemessen an der »Gehgeschwindigkeit«, der »Wechselgeschwindigkeit bei den Banken«, der »Sprechgeschwindigkeit« und der »Anzahl der Armbanduhren« – wissen wir jetzt, dass Boston die schnellste nordamerikanische Stadt ist.

Dem Aufwand zum Trotz sind solche Ergebnisse jedoch wenig repräsentativ. So gibt es zahlreiche Anhaltspunkte, dass nicht die Schweiz, sondern Japan das schnellste Land ist. Nur hat die sprichwörtliche Freundlichkeit der Japaner (auch das ein Klischee) eine genaue Überprüfung verhindert, denn wo anders als in Japan werden die Briefmarken eingewickelt und als kleines Päckchen übergeben? Und in Los Angeles musste Levine Fußgänger gar suchen. Zwar fand er jede Menge Jogger, Inlineskater oder Skateboarder, doch die meisten Fußgänger gingen nicht weiter als bis zu ihren geparkten Autos. Und die anderen waren Obdachlose, Drogenabhängige oder Prostituierte und deshalb kaum repräsentativ.

Die Forderung nach einer empirisch gesicherten sozialwissenschaftlichen Zeit- und Rhythmusforschung kommt somit einer Überforderung gleich – insbesondere dann, wenn daraus Erkenntnisse für zeitpolitische Maßnahmen gewonnen werden sollen. Dieser Wissenschaftszweig müsste etwa die Einflüsse unterschiedlicher klimatischer und sozialer Rhythmen berücksichtigen. Er hätte die Form und Ausprägung des Wochenrhythmus, den Festtagskalender, Öffnungs- und Schließzeiten von Ämtern, Läden und Büros oder Arbeits- und Betriebszeiten in seine Analyse mit einzubeziehen. Er müsste die Verflechtung städtischer und ländlicher Rhythmen berücksichtigen. Dazu kommen noch ortsspezifische Variablen wie die Geschichte des Ortes, seine Verkehrsstrukturen und die ansässige Industrie und ortsunspezifische Variablen wie nationale Arbeitszeitgesetze oder der Einfluss der Medien. Und nicht zuletzt demografische Aspekte wie Bevölkerungszahl und -dichte, Wohlstandsverteilung, der Grad der Industrialisierung sowie kulturelle und religiöse Werte.

Analog zum räumlichen Begriff »Landscape« können solche komplexen raumzeitlichen Verflechtungsverhältnisse als »Timescapes« bezeichnet werden, was nur ungenügend mit Geschehens- oder Ereignislandschaft übersetzt wird. Dabei würden jedoch weniger die räumlichen als vielmehr die zeitlichen Aspekte im Vordergrund stehen.[2] Ihre Aktualität gewinnt die Analyse von Timescapes aufgrund der drohenden Einebnung der zeitlichen Topografie von Städten, Gesellschaften und Kulturen als Folge der Ausweitung, Intensivierung und Flexibilisierung von Arbeitszeiten sowie der Auflösung bestehender Zeitordnungen auf dem Weg zur Nonstop-Gesellschaft. Der gängigste Ansatz bei der Untersuchung von Timescapes ist der so genannte »Activity approach«.[3]

Dieser Ansatz, der vor allem die alltäglichen Verhaltensroutinen ins Auge fasst, erwies sich in der Stadt- und Verkehrsplanung, insbesondere im Hinblick auf die zeitliche Nutzung der Infrastruktur, am fruchtbarsten.[4] So beleben sich bekanntlich bestimmte Stadtviertel erst gegen Abend. Büro- und Industriegebiete werden vor allem tagsüber frequentiert, gleichen nachts aber Geisterstädten. Die Innenstädte mit ihren Restaurants erleben um die Mittagszeit und abends Frequenzspitzen. Ausflugs- und Freizeitziele sind auf den Ansturm am Wochenende ausgerichtet, in der Woche aber kaum frequentiert. Und aufgrund der getrennten Wohn- und Arbeitsbereiche entvölkern sich allmorgendlich die Vorortsiedlungen, ergießen sich als gewaltige Pendlerströme in die Straßen und wälzen sich Abend für Abend zurück ins Ghetto.

Doch trotz der Erkenntnis, dass die Lebensqualität und das Wohlbefinden in der Stadt viel mit urbanen Zeitabläufen und deren Organisation zu tun haben, steckt die kommunale Zeitpolitik – von wenigen Ausnahmen abgesehen – noch in den Kinderschuhen.[5] Dass von einer Synchronisation von Infrastruktur und deren Benutzer noch kaum die Rede sein kann, bestätigt ein flüchtiger Blick auf die städtische Zeitlandschaft. Läden, Bibliotheken oder Schwimmbäder schließen ihre Tore, wenn die potenzielle Kundschaft die Büros verlässt. Die Schulzeiten der Kinder kollidieren mit den Arbeitszeiten der Eltern und den Betreuungszeiten in Krippen und Horten. Pakete werden geliefert, wenn niemand zu Hause ist. Und Behördengänge und Arztbesuche müssen während der Betriebs- und Arbeitszeiten erledigt werden.

Arbeits- und Betriebszeiten gehören zu den wichtigsten Zeitgebern von Gesellschaften. So zeigt beispielsweise die Gegenüberstellung einer 4 × 9-Stadt, in der die Arbeitnehmer während vier Tagen je neun Stunden pro Tag arbeiten, und einer 6 × 6-Stadt, in der an sechs Tagen während sechs Stunden gearbeitet wird, große Unterschiede im Hinblick auf deren zeiträumliche Organisation.[6]

Eine 4 × 9-Stadt tendiert aufgrund der versetzten Arbeitszeiten zu einem Abbau gemeinsamer Zeiten und fördert die Individualisierung und durch die langen Arbeitszeiten auch den Pendelverkehr und damit die Nutzung privater Verkehrsmittel. Die hohe Mobilität reduziert die Ortsbindung und fördert die Beschleunigung. Insgesamt ergibt sich das Bild einer »zeitlichen Hochleistungsgesellschaft« mit starken rhythmischen Ausschlägen.[7]

Ganz anders die 6 × 6-Stadt. Die Struktur der Arbeitszeit führt zu einem relativ hohen Maß an gemeinsamen Zeiten. Die kurzen täglichen Arbeitszeiten bedingen kürzere Anfahrtswege und fördern die stärkere Nutzung öffentlicher Verkehrsmittel. Die Stadt erscheint »ausgeglichener«, die Rhythmen »weicher«.[8]

Wie Umfragen zeigen, empfindet zwar die Mehrheit der Arbeitnehmer eine längere Freizeit en bloc attraktiver als eine auf den Tag bezogene Verkürzung der Arbeitszeit. Das 4 × 9-Modell begünstigt kontinuierliche Aktivitäten, wie von den Arbeitnehmern gefordert, fördert damit aber Tendenzen der Nonstop-Gesellschaft. Das 6 × 6-Modell dagegen steht den herrschenden Trends entgegen und stellt eingefahrene Denkmuster und Gewohnheiten in Frage. Mit Blick auf eine sozialökologische Zeitkultur ist deshalb das 6 × 6-Modell zu favorisieren. Der gleichmäßigere Lebensrhythmus wirkt als Geschwindigkeitsbremse. Die geringere Mobilität erhöht die Ortsbindung und damit auch die Wertschätzung des Wohnumfeldes. Der einheitlichere Rhythmus ermöglicht zudem mehr gemeinsame Zeiten und wirkt so der Individualisierungstendenz entgegen. Entspricht das 4 × 9-Modell einem »zeitlichen Hochgebirge«, steht das 6 × 6-Modell für eine »zeitliche Hügellandschaft«.[9]

Ein zentrales Phänomen der hoch synchronisierten Betriebs- und Arbeitszeiten sind die Rushhours, die Stoßzeiten. In allen größeren und kleineren Städten prägen sie heute die Zeitlandschaft. Seien das die in der Stoßzeit im Vierminutentakt verkehrenden Züge der »Tokai«-Linie, mit der sich in Tokio täglich zur gleichen Zeit Tausende von Werktätigen, wie Sardinen in die Wagen gepfercht, an ihren Arbeitsplatz begeben. Ein ausgeklügeltes Ticket- und Warteschlangensystem sorgt dafür, dass sich die zur Stoßzeit um 35 Sekunden verlängerte Haltedauer nicht noch weiter in die Länge zieht.[10] Seien das die 4000 privaten Kleinbusse, die so genannten »Matatus«, die in Nairobi den größten Teil des öffentlichen Verkehrs bewältigen, wobei diese Busse, ordnungsgemäß mit neun Passagieren zu besetzen, zur Stoßzeit mit über zwanzig, zum Teil auf dem Dach, zum Teil zur offenen Tür heraushängenden Mitfahrenden vollgestopft sind.[11] Sei das die Wuppertaler Schwebebahn, die das enge, 15 Kilometer lange und für Verkehrsstaus geradezu prädestinierte Tal der Wupper verkehrstechnisch derart gut bewältigt, dass Stoßzeiten nahezu inexistent sind.[12] Oder seien das die 12 000 im Verkehrschaos von New York verkehrenden »Yellow Cabs«, die gelben Taxis, die vorgeblich nur ein Ziel haben, nämlich die Fahrbahn so effizient wie schnell zu wechseln, so dass mit jedem Raumgewinn auch ein Stück Zeit gewonnen wird. Ihr eigentlicher Zweck liegt jedoch weniger in der Personenbeförderung als vielmehr darin, dem Passagier zu einigen Minuten der Ruhe inmitten des Verkehrschaos zu verhelfen.[13]

Zwar können Staus grundsätzlich behoben werden, doch der Ausbau der Infrastruktur, der sich an den Verkehrsspitzenzeiten orientiert, macht in der Regel aus ökonomischen und ökologischen Gründen wenig Sinn, gibt es doch nicht nur Spitzenzeiten, sondern auch Flauten. Die Infrastruktur wird jedoch dann optimal genutzt, wenn die vorhandene Kapazität während der gesamten Betriebszeit gleichmäßig ausgelastet wird. Die unterschiedlich starke Nutzung kann durch verschiedene zeitpolitische Maßnahmen ausgeglichen werden, beispielsweise durch die Staffelung von Zeiten, durch die Staffelung von Preisen oder durch technische Lösungen.

Solche Linearisierungen sind jedoch in der Regel mit einer Ausdehnung der Nutzungszeiten verbunden, Stichwort verbilligte Nacht- und Wochenendtarife beim Telefonieren, und akzentuieren damit die Konturen der Nonstop-Gesellschaft. Die sozialen und ökologischen Auswirkungen zeitplanerischer Maßnahmen müssen deshalb stets beachtet und bezüglich ihrer Vor- und Nachteile sorgfältig gegeneinander abgewogen werden.

Die Betrachtung von Timescapes ist aber nicht nur im Bereich der kommunalen Zeitpolitik hoch aktuell, sondern auch in Bezug auf die ökologischen Langzeitgefährdungen beispielsweise durch Gen- oder Atomtechnologie. Die Sozialwissenschaftlerin und Zeitforscherin Barbara Adam hat diesbezüglich einen viel versprechenden Ansatz entwickelt.[14] Sie versteht die Analyse von Timescapes als ein Versuch, nicht mehr bloß die Ergebnisse von Entwicklungsprozessen, sondern auch die Prozesse selbst in den Blick zu bekommen. Was damit gemeint ist, verdeutlicht das folgende Beispiel.

Als in den sechziger Jahren das Schädlingsbekämpfungsmittel DDT in rauen Mengen gespritzt wurde, reicherte sich dieses zunächst im Boden an, gelangte anschließend über Pflanzen und Kleintiere in die Nahrungskette und führte schließlich dazu, dass Raubvögel nicht mehr genügend Kalk für die Eierschalen produzieren konnten und sie die weichen Eier beim Brüten zerdrückten. Die Folge war, dass diese vom Aussterben bedroht wurden.

Immer mehr Befunde weisen darauf hin, dass Gifte, die erst nach Jahren töten, ebenso verheerende Folgen haben können wie schnell wirkende und entsprechend spektakuläre Umweltgifte. Da Böden schädigende Einflüsse abpuffern können, bilden sie gleichsam das Langzeitgedächtnis unserer Umweltsünden.[15] Viele Schäden werden erst mit der erschöpften Pufferkapazität zeitlich verzögert sichtbar. Weinberge beispielsweise, in denen seit Ende des letzten Jahrhunderts und bis in die sechziger Jahre kupferhaltige Mittel zur Bekämpfung von Pilzkrankheiten eingesetzt wurden, die sich im Boden langsam angereichert haben, sind mittlerweile achtmal so stark belastet, als es die Grenzwerte erlauben. Ein Ausmaß an Vergiftung, das nur noch mit dem von Sondermüllhalden vergleichbar ist. Die Folgen vergangener Bodenbelastungen werden in Zukunft noch deutlicher spürbar, schlagen aber bereits heute auf den Menschen zurück, beispielsweise in Form sinkender Erträge beim Getreideanbau.

Das Ziel, die ökologischen Auswirkungen menschlichen Handelns bereits heute zu dokumentieren, verfolgt auch das Projekt der Schweizer Stiftung Documenta Natura. In regelmäßigen Abständen werden Fotos von bestimmten Orten gemacht, um die schleichende Veränderung der Landschaft zu belegen. Beispielsweise wie sich im Schweizer Bergell ein lauschiger, überwachsener Weg durch einen Kastanienhain nach dessen Erschließung in eine befahrbare Straße verwandelt, die vom Kastanienhain kaum noch etwas übrig lässt. Oder wie sich eine ungedüngte, von Hecken umsäumte Wiese mit blühenden Obstbäumen in einen monotonen, rasenbedeckten Golfplatz verwandelt.[16] Die bereits heute sichtbaren Auswirkungen von Klimaveränderungen dokumentiert ein oberhalb des Engadiner Dorfes Pontresina (CH) angelegter Lehrpfad entlang des sich zurückziehenden Muorteratsch-Gletschers.

Timescapes, so der Fotograf Michael Ruetz, sind »Geschichtsschreibung der sichtbaren Gegenwart«. Sie dokumentieren »das Inventar unserer Welt *und* seine Metamorphosen«.[17] Als sichtbar gemachte Zeit zeigen sie, dass die Welt, die wir vor unseren Augen sehen, kontinuierlich verschwindet, untergeht und verändert wieder aufersteht. Auch sein künstlerisches Projekt »Timescape« ist der Versuch, mittels eines Grundstockes von 360 Objekten, die periodisch vom gleichen Standpunkt aus fotografiert werden, solche Veränderungen während eines Zeitraums von 25 Jahren zu dokumentieren.

Doch »Metamorphosen eines Gegenstands können nur beobachtet werden«, so Ruetz, »wenn der Beobachtungsstandpunkt keiner Metamorphose unterworfen ist«. Dafür jedoch gibt es in einer Welt, die sich rasch verändert, keine Garantie. Brücken, die zuvor als Standort dienten, wurden abgerissen, Neubauten verstellen die Sicht.

Umso eindrucksvoller sind deshalb die Bilder von der rasanten Veränderung Berlins.

Bereits in den siebziger Jahren hat der Grafiker und Zeichner Jörg Müller solche Timescapes visualisiert. Als »Zeitlupe in riesigen Abständen« sind seine Kinderbücher sichtbar gemachte Zeit.[18] In je sieben gleichen Landschaftsausschnitten zeigen sie, was im Verlaufe von wenigen Jahren mit einem Stück Erde geschehen kann und geschieht. Während beispielsweise auf dem ersten Bild den Kindern noch fast die ganze Fläche als Spiel- und Lebensraum zur Verfügung steht, bleiben auf dem letzten Bild neben einem nicht betretbaren Rasendreieck nur noch ein betonierter Sandkasten und eine Betonröhre übrig. Spielmöglichkeiten werden reduziert auf reglementierte Reservate. Damit sei nichts gegen solche Schonräume gesagt, aber einiges gegen die dahinter stehende Ideologie, mittels Reservaten die Umweltvernichtung zu kompensieren.

Ist erst einmal das Gefühl für die Zeitlichkeit von Landschaften geweckt, entfalten selbst ganz gewöhnliche Straßenkarten einen Einblick in versunkene Welten. So zeugen beispielsweise Straßennamen wie Talwiese, Heuried, Quellweg, Hanfrose, Riedmatt oder Rosshalde von einer Idylle, die es so längst nicht mehr gibt. Wo noch vor fünfzig Jahren die Frösche quakten, ist heute alles überbaut. Auf der Talwiese steht ein Einkaufszentrum, die Quelle im Quellweg ist kanalisiert worden, in der Hanfrose blühen weder Hanf noch Rose, sondern balkonweise Geranien, und auf der Rosshalde sind die Pferde Einfamilienhaussiedlungen gewichen. Damit ist zwar nicht alles schlechter, vieles aber eintöniger und monotoner geworden.

In ökologischer Hinsicht stellt die Analyse von Timescapes also den Versuch dar, Ursache-Wirkungs-Ketten aufzuzeigen, um bereits heute auf die Auswirkungen unseres Tuns von morgen aufmerksam zu machen und damit mögliche Risiken zu vermeiden. Eine sozialökologische, zukunftsfähige Zeitkultur muss mögliche Gefahrenpotenziale berücksichtigen und notfalls auf zukunftsbelastende Technologien wie die Atomtechnologie, die Bio- und die Gentechnologie verzichten. The future now – die Zukunft beginnt jetzt, und alle nehmen an ihr teil.

Sechs Tage darfst du schaffen und jede Arbeit tun.
Der siebte Tag ist ein Ruhetag, dem Herrn, deinem Gott, geweiht.
An ihm darfst du keine Arbeit tun.
Buch Exodus, viertes Gebot[1]

Timescape II: Der Ruf des Muezzin oder Vom Feiern, Fasten und Rasten

Im Fastenmonat Ramadan bietet Marrakesch, die Märchenstadt und heimliche Hauptstadt Marokkos, ein ungewöhnliches Bild. »Etwa eine Stunde vor Sonnenuntergang entvölkern sich Straßen und Plätze. Schwärme von Mopeds, Taxis und Autobussen fahren in die Vororte. Hausfrauen, Familienväter, Kinder und Jugendliche eilen aus den Basaren mit eingekaufter Ware nach Hause. Eine Art Friedhofsstille senkt sich über die Stadt. Wie in einem surrealistischen Film fährt eine Kalesche vorbei, verhallen Hufschläge, schleichen Katzen einher, schreit ein Esel.

Fast gespenstisch wirken jetzt die wenigen Straßenpassanten. Während in den Hotels die ausländischen Touristen beim Apero oder beim Dämmerschoppen sitzen, dampfen in den von Einheimischen besuchten Lokalen Suppenschüsseln, verbreiten orientalische Speisen und Gewürze ihre Düfte. Im Halbdunkel des Raumes warten Gäste, vielfach schon vor gefüllten Plastik- und Keramikschüsseln, auf den Ruf des Muezzins, der das Ende des Fastens verkündet.

Zuerst hört man nur ein Knacken und Räuspern im Lautsprecher, dann endlich ertönt das lang ersehnte ›Allahu akbar – Gott ist groß‹. Böllerschüsse und Sirenen fallen ein. Nun beginnt ein vernehmliches Schmatzen, das eigentliche Frühstück des Fastentages. Es besteht aus der traditionellen Harira, einer nahrhaften Suppe aus Hülsenfrüchten und Fleischeinlagen, dazu Fladenbrot und Schafkäse. Die Einheimischen langen eifrig zu. Während der Mahlzeit wird wenig gesprochen, um so mehr anschließend beim frisch aufgebrühten, belebenden Minztee und bei Batterien von Cola-Getränken. Essende, Durststillende, Rauchende auch auf der Straße, im Hocksitz vor Speise- und Getränkeständen, in Mauerwinkeln, in parkenden Autos.

Das brodelnde Leben setzt wieder ein, eine Explosion der Geräusche: das Hupkonzert der Autos und Mopeds, der Lärm spielender Kinder, Weibergezänk, arabische und amerikanische Schnulzen aus überdrehten Radios, Lachen und Rufen. Eine fasnachtartige Stimmung kommt auf. Dicht gedrängt ergehen sich Spaziergänger familienweise, gruppenweise, paarweise und einzeln in den Straßen. Ganz Marrakesch ist aus dem Häuschen.

Erst gegen Mitternacht verlaufen sich die Menschen, um die Hauptmahlzeit einzunehmen. Marokkaner, die es sich leisten können, machen daraus ein Festessen mit Hammel- und Hühnerfleisch zum Nationalgericht ›Couscous‹ aus Hirse, Kichererbsen, Zwiebeln, Rosinen und Paprikasauce. Fast ebenso populär ist ›Tajine‹, ein Gemüseeintopf, der in Keramikschüsseln mit konischem Aufsatz serviert wird. Zum Nachtisch gibt es Gebäck und Tee. Danach schwärmen Nachtfalter nochmals bis in die frühen Morgenstunden aus. Viele nehmen noch eine dritte, schlichtere Mahlzeit zu sich, bevor der nächste Fastentag mit dem fünfmaligen Gebet und dem Schwitzbad im Hammam beginnt.«[2]

Alle Gesellschaften kennen kollektive Ruhepausen, kennen Zeiten der Anspannung und Zeiten der Entspannung, schaffen sich Inseln besinnlicher Ruhe als Gegenwelt zur hektischen Betriebsamkeit des Alltags und feiern Hoch-Zeiten der Unbeschwertheit und des Überflusses, die vom Gebot der Sparsamkeit und der Mäßigung abweichen und als Zäsuren im Lebenslauf des Einzelnen wie der Gemeinschaft dienen. Während im Alltag jeder seiner eigenen Beschäftigung nachgeht, entsteht durch den Festtag vorübergehend eine Gemeinschaft, in der der Einzelne sich in etwas Großes, Ganzes eingebettet fühlt. Gerade weil sie institutionalisiert sind und als etwas Selbstverständliches genossen werden können, entsprechen ritualisierte Gegenwelten einem Grundbedürfnis des Menschen.

So kennt das westafrikanische Volk der Dogon heute drei bis vier Ruhetage pro Woche.[3] Die Aschanti im heutigen Ghana kannten nahezu 200 Feiertage. Die Hopi-Indianer sollen sich mehr als die Hälfte des Jahres der Muße vorbehalten haben. Die alten Griechen feierten jährlich 50 bis 60 Festtage, in einigen wohlhabenden Stadtstaaten war diese Zahl gar über dreimal so hoch. Die römischen Oberschichten hatten zur Zeit des Augustus jährlich 66 arbeitsfreie Tage, eine Zahl, die sich bis ins 4. Jahrhundert n. Chr. auf 175 Tage erhöhte. Für das zaristische Russland waren über 100 religiöse Feiertage verzeichnet. In Teilen Galiziens ist für das Jahr 1909 eine Zahl von mehr als 200 arbeitsfreien Tagen überliefert. Und selbst im England des 16. Jahrhunderts soll es noch über 200 Feiertage inklusive der Sonntage gegeben haben.[4]

Die meisten Nordamerikaner haben heute jährlich etwa 130 arbeitsfreie Tage – 52 Wochenenden, elf oder zwölf öffentliche Feiertage und etwa zwei Wochen Urlaub. Zählen wir das heute auch in Westeuropa freie Wochenende sowie die etwa zehn bezahlten, zumeist religiösen Feiertage zusammen, kommen wir auf 114, mit den vier bis fünf Wochen Urlaub gar auf rund 150 arbeitsfreie Tage. Das sind in etwa wieder gleich viele wie vor der industriellen Revolution – mit dem Unterschied, dass sie nicht mehr nur einer kleinen Elite vorbehalten sind, sondern grundsätzlich für alle Mitglieder der Gesellschaft gelten.

Pausen, Feste, Feiern und Rituale sind »in der Zeit, was die Wohnung im Raum ist«, schrieb der Schriftsteller Antoine de Sainte-Exupéry.[5] Sie dienen der Orientierung, ermöglichen Wiederholung, schaffen Geborgenheit angesichts einer in stetem Wandel begriffenen Welt. Auch im Begriff der Gewohnheit, diesem Ritus im Kleinformat, in dem sich das althochdeutsche Verb »giwonen« für gewohnt sein, wohnen oder verweilen verbirgt, steckt noch jener Aspekt der Orientierung, des Zuhauseseins und des Verweilens in der Zeit.

In der Musik gehören Pausen bekanntlich ebenso zum musikalischen Rhythmus wie die Noten. Und selbst zum Denken, so Walter Benjamin, gehört nicht nur die Bewegung der Gedanken, sondern auch das Anhalten.[6] Die Denkpause ist somit weniger die Pause vom Denken als vielmehr die Pause zum Denken.

Indem Pausen ein Geschehen voraussetzen, sind sie nicht Nichts, sondern ein bedeutsamer Teil des Geschehens. Pausen, so Karlheinz A. Geissler, »schaffen notwendige Ordnung innerhalb von Zuständen und geben damit Orientierung, sowohl bei der Betrachtung von Naturprozessen als auch bei der Gestaltung des Sozialen.«[7] Sie ermöglichen Trennung, Wechsel und Übergang. Ohne Pausen wüssten wir nicht, wo etwas endet und etwas anderes, Neues beginnt. Kurzum: Pausen sind ebenso ein Teil natürlicher Prozesse wie ein Element sozialer und kultureller Organisation.

Die Nonstop-Gesellschaft jedoch besitzt offenbar weder ein Musikgehör noch Sinn für Rhythmus, noch hat sie Verstand. Der Sinn von Pausen, medizinisch als Krankheit und ökonomisch als Rezession bezeichnet, geht ihr zusehends verloren. Die laufende Entwicklung, den Wert des kollektiv freien Wochenendes und kirchlicher Feiertage in Frage zu stellen, gleicht historisch jenem Prozess zu Beginn der Industrialisierung, dem bereits damals viele kirchliche Feiertage zum Opfer fielen. Doch »je weniger Pausen wir machen«, so Geissler, »um so pausenloser stellt sich die Frage nach den Pausen«.[8]

Auf dem Weg zur Nonstop-Gesellschaft werden insbesondere zwei Auszeiten zur Disposition gestellt: die Nacht und das Wochenende. Während die Ausweitung menschlicher Aktivitäten in die Nacht das Überspielen des biologischen Schlaf-Wach-Rhythmus bedeutet und daher mit den physiologischen Grenzen menschlicher Leistungsfähigkeit konfrontiert wird, bedeutet die schleichende Erosion des Wochenendes die Außerkraftsetzung eines vor allem sozial geprägten Rhythmus. Entsprechend unterschiedlich werden die Auswirkungen beurteilt.

Während über die gesundheitsgefährdenden Auswirkungen von Nachtarbeit in wissenschaftlichen Kreisen weitgehend Einigkeit besteht – freilich ohne dadurch den Trend zur Ausweitung der Nachtarbeit zu stoppen –, wird die Ausdehnung der Arbeitszeit auch auf das Wochenende und die Feiertage kontroverser beurteilt. Für die einen zerstört, wer die besinnliche Ruhe ignoriert und in der Rast- und Pausenlosigkeit ein Ideal erkennt, über kurz oder lang die vitalen Grundlagen einer Gesellschaft.[9] Für die anderen dagegen ist die Ausdehnung der Arbeits- und Betriebszeiten auch auf das Wochenende und die Feiertage eine ökonomische Notwendigkeit, um die Wettbewerbsfähigkeit zu erhalten und damit die vitalen Grundlagen zu sichern.

Sicher ist bloß, dass der Wochenrhythmus, den wir von Kindesbeinen an gewöhnt sind und der uns wie eine anthropologische Konstante erscheint, in Wirklichkeit das Ergebnis einer langen religiösen, kultur- und sozialhistorischen Entwicklung ist. Zwar existiert in jeder Gesellschaft eine Zeiteinheit im Sinne der Woche, doch sowohl bezüglich deren Länge, der Wahl des Wochenhöhepunkts als auch deren kultureller Ausgestaltung und Einhaltung bestehen beträchtliche Unterschiede.[10] Dass sich heute praktisch weltweit die uns geläufige Sieben-Tage-Woche etabliert hat, hängt damit zusammen, dass sich das Christentum in der europäischen Kultur durchgesetzt hat und später die europäische Kultur international bestimmend wurde.

Das Wochenende mit freiem Samstag und Sonntag hat jedoch nicht mehr religiöse Ursprünge, sondern ist eine ›westliche‹ Institution«[11] und direkt zurückzuführen auf Produktivitätsfortschritte und damit verbundenem wachsenden Wohlstand. Entsprechend steht es heute, wo gestiegene Produktivität nicht mehr den Arbeitnehmern zugute kommt, wieder zur Disposition. Ob das Wochenende, die Nachtruhe und die Feiertage zur wirtschaftlichen Nutzung freigegeben oder geschützt werden, hängt somit – Ironie der Geschichte – nicht zuletzt von der weiteren wirtschaftlichen Entwicklung ab.

Es macht jedoch, wie die Autoren des Buches ›Die Welt am Wochenende‹ betonen, wenig Sinn, »die Weltgesellschaft mit dem hegemonialen Anspruch einer allein angemessenen Zeit-Institution wie dem freien Wochenende überziehen zu wollen«.[12] Eine sozialökologische Zeitkultur müsste vielmehr dafür Sorge tragen, die Zeitmuster der unterschiedlichen Kulturen »möglichst weitgehend zu belassen und die zeitlichen Erfordernisse einer modernen Gesellschaft gleichsam organisch drumherum zu bauen«.[13] Multikulturalität heißt auch Multitemporalität. Eine Forderung, die einfacher zu stellen als umzusetzen ist.

Wenn man die Entwicklung der Wochenruhetage in unterschiedlichen Kulturen vergleicht, zeichnet sich eine »Vereinheitlichung des Weltrhythmus« ab.[14] In den vergangenen zwei, drei Jahrhunderten wurden die überlieferten, den regionalen Gegebenheiten angepassten Zeitstrukturen unterschiedlichster Kulturen eingeebnet und der westlichen Zeitordnung angeglichen. Die Welt schwingt immer mehr im gleichen Rhythmus.

Diese zeitliche Standardisierung wird in jüngster Zeit aber nicht nur dadurch unterlaufen, dass der Wochenrhythmus nicht mehr den Bedürfnissen der Wirtschaft entspricht. Auch die wieder erstarkten ethnischen, religiösen und nationalistischen Bewegungen treten dafür ein, die tradierten Zeitmuster beizubehalten oder wieder in Kraft zu setzen. Zwei Szenarien der zukünftigen Entwicklung und Bedeutung des Wochenendes lassen sich daraus ableiten.[15]

Das eine Szenario führt zu einem nebeneinander traditioneller und moderner Zeitmuster.

Das andere Szenario ist die Orientierung der modernen westlichen Gesellschaften an anderen als den eigenen, traditionellen Zeitmustern. Im globalen wirtschaftlichen Wettbewerb könnten sie sich dadurch Wettbewerbsvorteile verschaffen, dass sie das bezahlte freie Wochenende abschaffen.

Doch unabhängig davon, ob und wie das Wochenende zukünftig existieren wird, um die Frage nach der Struktur unserer zukünftigen kulturellen Zeitordnung werden wir nicht herumkommen. Die Zeitordnung einer zumindest dem Anspruch nach demokratischen Gesellschaft sollte nicht von Partikularinteressen bestimmt sein. Das heißt, sie darf nicht von vornherein eine Gruppe der Gesellschaft schlechter oder besser stellen.[16] Da aber der Ruf nach zeitlicher Flexibilisierung in erster Linie aus Wirtschaftskreisen ertönt, kann man davon ausgehen – trotz den Schalmeiengesängen von erhöhter Zeitsouveränität, von individuellerer Lebensgestaltung und der Förderung der Gleichberechtigung zwischen den Geschlechtern –, dass die Abschaffung des kollektiv freien Wochenendes, die Ausweitung der Nachtarbeit und die Flexibilisierung und Deregulierung aller verbindlichen und verbindenden Zeitmaße in erster Linie kurzfristige Vorteile für die Wirtschaft und langfristige Nachteile für die Allgemeinheit bringt.

Den einen den Nutzen, den anderen die Kosten – selbst aus ökonomischer Sicht kann das nicht die Lösung des Problems sein. Trotzdem werden wohl in nächster Zeit in den Industriegesellschaften die allgemein verbindlichen Zeitordnungen sowohl aus wirtschaftlichen Interessen als auch aus Individualisierungsbestrebungen allmählich aufgelöst und der Nonstop-Gesellschaft weichen. Diese Entwicklung wird sich jedoch auf die Ballungsgebiete der Metropolen beschränken, während sich in ländlichen Gebieten das Wochenende als zeitliche Grundstruktur vermutlich halten wird. Die Weltgesellschaft ebnet nicht alle Unterschiede ein, sondern lässt auch neue räumliche und zeitliche Differenzen entstehen.

Die Weltzeit der Nonstop-Gesellschaft hat vorläufig noch eine »Hybridstruktur«.[17] Sie bleibt auf die Metropolen beschränkt und wird selbst dort von lokalen Zeitverhältnissen relativiert. Auf einer Fotomontage von Satellitenbildern der Erde bei Nacht sind denn auch neben den Umrissen der Kontinente insbesondere die beleuchteten städtischen Zonen der Welt zu erkennen, welche spinnennetzartig die Kontinente überziehen.

Künstliche Erfahrungswelten sind zum
american way of life geworden.
Ada Louise Huxtable[1]

Timescape III: Schützt die Chronotope oder Von Zeitinseln, Zeitoasen und Zeitreisen

»Hooge ist ein weiches Land ohne Steine und ohne Quellen. Gemessen an der langsamen Vergänglichkeit eines Gebirgszuges, eines Tales oder eines einzigen Steines, ist Hooge nur ein flüchtiges Schwemmland, das heute in der Brandung liegt und morgen wieder verschwunden ist. Hooge ist eine Weide, eine Wiese im nordfriesischen Wattenmeer, von Salzwasserrinnsalen durchzogen und einem geteerten, niedrigen Sommerdeich gefasst. Wie trockengefallene Archen und weit auseinander liegend, erheben sich aus der baumlosen Ebene Hooges neun, von wenigen Häusern bestandene Erdhügel – die Warften. (…) Hooge ist ein Land aus Torf, Schlick und Sand, von der See über den Untiefen und den Resten versunkener Marsch- und Moorlandschaften aufgeschichtet und dem Meeresspiegel doch zu nahe geblieben, um den Namen einer Insel zu erfüllen: Land von solchem Land heißt Hallig.

Achtmal, neunmal und öfter im Jahr rauscht das Meer über die Hallig Hooge hinweg, allein die Warften ragen dann umbrandet aus der Flut, und zieht sich die See zurück, liegen auf den Weiden Muschelkränze, Tang und Seesterne. (…) Dass Hooge im Strom der Gezeiten liegt, heißt auch: Hooge liegt zweimal im Verlauf eines Tages und einer Nacht inmitten des Meeres und zweimal in einer Schlickwüste. Klein ist Hooge; der Deich aus Granit und Basalt, der die fünfhundertfünfzig Hektar der Hallig umschließt, ist bei guten Kräften in zwei Stunden abzuschreiten, und die Bewohner dieses Landes sind rasch gezählt. Es sind einhundertvierunddreißig. Eigentlich ist Hooge nur eine Zuflucht auf 54°34' nördlicher Breite und 8°33' östlicher Länge und kaum elf nautische Meilen von der Küste Nordfrieslands entfernt.«[2]

Die vom Schriftsteller Christoph Ransmayr so eindrücklich beschriebene Hallig Hooge ist ein Chronotop, eine Insel im Meer der Zeit. Chronotope sind, analog zu den Biotopen als Brutstätten des Lebens oder den Geotopen als Zeugnissen der Erdgeschichte, Enklaven im Strom der Zeit. Durch bestimmte Eigenschaften von ihrer Umgebung abgegrenzt, stehen sie als Eigenzeiten, als Zeitreservate für Zeitvielfalt. Doch auch Chronotope sind bedroht.

Aber weniger der Wind, das Wetter und die Gezeitenströme, an die sich das Leben auf diesem Land angepasst hat, machen der Hallig Hooge zu schaffen, als vielmehr die Touristenströme, die sich im Rhythmus der Jahreszeiten über die Insel ergießen. Die Abgeschiedenheit dieses Ortes ist, so Ransmayr, »längst nur noch ein vorübergehender Mangel der kalten, stürmischen Jahreszeit. In den milderen Monaten lässt der tägliche Fährverkehr, der Hooge mit den anderen Halligen, Inseln und dem Festland vernäht, keine Weltferne mehr zu. An den Nachmittagen der Sommersaison sind die Asphaltwege von Hooge schwarz von Menschen: Vier- und fünftausend sind es manchmal an einem einzigen schönen Tag, einhundertsechzig- und einhundertsiebzigtausend sind es im Jahr, Ausflügler, Tagestouristen, die bei auflaufendem Wasser aus Amrum, Föhr oder vom Festland kommen.«

»Leer und still wird es auf Hooge erst wieder im Herbst, der im August beginnt, stiller im Winter, wenn das Treibeis, das sich in den Gezeiten verkeilt und zu unüberwindlichen Barrieren auftürmt, jede Fährverbindung unterbricht, manchmal für Wochen; wenn sich das Leben auf Hooge wieder aus den Vorratskellern versorgt und die Post und Wichtigeres aus Flugzeugen und Helikoptern über der Eiswüste abgeworfen wird. Vieles ist dann wieder so, wie es hier lange war.«[3]

Solche Chronotope müssen erhalten werden. Das Ziel von Schutzbemühungen kann jedoch nicht darin liegen, Chronotope in ihrem gegenwärtigen Zustand unter allen Umständen zu bewahren, denn auch Chronotope unterliegen einem permanenten Wandel in der Zeit. Ein Festhalten an einem bestimmten Zustand ist weder möglich noch sinnvoll. Erhalten werden sie sich vielmehr, indem ihnen ihr Raum und ihre Zeit gelassen wird, damit sie sich in ihrer eigenen Art und in ihrem Tempo entwickeln können.

Was damit gemeint ist, wird deutlich, wenn man die Schutzbemühungen um Geotope betrachtet. Geotope sind Zeugnisse der Erdgeschichte, beispielsweise Moränenlandschaften, Karstfelder, Gesteinsfalten, Schluchten, Flusslandschaften oder Bergsturzgebiete.[4] Dabei muss man zwischen aktiven und passiven Geotopen unterscheiden. In passiven Geotopen wie Fossilien oder Gesteinen sind die zu ihrer Entstehung führenden Prozesse abgeschlossen. Solche Geotope sind schützenswert, genau wie auch Kulturdenkmäler vor baulichen Eingriffen oder natürlichen Veränderungen geschützt werden müssen.

Aktive Geotope wie Flusslandschaften, Gletscher oder Wälder müssen zwar auch geschützt werden, doch da sie weiterhin natürlichen Veränderungen ausgesetzt sind, können sie nicht »konserviert« werden. Sie sind deshalb weniger Zeugen der Vergangenheit als vielmehr Muster für heutige geologische Prozesse. Solche Prozesse sind jedoch – genau wie die Chronotope – auf die ihnen gemäße Entwicklungsart und das ihnen gemäße Entwicklungstempo angewiesen. Verkörpern passive Geotope somit museale Relikte der Vergangenheit, sind aktive Geotope oder Chronotope eine Ressource für die Zukunft.

Entsprechend will auch auf der Hallig Hooge niemand »zurück in die Zeiten der großen Entlegenheit und des fauligen Zisternenwassers, das nach den Reetdächern stank, über die es zuvor geflossen war, in die Zeiten der Tranlichter und des Petroleumrußes, des Treibholzsammelns und vor allem der Armut«. Trotz unterschiedlichster Ansichten über die nahe Zukunft der Hallig sind ihre Bewohner in einem wichtigen Punkte gleicher Meinung: »Die Landesregierung in Kiel möge den Halligleuten und der gesamten Küste Nordfrieslands mit ihren Gesetzen und Phantasien über den rechten Naturschutz vom Halse bleiben. (...) Als ob das Land und die Sände durch Paragraphen zu schützen wären. Ohne unsere Deiche, ohne unsere Buhnen und Lahnungen, heißt es im Café Seehund, gäbe es hier schon längst nichts mehr zu schützen. Und wie soll denn überhaupt etwas tabu werden, was ohnedies von der Brandung zerschlagen und von den Gezeitenströmen in die freie See verfrachtet wird?«

So werden sich auch in Zukunft die Außensände in jeder Sturmflut zehn Meter und mehr von West nach Ost verlagern; der Japsand wird auf Hooge zudriften und die Hallig noch innerhalb der nächsten fünf, sechs Jahrzehnte erreichen; der Norderoogsand wird auf die Vogelinsel Norderoog zudriften, dort auflaufen, die Insel ersticken und weiter wandern und schließlich in den immer tiefer und breiter werdenden Prielen verschwinden. »Wie es ist, ist es gut«, sagt Johannes Hansen, der ehemalige Hufschmied und Kirchenrechnungsführer auf Hooge, »nichts soll wieder werden, wie es war«.[5]

Eine Zeitinsel ganz anderer Art ist das 3000 Meter über Meer gelegene, 45 Quadratkilometer große Hochplateau des Romaia-Tepui in Venezuela.[6] Fernab jeglicher Zivilisation gelegen, von Wolkengebirgen fast das ganze Jahr umhüllt und selbst mithilfe von Hubschraubern nur in waghalsigen Manövern zu erreichen, sind diese von täglichen Gewittern umtosten Berge der Götter als einer der letzten weißen Flecken der Erde ein Refugium überlebender Arten aus längst vergangenen Erdzeitaltern. Die natürliche Felsenburg war von der Entwicklung des Lebens in der Ebene abgeschnitten, weshalb in dieser Insel im Strom des Lebens viele Arten gerade deshalb überleben konnten, weil sie keine Konkurrenz durch Neuzuzüge aus dem Tiefland bekamen.

In dieser Abgeschiedenheit haben sich ähnliche evolutionäre Vorgänge vollzogen, wie sie Charles Darwin auf Galapagos entdeckt hatte. Genau wie in Sir Arthur Conan Doyles packender Schilderung von der Entdeckung urweltlicher Kreaturen[7] existieren in dieser bizarren Landschaft unzählige, namenlose Tier- und Pflanzenarten, lebende Fossilien, ja selbst unbekannte Gattungen, die noch von keinem kartografischen System erfasst wurden und deren Gestalt die menschliche Fantasie überfordert: Borsten tragende Fische, dreieinhalb Kilo schwere Kröten, zwanzig Zentimeter lange Riesenkäfer, Fleisch fressende Pflanzen, meterhohe Schopfbäume, urtümliche Farne und Orchideenarten.

Doch die Zeiten der Abgeschiedenheit sind vorbei. In den letzten Jahren nahmen Dutzende von Expeditionen mit internationalen Experten die Anstrengungen auf sich, diese Insel zu erforschen. Die Entdeckungen sollen so reichhaltig sein, dass noch Generationen von Forschern damit beschäftigt sein werden, das Material aufzuarbeiten. Ja, die Forscher, die in Zukunft das neue Material aus jener unberührten Welt studieren und klassifizieren werden, sind heute noch nicht einmal geboren. Dennoch wird diese Insel im Meer der Zeit in absehbarer Zeit vermessen und kartografiert sein und damit als einer der letzten weißen Flecken auf der Erde verschwinden.

Auch auf dem heiligen Berg Athos folgt das Leben eigenen Rhythmen.[8] Was im globalen Dorf gilt, gilt hier nicht. Dies fängt schon mit der Zeitrechnung an. Der neue Tag beginnt nach alter klösterlicher Sitte nicht um Mitternacht, sondern bereits mit dem Sonnenuntergang. Auch das Leben der Mönche wird wie seit eh und je vom Rhythmus des Betens und Singens bestimmt. Und das Empfangsritual ist trotz wechselnder Gäste seit Jahrhunderten dasselbe geblieben. Pilgerten früher byzantinische Kaiser, serbische Könige oder russische Zaren mit reichen Geschenken zum Berg, fliegen heute EU-Parlamentarier mit dem Militärhubschrauber ein, um als Dank für die bewilligten Gelder mit Süßspeisen und Schnaps empfangen zu werden.

Auf dem östlichsten Finger der Halbinsel Chalkidike gelegen, umfasst die Mönchsrepublik Athos die Hauptstadt Karyä, zwanzig selbstständige Klöster, zwölf dörfliche Klostersiedlungen und zahlreiche Behausungen für zwei bis vier Mönche. Als Zentrum der orthodoxen Welt hat Athos nicht nur die Türkenherrschaft von 1430 bis 1912 überlebt, seit der Millenniumsfeier im Jahre 1963 hat sich die Zahl der Mönche gar verdoppelt. Von den rund 2000 Mönchen sind heute 80 Prozent unter 50 Jahre alt. Doch die Mönche von Athos sind beileibe keine Asketen. Zwar ist ihnen das Materielle, an dem unser Seelenheil hängt, weitgehend fremd. Die kolossalen Weinfässer in den Klosterkellern zeugen jedoch von einem enormen Flüssigkeitsbedarf. Auch das Essen, obwohl nur zweimal am Tag eingenommen und fleischlos gekocht, zeugt von einer Vielfalt und Reichhaltigkeit, dass regelmäßiges Fasten schon aus gesundheitlichen Gründen angeraten ist.

Selbst Komfort ist heute kein Tabu mehr. Die Kirchen mit ihren einzigartigen mittelalterlichen Fresken sind beheizt. Elektrische Kabel entlang den Wänden garantieren ausreichende Beleuchtung. Klimaanlagen in den Bibliotheken sorgen für den Erhalt der wertvollen Handschriften. Über dem Jüngsten Gericht hängen Neonröhren und riesige, blau leuchtende Insektenfallen. Und selbst Telefonkabinen stehen an den ausgefallensten Stellen. Die reichlich fließenden EU-Gelder führen nicht zu einer Musealisierung. Zwar wurden die Fresken fachgerecht restauriert und eingestürzte Trakte nach denkmalpflegerischen Richtlinien neu aufgebaut. Für die Mönche aber ist die Vergänglichkeit der Kunst keine Tragödie. Billige Kopien verehren sie mit der gleichen Inbrunst wie die Originale. Der geistige Gehalt geht nicht unter, denn er ist übertragbar. Ohne diese Geisteshaltung wäre Athos bloß noch eine exotische Kulisse für das wachsende Heer von Esoterikern auf der besessenen Suche nach ihrem wahren Selbst.

Auch das Kazimierz, das jüdische Viertel der polnischen Stadt Krakau, ist ein Chronotop. Als einer jener Orte, die »im Noch-Zustand der Vormusealität Geschichte irgendwie festzuhalten scheinen«, steht dieses Stadtviertel für ein Chronotop, das die brachliegende Vergangenheit in der Gegenwart erfahrbar macht.[9] Als eine der touristischen Attraktionen Krakaus gehört das Kazimierz jedoch mittlerweile ins Programm der historischen Stadtführungen. Als Schauplatz des Filmes ›Schindlers Liste‹ erscheint dieser historische Ort gar als Filmkulisse, in der die unbewohnten Räume der Erinnerung gefüllt sind mit den optischen Mitteln des Films: Statisten, Kostüme, Masken, Requisiten. Mit dem Versuch, die Vergangenheit mittels Kino in der Gegenwart erfahrbar zu machen, verkommt das Kazimierz zu einem Erlebnisraum der aktuellen Museumspädagogik. Doch wo sich die Pädagogik solcherart breit macht, ist es mit dem Leben nicht mehr weit her, wie beispielsweise in den so genannten Chronoparks.

Konzipiert im Stile von Biosphärenreservaten, stellen Chronoparks eine neue Strategie des Naturschutzes dar.[10] Ein in Zeitzonen aufgeteilter Chronopark soll auch in Deutschland entstehen. Das Konzept sieht vor, dass eine Kern- und Tabuzone ausgewiesen werden soll, die ohne wirtschaftliche oder wissenschaftliche Nutzung bleibt und als Rückzugsmöglichkeit für Tiere, Pflanzen und Jäger-Sammler-Kulturen dient. Siedlungen sind in dieser Zone nicht erlaubt. Um diese Kernzonen herum sollen Angestellte der Parkverwaltung als lebendes Inventar Jungsteinzeit- oder Bronzezeitkulturen und deren Wirtschaftsformen simulieren. Nach einiger Zeit, so die Hoffnung der Initiatoren, werde man auf »echte Freiwillige« wie Aussteiger oder sonstige Zivilisationsmüde zurückgreifen können, die für weniger Gehalt den Platz der Mitarbeiter einnehmen.

In einer weiteren Zone werden frühneuzeitliche Kulturen imitiert, und in den äußeren Bereichen schließlich sollen Bauten und Verkehrsmittel das Ambiente des 19. und 20. Jahrhunderts simulieren. Touristen des sanften, hochpreisigen Erlebnistourismus haben bis knapp vor die Kernzonen gegen entsprechendes Entgelt Zutritt. Zivilisationsprodukte sind den Besuchern nur insoweit als Ausrüstung erlaubt, als sie so alt sind wie die jeweilige Epoche, die sie gerade besuchen. Imitate sind nicht gestattet, Antiquitäten hingegen umso gefragter. Die Einnahmen sollen für den Ankauf weiterer Flächen verwendet werden, um die Expansion des Chronoparks voranzutreiben. Mit einem Chronotop hat diese zwanghafte Musealisierung außer dem Begriff »Chrono« jedoch nichts gemein, dafür umso mehr mit den US-amerikanischen »Theme Parks«.

Diese Ära der mit industriellem Kalkül geplanten Theme Parks hat mit der Eröffnung von Disneyland im kalifornischen Anaheim im Jahre 1955 begonnen.[11] Konzipiert für ein amerikaweites, neuerdings globales Massen-Entertainment, herrscht in diesen Vergnügungsparks eine ebenso gesichts- wie geschichtslose Illusionsästhetik für den TV-konditionierten »Couch potato« auf der Suche nach einem keimfreien und anstrengungslosen Eskapismus. Denn im Gegensatz zu echten Reisen muss man sich auf den Zeitreisen in Theme Parks nie auf Unvertrautes gefasst machen. Aus den vielen Trinkfontänen fließt sauberes Wasser, an jeder Ecke gibt es WCs inklusive Baby Care Center, und in den Hotelgärten zirpen abends Grillen aus den Lautsprechern, die zur Schlafenszeit selbstverständlich abgestellt werden.

Im »World Showcase« im Epcot Center gruppieren sich die Nationen dieser Erde um einen Kunstsee, der die Form eines Micky-Maus-Ohres hat. Norwegen liegt zwischen Mexiko und China. In China spricht man Englisch. In Japan duftet es zart nach Lotusblüten aus den unsichtbar im Hintergrund arbeitenden Duftmaschinen. In Frankreich umgibt einen der Duft frisch gebackener Croissants. In Deutschland gibt es stramm bayerisch Bratwurst als Hot Dog. In stattlichen Villen aus der Kolonialzeit wird man mit Fast Food verpflegt. Mit der Dampflok geht es quer durch die »Serengeti«. In »Timbuktu« kann man echte Gorillas hinter Panzerglas beobachten. Vor einer Lehmhütte sitzt ein Korbflechter aus Uganda. Die Achterbahn heißt wider alle politische Korrektheit »Ubanga-Banga«. Und an den Ständen im afrikanischen Dorf floriert das Merchandising aus Bast und Baumwolle.

Zwar werden auch in den USA längst nicht alle Träume wahr. Gescheitert etwa ist die Idee, Florida mit einer Replik der Berliner Mauer samt Wachturm und Checkpoint Charlie zu beglücken. Doch solange es sich rentiert, ist nichts vor der Verwandlung in einen Vergnügungspark sicher. Wirtschaftlicher Erfolg rechtfertigt bekanntlich jeden Schwachsinn. So soll neuerdings gar Woodstock, das Symbol der Gegenkultur der sechziger Jahre, als Theme Park Wiederauferstehung feiern. Ein reicher Geschäftsmann hat die legendäre Kuhweide gekauft und plant, nebst Museum und Amphitheater, auch Wiederinszenierungen des einstigen Happenings. Doch das Event »Woodstock« wird nie sein, was »Woodstock« nie war. Zwar ist die Romantisierung der Vergangenheit eine der wichtigsten Strategien der Unterhaltungsindustrie. Doch die Diskrepanz zwischen dem, was das Publikum sucht, und dem, was es bekommt, könnte größer nicht sein. Eine Welt, in der die Menschen kontrolliert werden, indem sie sich Vergnügen zufügen lassen, hat Aldous Huxley schon beschrieben: Schöne neue Welt.[12]

Den Aufstand gegen einen Tourismus, der alles zerstört, was er sucht, indem er es findet, probt dagegen eine Handvoll Schweizer Gemeinden im Unterwallis.[13] An den Hängen des Mont Noble gelegen, zu hoch für den direkten Kontakt mit dem Tal, aber zu wenig hoch für das touristische Spektakel, stehen diese Dörfer am Eingang des Val d'Hérence für das Wallis, wie es war, bevor es zu dem geworden ist, was es heute ist. Während die Städter auf den nebenan und gegenüberliegenden Hängen von Thyon, Super Nendaz und Crans-Montana all dem begegnen, dem sie zu entkommen trachten, entdecken am Mont Noble die wenigen verbliebenen Einheimischen, dass wer die Zukunft sichern will, sich die Vergangenheit vergegenwärtigen muss.

So hat man in Loye keinen Parkplatz gebaut, sondern die alte Sägerei restauriert. Statt ein Sportzentrum hinzuklotzen, entsteht ein Zoo mit bedrohten Haustierarten. Auch kein Hotelkomplex ist geplant, dafür wird die Nutzung der vielen leer stehenden Chalets ins Auge gefasst. Und keine Swimmingpools werden gebaut, sondern die alten Bewässerungskanäle freigelegt. Eine zaghafte Rückeroberung hat begonnen. Doch wenn man entfunktionalisierte Traditionen erhalten will, werden sie museal und sterben beim Wiederbelebungsversuch. Wenn die Rückständigkeit, unter der die Einheimischen gelitten haben, zum gesellschaftlichen Ideal verklärt wird, drohen diese zum Museumsobjekt veredelt zu werden. Besser als die touristische Aufrüstung im Zeichen der unablässig eingehämmerten Fortschrittseuphorie ist dieser sanfte oder langsame Tourismus jedoch allemal. Denn während einem am Mont Noble noch der Fuchs Gute Nacht sagt, trägt man ihn an den gegenüberliegenden Hängen um den Hals.

Mit derlei Problemen sehen sich die Hutterer nicht konfrontiert.[14] Nahezu unberührt von allen zivilisatorischen Versuchungen und gegen alle Repressionen hat diese »Arche der Gerechten« ihren Lebensstil bis heute beibehalten. In Nordamerika mittlerweile auf die stattliche Zahl von 40 000 Menschen angewachsen und als »Closed communities« lebend, stehen die Hutterer neben den Mennoniten und den Amish für eine der drei Richtungen von Wiedertäufern, die als eine der wenigen christlichen Gruppen seit Jahrhunderten die Gütergemeinschaft der Urchristen praktizieren.

Doch so scharf sich die Hutterer in weltanschaulichen, moralischen und religiösen Dingen von ihrer Umwelt abgrenzen, in vieler Hinsicht gleichen sie ihrer konservativen US-amerikanischen Umgebung. Gleichberechtigung ist für sie undenkbar und Homosexualität schiere Blasphemie. Und sowenig sie sich in spiritueller Hinsicht dieser Welt zugehörig fühlen, zumindest in materieller Hinsicht sind sie ganz von dieser Welt und auf der Höhe der Zeit. Auf den Höfen stehen modernste Mähdrescher, in der Schreinerei wird mit computergesteuerten Fräsmaschinen gearbeitet, in den größeren Kolonien hocken die Hühner in Legebatterien, und bezüglich Düngemitteln und Pestiziden ist man auf dem neuesten Stand – mit biologischen Anbaumethoden hat niemand etwas im Sinn. Mögen die Uhren in der Welt der Hutterer anders ticken und die Zeit einem gemächlicheren Rhythmus folgen, still steht sie auch in diesem Chronotop nicht.

Dies gilt auch für jene geschützte Enklave, die mit der Wende im Jahre 1989 wieder mitten in den Strudel der (Welt-)Geschichte geriet. Die Rede ist von Berlin, genauer gesagt vom Bezirk Prenzlauer Berg und seinen Bewohnern.[15] Seit Mitte der siebziger Jahre ein Biotop für Untergrund-Kunst und politische Subversion, in das sich die Einfallsreichen und »sozial Nutzlosen« aus der ganzen DDR zurückzogen, kämpfen die Bewohner vom Prenzlauer Berg seit der Wende gegen die schleichende Vertreibung durch schickes Wessitum. Immer mehr Kneipen mit immer nobleren Interieurs und immer höheren Preisen sind hergezogen, an vielen Häusern stehen Gerüste, sanierte Gebäude strahlen bonbongelb oder pistaziengrün, und in bisherigen Lücken wird eifrig neu gebaut.

Doch selbst wenn im größten Sanierungsgebiet Deutschlands – abgesehen vom Potsdamer Platz – das Tempo des Umbruchs zugenommen hat, noch herrschen am Prenzlauer Berg nicht die Sitten des Wilden Westens. Dies hängt nicht zuletzt mit den Maßnahmen für eine sozialverträgliche Stadterneuerung zusammen. Zwar blieb der Stadtteil im Krieg nahezu unzerstört. Fast alle Häuser stammen aus der Gründerzeit zwischen 1870 und 1918, sind mehrstöckig, mit geräumigen Wohnungen und hohen Zimmern. Dafür aber wirkten die folgenden vierzig Jahre der Vernachlässigung zur Zeit der DDR-Herrschaft geradezu verheerend. Zwei Drittel aller Häuser sind mittlerweile renovierungsbedürftig. In den Sanierungsgebieten haben ein Viertel aller Wohnungen nur eine Außentoilette, fast die Hälfte kein Bad, und 90 Prozent werden mit Kohleöfen beheizt.

Dass der Bezirk in seiner alten Form erhalten, aber umfassend saniert werden soll, war nach der Wende keine strittige Frage. Umstritten war lediglich die Frage, nach welchen Kriterien die Modernisierung verlaufen sollte. Das Zauberwort hieß »Milieuschutz«. Um eine massenhafte Verdrängung vor allem einkommensschwacher Anwohner durch überhöhte Mietpreise und Luxussanierungen zu verhindern und um das Nebeneinander von Jungen und Alten, Reichen und Armen, Arbeitern und Künstlern zu erhalten, wurden in den Altbaugebieten flächendeckend Mietobergrenzen festgelegt. Seit 1995 sind rund ein Drittel aller Wohnungen durch ein Sanierungsrecht geschützt, das nicht nur Mietmaxima festlegt, sondern auch jede Nutzungsänderung grundsätzlich genehmigungspflichtig macht. Und für alle ehemaligen Ostmieter gilt ein zehnjähriger Kündigungsschutz.

Ob es damit auf lange Sicht gelingt, die angestammten Bewohner zu halten, bezweifeln nicht nur einheimische Politiker und Politikerinnen. Der Grundwiderspruch, dass es einerseits gut ist, wenn am Prenzlauer Berg alles so bleibt, wie es ist, anderseits das stirbt, was sich nicht verändert, dieser Grundwiderspruch, der die Frage nach dem Schutz von Chronotopen wie ein roter Faden durchzieht, bleibt bestehen. So wäre auch am Prenzlauer Berg schon viel getan, würde weniger getan als vielmehr gelassen.

Der Wert von Chronotopen für eine sozialökologische Zeitkultur liegt darin, auf Alternativen, auf verschüttete Möglichkeiten im Umgang mit Zeit hinzuweisen und aufzuzeigen, dass es auch anders gehen könnte. Freiheit setzt bekanntlich eine Wahlmöglichkeit voraus. Indem Chronotope sich dem Hauptstrom der Zeit entziehen, sich von ihrer Umgebung unterscheiden und dergestalt die Gegenwart transzendieren, sind sie mit den Utopien verwandt.

Die Utopie, das ist bekannt, ist das unbekannte Land. Sie ist der Nicht-Ort, nicht hier, nicht dort. Aber auch nicht nirgends, sondern überall. Bis ins 16. Jahrhundert waren Utopien Projektionen in noch unerschlossene Räume und unendliche Weiten. Auf der Weltkarte wimmelte es von weißen Flecken, geheimnisvollen Ländern und Sagen umwobenen Inseln, die die Fantasie beflügelten.

Bis Mitte des 18. Jahrhunderts jedoch war die Weite des Raumes vermessen, die Inseln waren kartografiert und die Küstenlinien der Kontinente in den Umrissen erfasst. Die Erde wurde eine Kugel und – diese ist endlich. Entsprechend wandelten sich die Utopien. Sie wurden verzeitlicht und siedelten sich nun in der Zukunft an. Aus der Ferne im Raum wurde die Ferne in der Zeit, aus dem Irgendwo ein Irgendwann, und aus der Utopie die Uchronie, das Nichtjetzt.

Doch was die Zukunft verspricht, kann keine Gegenwart einlösen. Im Gegenteil: Mit den ersten Menschen gemachten Katastrophen wich die Hoffnung auf eine bessere Zukunft der Angst vor der Zukunft. Uchronien verwandelten sich in Schreckensvisionen einer aus den Fugen geratenen Welt. Hoffnungslosigkeit jedoch ist, wie der Philosoph Ernst Bloch feststellte, »im zeitlichen wie sachlichen das Unaushaltbarste, das ganz und gar den menschlichen Bedürfnissen Unerträgliche«.[16] Entsprechend glaubt der Mensch in der entzauberten Moderne laut Umberto Eco »nicht an nichts, sondern an buchstäblich alles«.[17]

Ist der Blick für diese utopischen Miniaturen des Alltags geschärft, entdeckt man sie überall: als reale und imäginäre Reisen in Innen- und Außenwelten, als narzisstischer Körperkult und als sexuelle Obsessionen, als Jugendwahn und als Traum vom ewigen Leben, als Automobilkult auf den realen und als Medienkult auf den virtuellen Autobahnen, als krampfhafter Zeitwettbewerb und als krankhaftes Zeitmanagement, als Wunsch nach einem permanenten Wirtschaftswachstum und als kompensatorisches Zurück zur Natur, als Sehnsucht nach der goldenen Vergangenheit oder nach dem ekstatischen Augenblick. Selbst die Zukunft zeigt sich heute, am Beginn des neuen Jahrtausends, allen Apokalyptikern zum Trotze wieder in hoffnungsvollerem Kleid.

So finden sich die versprengten Utopiepartikel, von einer langen Irrfahrt durch Raum und Zeit geläutert und von vielen Enttäuschungen gehärtet, aber mit einem Blick fürs Wesentliche ausgestattet, in der Gegenwart wieder. Im Wissen, dass wir keine bessere Zukunft erwarten können, wenn sie nicht mit gegenwärtigem Handeln verknüpft ist, wird die Utopie realistisch: Handle heute so, dass du morgen nicht handeln musst!

Dieser radikalökologische Imperativ, vielleicht der utopischste, weil weniger von der Hoffnung infiziert als vom Nicht-Tun inspiriert, könnte einer Welt, die alles kann, sogar sich selber zerstören, nicht die Kunst des Könnens, sondern eine Ethik der Unterlassung und des Verzichts lehren. Mehr als die Abwendung der drohenden Selbstzerstörung kann zum jetzigen Zeitpunkt von Utopien – und eine sozialökologische Zeitkultur ist eine solche Utopie – weiß Gott niemand verlangen.

Wenn das Verlangen gestillt ist
und der Wille zur Ruhe kommt,
wird die Welt als Idee offenbar.
Und in dieser Sicht ist die Welt schön
und entrückt dem Kampf um die Existenz.
Dies ist die Welt der Kunst.
John Cage[1]

Epilog: Chillout oder Die Pause nach den Exerzitien

Zu einer neuen Zeitkultur gehört nicht nur ein neues Zeitverständnis, sondern auch die Fähigkeit, die Zeit von Zeit zu Zeit zu vergessen. Denn glücklich sein, schrieb einst ein kluger Kopf, heisst die Herrschaft der Zeit vergessen.

Seit Homo sapiens denken kann, dachte er deshalb nicht nur daran, wie er Halt im Strom der Zeit finden könne, sondern beinahe ebenso oft dachte er daran, die Wachhunde des Bewusstseins – und damit auch des Zeitbewusstseins – zu überlisten, via Musik, Tanz und Drogen über die Reling des Realitätsschiffchens hinauszuspringen und in die brausenden Wogen des unendlichen Universums einzutauchen. Nicht nur Dionysos' Bocksgesänge, Rumis tanzende Derwische, das gegorene Blut Christi, Brahmanengeheul, der Kawa-Kult auf den Atollen der Südsee oder die drei legendären Tage von Woodstock[2], sondern auch die Techno-Tanzorgien in den Katakomben verwaister Industrieanlagen sind somit nichts anderes als Anläufe, einen Ausweg zu finden aus der Welt, der Zeit, dem Körper und aus sich selbst.

So neu und ungewohnt vieles an der Techno-Kultur der Gegenwart denn auch erscheinen mag, eines zumindest an ihren Ritualen ist uralt: die Auflösung der eigenen Körpergrenzen im Rhythmus und in der Lautstärke, die Aufhebung der Herrschaft der Zeit in der Zeitlosigkeit der Ekstase, das Verschwinden des Einzelnen in einer großen Masse, das Aufgehen des Individuums qua Stammestanz in einem Kollektivleib und das Abgeben des Alltags-Ich ans Außer-sich-Sein. »Von unseren Dance-Kollegen, den Indianern und Eingeborenen, kennt man die dazu bewährte Formel: Rhythmus + Wiederholung = Trance«, beschrieb das Techno-Magazin ›Groove‹ die bewährten Ekstasetechniken der Raving Society.[3] Und über die moderne Inkarnation des Schamanen, den Discjockey, kurz DJ genannt, schrieb der Autor Rainald Goetz: »Sein Auftrag hieß: Musik und Tanz, Ekstase, Abfahrt, Rausch. Er kannte Dämonen und beherrschte sein Handwerk. Er war im Bund mit Feen, Faunen und Teufeln.«[4]

Ob explizit oder implizit, bewusst oder unbewusst, erfolgreich oder erfolglos, die Ein- und Ausübung kollektiver Ekstasetechniken ist somit stets auch eine Form des Widerstands gegen die säkularisierten, entrhythmisierten und funktionalisierten Zeitnormen einer Gesellschaft, deren Hauptritual nur noch darin besteht, jeden Morgen um die gleiche Zeit aufzustehen und zur Arbeit zu fahren – und in der selbst dieses für immer mehr Menschen ersatzlos entfällt. An »Raves«, wie die in Clubs oder Kellern, leer stehenden Fabrikhallen oder im Freien stattfindenden Tanzanlässe in der Techno-Szene genannt werden, sind die Zeitrechnungen, an die sich »auf Leistung bedachte Menschen halten« und die eine »funktionierende (Arbeits-) Gesellschaft garantieren«, außer Kraft gesetzt, schrieb die Journalistin und Techno-Jüngerin Christine Steffen.[5] Getanzt werde in der Nacht und anschließend an den Afterhours und After-Afterhours noch am Tag.

Diese zweifache Umkehrung des Tag-Nacht-Schemas sei deshalb lustvoll, so Steffen, weil sie eine der noch verbliebenen Möglichkeiten darstellt, sich abzuheben von denen, die korrekt einem vorgegebenen Takt folgen. An Raves werde die Zeit nicht mehr »in Minuten oder Stunden eingeteilt«, sondern beginne wieder zu »fließen«. Und wenn Glück die »Absenz des Zeitempfindens« sei, Vergangenheit und Zukunft irrelevant werden, nähern sich an Raves Hunderte, ja Tausende tanzend diesem »zeitlosen Zustand«.

Entsprechend gewaltig ist die Verführungskraft von Techno. Wo frühere Generationen Sonntag für Sonntag in die Kirchen pilgerten, um in aller Stille einer Predigt zu (ge-)horchen, die von einer anderen Welt erzählt, lässt heute Techno, Jungle, Drum & Bass Scharen in die neuzeitlichen Tempel strömen, um sich an Raves, diesen Götzendiensten der Techno-Generation, tanzend jenseitigen Bewusstseinssphären anzunähern. Wer auf die Reise ins Wunderland mitwill, muss laut Steffen bloß »auf den fliegenden Klangteppich aufspringen«, sich mit einem »kraftvollen Schritt von der Alltagswelt abstoßen«, »die täglichen Gewohnheiten wie lästige Kletten abschütteln«, die Alltagskleidung ablegen, die Beine lockern und die Arme in die Luft werfen, um den Himmel zu berühren.

Doch der Euphorie über den nicht enden wollenden Tag in Gebieten der Mitternachtssonne folgt unweigerlich der Absturz in die winterliche Depression: die rauschende Nonstop-Party endet mit einem veritablen Kater. Denn »viele von denen, die sich nachts ein Leben geben, das früher Weisen und Göttern vorbehalten war«, sind gemäß Rainald Goetz »am nächsten Tag natürlich kaputt, komplett fertig, zitternd und fahl«.[6]

»Ein Jahr lang lebte ich im Techno-Rhythmus: Während der Woche schlafen, arbeiten und unglücklich sein, am Donnerstag die Vorfreude und vom Freitag bis Sonntag schweben im konstanten Glücksrausch, zeitlos, ohne Schlaf, ohne Essen,« beschrieb ein 23-Jähriger, seit drei Jahren auf Party-Tour sich befindender Jugendlicher sein Leben im Rhythmus von Techno. Mit der Zeit jedoch begannen ihn die kleinsten Alltagsprobleme zu überfordern: »Immer war ich müde. Alles wurde mir zu viel. In einem heimtückischen Prozess kehrte sich mein unbeschwertes Leben in ein beschwertes. Ich aß eine Pille, war eine halbe Stunde glücklich, dann kam die Leere. Das Auf und Ab machte mich kaputt. Meine ganze Gefühlswelt stand Kopf. Erlebte ich etwas Schönes, war ich traurig, erlebte ich etwas Trauriges, war ich happy. Wenn ich unter der Woche Techno hörte, empfand ich eine tiefe Sehnsucht. Ich weinte vor Sehnsucht.«[7]

Selbst Paradiese, lehrt die Geschichte, sind paradiesisch nur auf Zeit. Selbstveräußerung auf Zeit, das gilt auch für die Ekstase-Rituale von Techno. Im Wunsch aber, die Zeit anzuhalten, um im permanenten Glücksrausch zu verweilen, und in der Unfähigkeit, sich wieder zu sammeln, wenn die Zeit der Ekstase, des Rausches und der Selbstauflösung vorbei sind, erweist sich Techno weniger als Widerstandsritual denn als dionysischer Eskapismus. Und im Versuch, die Zeit und die Welt gemäß dem eigenen Willen und der eigenen Vorstellung einzurichten, als ästhetische Metapher gesellschaftlicher Modernisierung.

»Techno kündet von einem neuen Glück und einer neuen Freiheit, die in der Technologie Konstruktionsmöglichkeiten für eine neue Welt entdeckt«, postulierte der Autor und Journalist Ulf Poschardt.[8] »Forward ever, backward never – Forcing the future«, brachte es das Techno-Magazine ›Frontpage‹ auf den Punkt.[9]

Techno kommt von Technologie. Und noch stets wurde Technologie eingesetzt, um schneller ans Ziel zu kommen. So zielt Techno ebenso auf Rekorde und Leistung wie dessen gesellschaftliches Umfeld. Bildeten noch 1992 in Zürich bloß 2000 Leute jenen schrill-narzisstischen Umzug, genannt Street Parade, waren es 1995 bereits 120 000, 1996 gegen eine halbe Million und 1997 und 1998 sollen gar rund 750 000 – an der Love Parade in Berlin 1999 gar anderthalb Millionen – aufmarschiert sein. »Der Beschleunigung der Gesellschaft entspricht die Beschleunigung durch Drogen und Beats, der knappen Freizeit und den engen Freiräumen muss das Letzte an Ereignis und Attraktion abgerungen werden: immer schneller, immer mehr! Diese Leistung ist ohne Doping nicht zu schaffen«, schrieb der Journalist und Mitherausgeber des Techno-Readers ›techno‹ Patrick Walder treffend.[10]

Zwischen Freizeit und Arbeit besteht weniger ein Kontrast als vielmehr Kontinuität. So gesehen ist Techno bloß die Fortsetzung der Arbeit mit anderen Mitteln und damit ein weiterer Schritt auf dem Weg der Durchrationalisierung und Verkommerzialisierung aller Lebensbereiche. Die Rave-olution findet wohl in den Beinen statt, nicht aber in den Köpfen. Die Nonstop-Gesellschaft hat ihren pausenlosen Soundtrack erhalten.

Doch ausgerechnet Techno, diese musikalische Hetzjagd mit Höchstgeschwindigkeiten bis gegen 250 Beats per minute, ausgerechnet Techno, diese zeitgemäße ästhetische Nachahmung der globalen Mobilmachung, in der sich der alte Fortschrittsglaube aufgerappelt hat, ausgerechnet Techno mit seinen endlosen Tanzorgien, die die Nacht zum Tag und den Tag zur Nacht machen, ausgerechnet Techno also birgt noch ein Geheimnis. Denn im Herzen des Hurrikans, im Auge des Zyklons herrscht Ruhe – die Ruhe der Chillout-Rooms.

Chillout wird in der Szene einerseits die Zeit nach einem Rave genannt, die Zeit um sich auszuruhen und abzukühlen, und anderseits die Phase des Abklingens einer Drogenwirkung. »Chillout steht als Begriff für die Pause nach den Exerzitien«, bringt es der Soziologe Peter Gross auf den Punkt.[11] Die Stimmung sei nachher, so die Beteiligten, lieb und friedlich. Eng aneinander gekuschelt, treiben die Kids auf einer Woge sanft fließender Ambient-Musik. Man ist zusammen, mehr nicht. Chillout-Rooms dienen nicht mehr der Ekstase, sondern der Beruhigung und der Sammlung der Kräfte.

Was also selbst in der Techno-Szene zu einem konstitutiven Ritual geworden ist, die Erkenntnis, dass nach Zeiten der Anspannung auch Zeiten der Entspannung folgen müssen, ging im Rausch der Mobilmachung unter. Warum also nicht den Jahrtausendwechsel zum Anlass eines kollektiven Chillout, eines Marschhaltes nehmen: einer Zeit der Besinnung, der Standortbestimmung und der Neuorientierung? So utopisch muss das nicht sein.

Dass zumindest die Abkühlzimmer auch abseits der Techno-Szene begehrt sind, zeigte sich anlässlich einer Ausstellung des Musikers und Urvaters der Ambient-Musik, Brian Eno, im Amsterdamer Stedelijk-Museum. Innerhalb weniger Wochen wurden die Chillout-Rooms zu einem Treffpunkt von Geschäftsleuten der umliegenden Viertel, die sich mit ihren Esspaketen in einem Raum kompletter Dunkelheit niederließen, dort schweigend saßen und aßen, um danach geläutert wieder an ihren Arbeitsplatz zurückzukehren. Und auch in den heiligen Hallen der Eidgenössischen Technischen Hochschule in Zürich gibt es mittlerweile ein solches Abkühlzimmer.[12] Zwar nennt sich dieser Raum nicht Chillout-Room, sondern »Raum der Stille«, doch seine Funktion, für eine Abkühlung der überhitzten Geister zu sorgen, erfüllt er allemal.

In diesen Kirchen der Neuzeit und in der Schutzlosigkeit der Erschöpfung müsste man sie erwischen, die Nonstop-Beschleunigten und Dauer-Mobilisierten, die Putzmunteren und Leistungsbewussten, die Aufgeputschten und Aufgekratzten. Wenn ihr Erlebnishunger gesättigt, ihr Körper ermattet und ihr Wille nach Mehr für einen kurzen Augenblick befriedigt ist. Dann vielleicht wäre auch die abendländische Spezies der Gattung Homo fähig zu Gelassenheit und Vertrauen. Gelassenheit verstanden als sinnliche Offenheit für die Welt und die Vielfalt ihrer Rhythmen. Und Vertrauen verstanden als Vertrauen in die Eigenzeiten jenseits des gesellschaftlichen Taktschlages und des Selbstzwangs. In diesem Moment, wenn der treibende und stampfende Beat für eine kurze Zeit ruht und sanften Ambient-Klängen weicht, wären die modernen Helden der Mobilmachung vielleicht gar offen für die Botschaft jenes antiken Helden, der wie kaum ein zweiter für die Leiden des Menschen unter der Herrschaft der Zeit steht.

Dieser sagenhafte Held ist jedoch weder Prometheus, der als Strafe für den Raub des göttlichen Feuers angekettet wurde; noch Ikarus, der allzu hoch hinauswollte und in Verkennung der eigenen Grenzen abstürzte. Weder Atlas, der der Schwerkraft der Welt widerstand, diese heroische Tat jedoch mit einem chronischen Bandscheibenleiden bezahlte; noch Odysseus, der den sinnlichen Verlockungen erlag und vom Gesang der Sirenen ertaubte. Und schon gar nicht Achilles, dieses lahmende Symbol antiquierter Männlichkeit. Nein, in dieser griechischen Welt der Götter und Helden, die einem Lazarett gleicht, rollt nur einer noch unermüdlich seinen Stein: Sisyphos, der schwitzende Experte der Sinnlosigkeit und entmobilisierte Held des Alltags. Wenn also einer noch etwas zu sagen hat, dann er: Sisyphos, der ohne Aussicht auf Erlösung die Not aller Tage stoisch, aber mit einem wissenden Lächeln erträgt. Was weiß Sisyphos?

Im Alltag, der zu keinem Ende führt, ohne Ziel die stumpfe Wiederholung betreibt und in dem das Individuum in den Gewohnheiten unterzugehen droht, offenbart sich eine Antwort auf die Frage nach dem Sinn alltäglichen Tuns. Was Albert Camus am »Mythos von Sisyphos« interessierte, war ein einziger Moment: die Rückkehr ins Tal, nachdem »der Stein im Nu in jene Tiefe rollte, aus der er ihn wieder auf den Gipfel wälzen muss«.[13] Camus sieht, wie dieser Mann schwerfälligen, aber gleichmäßigen Schrittes seiner Qual folgt, deren Ende er nicht kennt. Doch diese Stunde, die gleichsam einer Pause von der elenden Schinderei und einem Aufatmen von der mühseligen Plackerei entspricht, ist zugleich die Stunde des Bewusstseins: Zwar ist die Wahrheit niederschmetternd, aber »selbst die niederschmetterndsten Wahrheiten«, so Camus, »verlieren an Gewicht, sobald sie erkannt werden«.

Erst das Aufatmen ermöglicht es, Distanz zu scheinbar unumgänglichen Handlungen zu gewinnen. Und erst diese Distanz erlaubt den schonungslosen Blick auf die Absurdität des alltäglichen Tuns. In dieser Stunde kommt Sisyphos zu sich: »Wir müssen uns Sisyphos als einen glücklichen Menschen vorstellen.« Damit ist aber nicht das Glück des Sklaven gemeint, der um sein Sklavendasein nicht weiß, sondern das Glück desjenigen, der um das Ausmaß seiner unseligen Lage weiß, dies aber nicht vergessen will, sondern seine Aufmerksamkeit auf sein Dasein zurückwendet und darüber nachdenkt. In diesem Augenblick weiß er sich als Herr *seiner* Zeit, sein Schicksal gehört ihm, sein Fels ist seine Sache, sein Leben gelingt – und »alle Götzenbilder schweigen«.

Anmerkungen

Prolog: Jenseits von Beschleunigung und Verlangsamung

1 Augé, M. (1994). Orte und Nicht-Orte. Vorüberlegungen zu einer Ethnologie der Einsamkeit. Frankfurt: S. Fischer. S. 45f. (Der Zusatz *und die Zeit* stammt nicht vom Soziologen Marc Augé, sondern vom Autor dieses Buches. Dies mag ein Hinweis darauf sein, dass auch in der Soziologie die Dimension der Zeit im Gegensatz zu derjenigen des Raumes noch zuwenig Beachtung erfährt).

2 Kant, 1784; zit. nach Vorländer, K. (1967). Philosophie der Neuzeit. Die Aufklärung. Reinbek: Rowohlt.

3 Brecht, B. (1980). Leben des Galilei. Frankfurt: Suhrkamp. S. 9.

4 Sloterdijk, P. (1987). Kopernikanische Mobilmachung und ptolemäische Abrüstung. Frankfurt: Suhrkamp. S. 126.

5 Vgl. Virilio, P. (1989). Der negative Horizont. Bewegung/Geschwindigkeit/Beschleunigung. München: Hanser; sowie Virilio, P. (1992). Rasender Stillstand. München: Hanser.

6 Gross, P. (1994). Die Multioptionsgesellschaft. Frankfurt: Suhrkamp. S. 11.

7 Jeismann, M. (Hrsg.)(1995). Beherrschende Gedanken im wissenschaftlichen Zeitalter. Frankfurt: Suhrkamp.

8 Heine, 1843; zit. nach Schivelbusch, W. (1989). Geschichte der Eisenbahnreise. Zur Industrialisierung von Raum und Zeit im 19. Jahrhundert. Frankfurt: Fischer. S. 38f.

9 Mumford, L. (1967; orig. 1934). Technics and Civilization. London: Routledge & Kegan Paul. S. 12f.

10 Vgl. Messerli, J. (1995). gleichmässig-pünktlich-schnell. Zeiteinteilung und Zeitgebrauch in der Schweiz im 19. Jahrhundert. Zürich: Chronos. S. 88.

[11] Fraser, J.T. (1991). Die Zeit. Auf den Spuren eines vertrauten und fremden Phänomens. München: dtv. S. 380.

[12] Hohn, H.W. (1984). Die Zerstörung der Zeit. Wie aus einem göttlichen Gut eine Handelsware wurde. Frankfurt: Fischer.

[13] Weber, M. (1979). Die protestantische Ethik I. Eine Aufsatzsammlung. Gütersloh: Gütersloher Verlagshaus.

[14] Franklin,1748; zit. nach Weber, S. 40.

[15] Anders, G. (1980). Die Antiquiertheit des Menschen 2. Über die Zerstörung des Lebens im Zeitalter der dritten industriellen Revolution. München: Beck. S. 338.

[16] Vgl. Lichtensteig, C. & Engler, F. (Hrsg.) (1992). Stromlinienform. Zürich: Verlag Lars Müller. Katalog zur gleichnamigen Ausstellung im Museum für Gestaltung Zürich, 23.5.–2.8.1992.

[17] Vgl. Nährer, W. (1986). Schnelligkeit und Güte als Dimensionen kognitiver Leistung. Berlin: Springer.

[18] Gross, S. 155.

[19] Melbin, M. (1987). Night as Frontier: Colonizing the World after Dark. New York: Free Press.

[20] Moore-Ede, M. (1993). Die Nonstop-Gesellschaft. Risikofaktoren und Grenzen menschlicher Leistungsfähigkeit in der 24-Stunden-Welt. München: Heyne.

[21] Sloterdijk, P. (1987). Wir müssen wieder aufs Meer hinaus. In: Tages-Anzeiger-Magazin, 31.12.1987.

[22] Nowotny, H. (1989). Eigenzeit. Entstehung und Strukturierung eines Zeitgefühles. Frankfurt: Suhrkamp. S. 153.

[23] Vgl. Nadolny, S. (1983). Die Entdeckung der Langsamkeit. München: Piper.

[24] Vgl. Rollin, M. (1993). In der Zeitfalle. In: Stern, 20/1993.

[25] Vgl. Albrecht, J. (1995). Ein Herz für Kriecher. In: Zeit-Magazin, 33/95.

[26] Held, M. (1993). Zeitmasse für die Umwelt. In: Held, M. & Geissler, K. (Hrsg.)(1993). Ökologie der Zeit. Vom Finden der rechten Zeitmasse. Stuttgart: Hirzel. S.13.

[27] Vgl. Held, M. & Geissler, K. (Hrsg.)(1995). Von Rhythmen und Eigenzeiten – Perspektiven einer Ökologie der Zeit. Stuttgart: Hirzel.

[28] Altner, G. (1993). Der Natur ihre Zeit geben, ihre Zeit lassen. In: Held & Geissler, Kh. A., 1993, S. 133.

[29] Picht, 1979, zit. nach Geissler, K.A. (1995). Das pulsierende Leben. Ein Plädoyer für die Orientierung am Rhythmus. In: Held & Geissler, 1995, S. 10.

[30] Held & Geissler, 1993, S. 8.

[31] Salomo (1983). Weinen hat seine Zeit, Lachen hat seine Zeit. Zürich: Diogenes. S. 38ff.

I.
Der Traum von der Herrschaft über die Zeit gebiert Ungeheuer

[1] Zit. nach Backhaus, K. & Bonus, H. (1994)(Hrsg.). Die Beschleunigungsfalle oder Der Triumph der Schildkröte. Stuttgart: Schäffer-Poeschel. S. V.

[2] Geissler, Kh. A. & Adam, B. (1998). Alles zu jeder Zeit und überall. In: Adam, B., Geissler, Kh. A. & Held, M. (1998). Die Nonstop-Gesellschaft und ihr Preis. Stuttgart: Hirzel. S. 19.

[3] Vgl. Habermas, J. (1980). Die Moderne – ein unvollendetes Projekt? In: ders. (1992). Philosophisch-politische Aufsätze 1977–1992. Leipzig: Reclam. S. 32ff.

Lost Highways:
Die kultischen Dimensionen der totalen Automobilmachung

[1] Titel aus der Zeitschrift des Verkehrsclubs der Schweiz (VCS).

[2] Gauss, K.-M. (1997). Das Europäische Alphabet. Wien: Paul Zsolnay.

[3] Vgl. Schivelbusch, W. (1989). Geschichte der Eisenbahnreise. Zur Industrialisierung von Raum und Zeit im 19. Jahrhundert. Frankfurt: Fischer.

[4] Heine, 1843, zit. nach Schivelbusch, S. 38.

[5] Vgl. Spiekermann, K. & Wegener, M. (1993). Zeitkarten für die Raumplanung. Arbeitspapier 117. Dortmund: Institut für Raumplanung der Universität Dortmund.

[6] Gray, 1820, zit. nach Schivelbusch, S. 15.

[7] Lardner, 1851; zit. nach Schivelbusch, S. 25.

[8] Geo-Wissen 2/1991. Verkehr + Mobilität. Hamburg: Gruner & Jahr, S. 86.

[9] Anderegg, R. (1997). Ein Land wird von der Neuzeit überrollt. In: Sonntagszeitung, 2. 3. 1997.

[10] Vgl. Bork, H. (1995). Chinas Traum vom Automobil. In: Tages-Anzeiger, 31. 7. 95.

[11] Die Daten basieren auf einer Studie des IWW der Universität Karlsruhe und Infras AG, Zürich. Zit. nach Guggenbühl, H. (1996). Schussfahrt in den Kollaps unseres Mobilitätswahnsinns. In: Die Weltwoche, 4. 1. 1996.

[12] Die Daten basieren auf einer Studie des Schweizerischen Verkehrs- und Energiewirtschaftsdepartementes. Zit. nach Schenk, W. (1993). Ungedeckte Kosten von zwei Milliarden. In: Tages-Anzeiger, 24. 11. 1996.

[13] Vgl. Kohr, L. (1993). Je schneller, desto mehr. In: Der Zeitpunkt. 7/93.

[14] Vgl. Merki, M.M. (1997). Tempolimiten seit 1904 im Blickfeld der Mentalitätsgeschichte. In: NZZ, 8./9. 3. 1997.

[15] Barthes, R. (1964). Mythen des Alltags. Frankfurt: Suhrkamp. S. 76. Grausame Ironie der Geschichte, dass Barthes, selber Nichtautofahrer, 1980 von einem Lieferwagen tödlich überfahren wurde.

[16] Baudrillard, J. (1987). »Die US-Autobahnen sind die Kathedralen der Moderne.« In: Tages-Anzeiger, 4. 3. 1987.

[17] Patton, Ph. & Polster, B. (Hrsg.)(1996). Highway – Amerikas endloser Traum. Köln: Dumont.

[18] Hörisch, J. (1994). Beschleunigung und Bremsen: Die Ent-Deckung der Zeit in der Moderne. In: Huber, J. & Müller, A. M. (Hrsg.)(1994). »Kultur« und »Gemeinsinn« Interventionen 3. Basel: Stroemfeld/Roter Stern. S. 211.

[19] Levine, R. (1998). Eine Landkarte der Zeit. Wie Kulturen mit Zeit umgehen. München: Piper. S. 184.

[20] Hörisch, S. 210.

[21] »Der Spiegel«, zit. nach Baier, L. (1990). Volk ohne Zeit. Die Vereinigung als Fusion zweier Geschwindigkeiten. In: WochenZeitung WoZ, 5. 10. 90.

[22] Ditfurth, J. (1989). Wider den Mythos der Geschwindigkeit. In: Du. Zeitschrift der Kultur. 4/89. S. 55.

[23] Svevo, 1986; zit. nach Geissler, K.A. (1996). Zeit. »Verweile doch, du bist so schön.« Weinheim: Beltz Quadriga.

[24] Adorno, Th. W. (1987, orig. 1951). Minima Moralia. Frankfurt: Suhrkamp. S. 55.

http://www.echtzeit: Hetze und Warten auf Godot

[1] Vgl. Ohler, N. (1991). Reisen im Mittelalter. München: dtv. S. 92ff. und 143f.

[2] Grossklaus, G. (1995). Medien-Zeit. Medien-Raum. Frankfurt: Suhrkamp. S. 33.

[3] McLuhan, M. (1995; orig. 1964). Die magischen Kanäle (Understanding media). Basel: Verlag der Kunst. 17.

[4] Vgl. Schneider, M. & Geissler, Kh. A. (1999). »Please hold the line!« – Zeitökologische Zugänge in die postmoderne Mediengesellschaft. Stuttgart: Hirzel.

[5] Grossklaus, S. 38.

[6] Lübbe, H. (1994). Gegenwartsschrumpfung. In: Backhaus, K. & Bonus, H. (1994) (Hrsg.). Die Beschleunigungsfalle oder Der Triumph der Schildkröte. Stuttgart: Schäffer-Poeschel. S. 129–164.

[7] Nowotny, H. (1989). Eigenzeit. Entstehung und Strukturierung eines Zeitgefühles. Frankfurt: Suhrkamp. S. 47.

[8] Vgl. dazu McArthur, J.R. (1993). Die Schlacht der Lügen. Wie die USA den Golfkrieg verkauften. München: dtv.

[9] Grossklaus, S. 103.

[10] Zielinski, S. (1996). Das Publikum darf sitzen und ist zur Ruhe verdammt. In: Tages-Anzeiger, 8.8.1996.

[11] Glaser, 1987; zit. nach Grossklaus, S. 100.

[12] Vgl. Sturm, H. (1984). Wahrnehmung und Fernsehen: die fehlende Halbsekunde. In: Media Perspektiven 1, S. 58–65.; Winterhoff-Spurk, P. (1989). Fernsehen und Weltwissen. Der Einfluss von Medien auf Zeit-, Raum- und Personenschemata. Opladen: Westdeutscher Verlag.

[13] Vgl. Neverla, I. (1994). Zeitrationalität der Fernsehnutzung als Zwang und Emanzipation. In: Sandbothe, M. & Zimmerli, W. Ch. (Hrsg.) (1994). Zeit – Medien-Wahrnehmung. Darmstadt: Wissenschaftliche Buchgesellschaft. S. 80.

[14] Schneider, W. & Fasel, Ch. (1995). Wie man die Welt rettet und sich dabei amüsiert. Reinbek: Rowohlt.

[15] Vgl. Schulze, G. (1993). Die Erlebnisgesellschaft. Kultursoziologie der Gegenwart. Frankfurt: Campus.

[16] »Media Perspektiven«, zit. nach Trösch, P. N. (1994). TV immer hektischer. In: Tages-Anzeiger, 20.5.1994.

[17] Galeano, E. (1996). Blut, Valium und Werbung. In: Wochenzeitung WoZ, Nr. 6, 9.2.1996.

[18] Schneider & Fasel, 1995.

[19] Pross, H. (1996). Den Überdruss im Überfluss ersäufen. In: Tages-Anzeiger, 13.5.1996.

[20] Al Gore, zit. nach Ramonet, I. (1995). Formen der Macht am Ende des 20. Jahrhunderts. In: Le Monde Diplomatique, Mai 1995.

[21] Butros Butros-Ghali, zit. nach Ramonet, 1995.

[22] Le Nouvel Observateur vom 5.1.1995, zit. nach Ramonet, 1995.

[23] Vgl. Ramonet, I. (1998). Die neuen Herren der Welt – Internationale Politik an der Jahrtausendwende. Zürich: Rotpunkt.

[24] Galeano, 1996.

Die Kolonisierung der Nacht und die Konturen der Nonstop-Gesellschaft

[1] Zit. nach Coren, St. (1999). Die unausgeschlafene Gesellschaft. Reinbek: Rowohlt. S. 13.

[2] Melbin, M. (1987). Night as Frontier: Colonizing the World after Dark. New York: Free Press.

[3] Moore-Ede, M. (1993). Die Nonstop-Gesellschaft. Risikofaktoren und Grenzen menschlicher Leistungsfähigkeit in der 24-Stunden-Welt. München: Heyne.

[4] Vgl. Gugerli, D. (1996). Redeströme. Zur Elektrifizierung der Schweiz 1880–1914. Zürich: Chronos.

[5] Melbin, 1987; zit. nach Giddens, A. (1995; orig. 1984). Die Konstitution der Gesellschaft. Frankfurt: Campus. S.172.

[6] Vgl. Henckel, D. & Hollbach, B. (1994). Die Stadt als Taktgeber? Auf dem Weg in die kontinuierliche Gesellschaft. In: Rinderspacher, J., Henckel, D. & Hollbach, B. (1994) (Hrsg.). Die Welt am Wochenende. Entwicklungsperspektiven der Wochenruhetage – ein interkultureller Vergleich. Bochum: SWI. S. 283ff.

[7] Vgl. Zulley, J. & Knab, B. (2000). Unsere Innere Uhr. Natürliche Rhythmen nutzen und der Non-Stop-Belastung entgehen. Freiburg: Herder. S. 182ff.

[8] Pieth, R. (1998). Jeder vierte schläft am Steuer ein. In: Tages-Anzeiger, 18.6.1998.

[9] Coren, S. 411ff.

[10] Ebd., S. 360ff.

[11] Moore-Ede, S. 100.

[12] Busch, zit. nach Geissler, Kh. A. (1996). Zeit. »Verweile doch, du bist so schön.« Weinheim: Beltz Quadriga. S. 180.

[13] Edison, zit nach Coren, S. 13.

[14] Zit. nach Waldmann, S. (1998). Im Tal der schlaflosen Millionäre. In: Neue Zürcher Zeitung, 14.8.1998.

[15] Moore-Ede, S. 68.

[16] Ebd., S. 197ff.

[17] Ebd., S. 20.

[18] Vgl. Aschoff, J. (1989). Die inneren Uhren des Menschen. In: Gumin, H. & Meier, H. (1989). Die Zeit. Dauer und Augenblick. München: Piper. S. 143.

[19] Breu, V. (1997). Geschäftsreisen machen krank. In: Tages-Anzeiger, 21.7.1997.

[20] Vgl. Hildebrandt, G. (1998). Die Missachtung der biologischen Zeitprogramme des Menschen durch Nacht- und Schichtarbeit. In: Adam, B., Geissler, Kh. A. & Held, M. (Hrsg.)(1998). Die Nonstopgesellschaft und ihr Preis – Vom Zeitmissbrauch zur Zeitkultur. Stuttgart: Hirzel. S. 136ff.

[21] Vgl. Garhammer, M. (1994). Balanceakt Zeit. Auswirkungen flexibler Arbeitszeiten auf Alltag, Freizeit und Familie. Berlin: Sigma

22 Henckel & Hollbach, S. 289.

23 Zit. nach Alheit, P., Dausien, B. & Flörcken-Erdbrink, H. (1988). Leben in zwei Zeiten. In: Zoll, R. (1988)(Hrsg.). Zerstörung und Wiederaneignung von Zeit. Frankfurt: Suhrkamp. S. 242f.

24 Vgl. Nonnenmacher, P. (1995). Lieber Einkaufen statt Hymnen absingen. In: Tages-Anzeiger, 7.7.95.

25 Vgl. Häcker, R. (1998). »Polizeistunde in den britischen Pubs wird bald Vergangenheit sein. In: Tages-Anzeiger, 25.7.1998.

26 Vgl. Bauer, F., Gross, H. & Schilling, G. (1996). Arbeitszeit '95. Arbeitszeitstrukturen, Arbeitszeitwünsche und Zeitverwendung der abhängig Beschäftigten in West- und Ostdeutschland. Hrsg. Ministerium für Arbeit, Gesundheit und Soziales des Landes Nordrhein-Westfalen. Neuss.

27 Jurczyk, K. (1998). Zeitordnungen als Ordnung der Geschlechter. In: Weis, K. (1998)(Hrsg.). Was treibt die Zeit? München: dtv. S. 186.

28 Vgl. Rosenberg, M. (1996). Auch Frauen möchten nachts nicht nur schlafen. In: Neue Zürcher Zeitung, 2./3.11.1996.

29 Zit. nach Alheit et al, S. 246.

30 Kurz-Scherf, I. (1988). Zeit(t)räume per Tarifvertrag. Oder: Die Renaissance der betriebsnahen Tarifpolitik. In: Zoll, S. 547.

Das Hexeneinmaleins des Zeitmanagements und die Angst, etwas zu verpassen

1 Lightman, A. (1994). Und immer wieder die Zeit. Hamburg: Hoffmann und Campe. S. 173.

2 Vgl. die Studie »Wo bleibt die Zeit? Die Zeitverwendung der Bevölkerung in Deutschland« des Statistischen Bundesamtes Wiesbaden, 1995. Hrsg. Bundesamt für Familie, Senioren, Frauen und Jugend.

3 Vgl. Salins, M. (1974). Stone age economics. London.

4 Zit. nach Körting, K. (1997). Keine Zeit für Langeweile. Die vollen Terminkalender moderner Berliner Kinder. In: NZZ, 6.3.1997.

5 Seiwert, L. J. (1995). Das 1 × 1 des Zeitmanagements. München: mvg. S. 7.

6 Vgl. Weber, M. (1979). Die protestantische Ethik I. Eine Aufsatzsammlung. Gütersloh: Gütersloher Verlagshaus.

7 Seiwert, S. 91.

8 Geissler, Kh. A. (1996). Zeit. »Verweile doch, du bist so schön.« Weinheim: Beltz Quadriga. S. 62.

9 Ebd., S. 68.

[10] Becker, G. S. (1982). Der ökonomische Ansatz zur Erklärung menschlichen Verhaltens. Tübingen: Mohr.

[11] Ebd., 10.

[12] Vgl. Meyer, S. & Schulze, E. (1994). Alles automatisch. Technikfolgen für die Familien. Längsschnittanalysen und zukünftige Entwicklung. Berlin: Sigma.

[13] Vgl. Guggenbühl, H. (1996). Konsumenten steigern Produktivität. In: Tages-Anzeiger, 29. 7. 1996.

[14] de Pury, D., Hauser, H. & Schmid, B. (1995)(Hrsg.). Mut zum Aufbruch. Eine wirtschaftspolitische Agenda für die Schweiz. Zürich: Orell Füssli.

[15] Gasche, U. P., Guggenbühl, H. & Vontobel, W. (1996). Das Geschwätz von der freien Marktwirtschaft. Kassensturz Sachbuch. Zürich: Rio Verlag.

[16] von Weizsäcker, E.U., Lovins, A.B. & Lovins, L.H. (1995). Faktor Vier: Doppelter Wohlstand, halbierter Naturverbrauch. München: Droemer Knaur.

[17] Blumenberg, H. (1986). Lebenszeit und Weltzeit. Frankfurt: Suhrkamp.

[18] Luhmann, N. (1990). Gleichzeitigkeit und Synchronisation. In: ders. (1990). Soziologische Aufklärung 5. Konstruktivistische Perspektiven. Opladen: Westdeutscher Verlag. S. 108.

[19] Gronemeyer, M. (1993). Das Leben als letzte Gelegenheit. Sicherheitsbedürfnisse und Zeitknappheit. Darmstadt: Wissenschaftliche Buchgesellschaft. S. 103.

[20] Geissler, 1996, S. 71.

[21] Hannes Hug, zit. nach Ceschi, S. (1995). »Übrigens bin ich froh, dass es Leute gibt, die mich ein Arschloch finden, denn ich will kein Windsack sein«. In: Sonntagszeitung, 16. 7. 1995.

[22] Gronemeyer, S. 105.

[23] Vgl. Anders, G. (1980). Die Antiquiertheit des Menschen 2. Über die Zerstörung des Lebens im Zeitalter der dritten industriellen Revolution. München: Beck. S. 393.

[24] Jaswinski, zit. nach Brauchbar, M. (1994). Jugendwahn. In: Tages-Anzeiger-Magazin Nr. 10, 12. 3. 1994.

[25] Fossel, M. (1996). Das Unsterblichkeits-Enzym. Die Umkehrung des Alterungsprozesses ist möglich. München: Piper.

[26] Vgl. Science 292, 943–946, 1998.

[27] Zit. nach Schlag, B. (1999). Mach einen Ölwechsel, Mensch! Tages-Anzeiger-Magazin, 5/1999.

[28] Elias Canetti; zit. nach Geissler, 1996, S. 73.

70 000 Tonnen Fernweh oder Die Entzeitlichung und Enträumlichung der Nahrung

1 Bartolomeo Stefani, Chefkoch am Spanischen Hof im 17. Jhd.; zit. nach Montanari, M. (1993). Der Hunger und der Überfluss. Kulturgeschichte der Ernährung in Europa. München: H.C. Beck. S. 197.

2 Vgl. »Eine kulinarische Zeitreise« in: Küche & Kultur, Beilage des Tages-Anzeigers vom 3. 6. 1996.

3 Montanari, S. 195.

4 Loetscher, H. (1996). Die Welt zu Tisch. In: Tages-Anzeiger-Beilage Küche & Kultur, 3. 6. 1996.

5 Fritschi, H. (1986). Tonnenweise Fernweh. In: Tages-Anzeiger, 11. 4. 1986.

6 Vgl. Schneider, M. (1999). Turbotiere. In: Von der Zeitnot zum Zeitwohlstand. Politische Ökologie. Sonderheft 57/58 1999. München. S. 00:77.

7 Montanari, S. 193.

8 Schneider, M. (1995). Die Folgen des Erfolgs. Zur Ökologie der Zeit in Landwirtschaft und Ernährung. In: Schneider, M., Geissler, K.A. & Held, M. (1995)(Hrsg.). Zeitfraß. Zur Ökologie der Zeit in Landwirtschaft und Ernährung. Politische Ökologie. Sonderheft 8/95. München. S. 7.

9 Inhetveen, H. (1995). Zeit-Sprünge. Bäuerliche Lebensformen in der Industriegesellschaft. In: Schneider et al., S. 78.

10 Illich, zit. nach Schneider, S. 8.

11 Zit. nach Reheis, F. (1996). Die Kreativität der Langsamkeit. Neuer Wohlstand durch Entschleunigung. Darmstadt: Wissenschaftliche Buchgesellschaft. S. 30.

12 von Weizsäcker, 1992, zit. nach Schneider, S. 8.

13 Radloff, J. (1995). Brotzeit. Das Beispiel der Hofpfisterei München. In: Schneider et al., S. 95f.

14 Frey, T. (1996b). Damit das Brot länger frisch bleibt. In: Tages-Anzeiger, 12. 12. 1996.

15 Jesina, A. (1995). Bier – ein zeitloses Getränk? Die Klosterbrauerei Andechs. In: Schneider et al., S. 94f.

16 Prill, M. (1995). Reifezeit. Die Rohmilchkäserei der Herrmannsdorfer Landwerkstätten. In: Schneider et al., S. 92f.

17 Postler, G. (1995). Lebens- oder Höchstleistung? Vom Hirten zum Gentechniker der Tierzucht. In: Schneider et al., S. 59.

18 Tränkle, M. (1992). Fliegender Wechsel zwischen Fast Food und Feinkost. In: Andritzky, M. (1992)(Hrsg.). Oikos – Von der Feuerstelle zur Mikrowelle. Haushalt und Wohnen im Wandel. Gießen: Anabas. S. 393.

[19] Tränkle, S. 395.

[20] Der Spiegel, 37/1989, zit. nach Tränkle, S. 397.

[21] Siebeck, 1990, zit. nach Tränkle, S. 397.

[22] Siebeck, W. (1992). Ein Ding von einmaliger Künstlichkeit. In: Andritzky, S. 311.

[23] Schneider, S. 12.

[24] Müller, K.-J. (1995). Der Samen vergeht, wenn der Spross entsteht. Zeitaspekte in der Pflanzenzüchtung. In: Schneider et al., S. 52.

[25] Schneider, S. 12.

Zeitwettbewerb: Die ökonomischen Beschleunigungsfallen schnappen zu

[1] Weber, zit. nach Vontobel, W. (1994). Er sieht nichts, er fühlt nichts – er zählt. In: Die Weltwoche, 29. 12. 1994.

[2] Bergmann, W. (1981). Die Zeitstrukturen sozialer Systeme. Eine systemtheoretische Analyse. Berlin: Duncker & Humblot. S. 216.

[3] Helmstädter, E. (1995). Zeit in der Ökonomie und wie geht die Ökonomik damit um? In: Biervert, B. & Held, M. (1995)(Hrsg.). Zeit in der Ökonomik. Perspektiven für die Theoriebildung. Frankfurt: Campus. S. 45.

[4] Biesecker, A. (1995). Vom (Eigen-)Wert der Zeit – Normative Grundfragen der Zeitökonomik bezüglich einer Neubewertung der Zeit. In: Biervert & Held, S.192.

[5] Stalk, G. & Hout, T. M. (1991). Zeitwettbewerb. Schnelligkeit entscheidet auf den Märkten der Zukunft. Frankfurt: Campus.

[6] Keller, W. (1994). Der globale Konkurrenzkampf. Über den Missbrauch eines Modebegriffs. In: Tages-Anzeiger, 22. 9. 94.

[7] Stalk & Hout, S. 295.

[8] Vgl. Backhaus, K. & Gruner, K. (1994). Epidemie des Zeitwettbewerbs. In: Backhaus, K. & Bonus, H. (1994)(Hrsg.). Die Beschleunigungsfalle oder Der Triumph der Schildkröte. Stuttgart: Schäffer-Poeschel. S. 22ff.

[9] Ebd. S. 42f.

[10] Ebd., S. 30.

[11] Hug, L. (1996). Arbeitsplätze sind eine Last. In: Tages-Anzeiger, 3. 7. 1996.

[12] Vgl. Boxberger, G. & Klimenta, H. (1998). Die 10 Globalisierungslügen. Alternativen zur Allmacht des Marktes. München: dtv. S. 84.

[13] Ulich, E. (1995). Die Wahl zwischen schlanken oder magersüchtigen Unternehmen. In: Neue Zürcher Zeitung, 27. 9. 1995.

[14] Vgl. Hauchler, I. (Hrsg.)(1993). Globale Trends 93/94. Daten zur Weltentwicklung. Frankfurt: Fischer. S. 63f.

[15] Boxberger & Klimenta, S. 62.

[16] Vgl. Jahoda, M., Lazarsfeld, Paul F., Zeisel, H. (1975; orig. 1933). Die Arbeitslosen von Marienthal. Ein soziographischer Versuch. Frankfurt: Suhrkamp.

[17] Ebd., S. 55.

[18] Ebd., S. 91.

[19] Vgl. u.a. Neumann, E. (1988). Arbeitslos – Zeitlos. In: Zoll, R. (Hrsg.) (1988). Zerstörung und Wiederaneignung von Zeit. Frankfurt: Suhrkamp. S. 267–275; Glass, Ch. (1988). Zeit in der Unzeit »Arbeitslosigkeit«. In: Zoll, S. 276–292; Zoll, R. (1988). Die Neubestimmung der Lebenszeit. In: ders., S. 304–320; Würgler, H. (1994). Arbeitszeit und Arbeitslosigkeit. Zürich: vdf.

[20] Zit. nach Neumann, S. 270.

[21] Zit. nach Achermann, L. & Grasdorf, E. (1983). »Und dann merkst du plötzlich, du bist hoffnungslos arbeitslos.« In: Tages-Anzeiger-Magazin 29/83, S. 12.

[22] Arendt, H. (1981; orig. 1958). Vita activa oder Vom tätigen Leben. München: Piper. S. 12.

[23] Lepenies, 1995; zit. nach Ittensohn, J. (1995). Ist Arbeit wirklich der Güter höchstes? In: Neue Zürcher Zeitung, 15./16.7.95.

[24] Sennett, R. (1996). Polity and Place. Vortrag im Kunsthaus Zürich, 21.6. 1996. In: politikinitiativen 12, 1996.

[25] Zit. nach Achermann & Grasdorf, S. 14.

[26] Seifert, E. (1988). Wirtschaften und Zeit jenseits des Tunnels ökonomischer Notwendigkeiten. In: Zoll, S. 601.

[27] Gorz, A. (1993). Für eine Zivilisation der freien Zeit. In: WochenZeitung, 26.3.1993.

[28] Lepenies, 1995; zit. nach Ittensohn, 1995.

Vom Winde verweht? Die vergessene Zeitlichkeit der Welt

[1] Zit. nach Sieferle, R.P. (1984). Fortschrittsfeinde? Opposition gegen Technik und Industrie von der Romantik bis zur Gegenwart. München: Beck. S. 242.

[2] Luhmann, N. (1988). Ökologische Kommunikation. Kann die moderne Gesellschaft sich auf ökologische Gefährdung einstellen? Opladen: Westdeutscher Verlag. S. 42.

[3] Georgescu-Roegen, zit. nach Piper, N. (1996)(Hrsg.). Die großen Ökonomen. Leben und Werk der wirtschaftswissenschaftlichen Vordenker. Stuttgart: Schäffer-Poeschel. S. 260.

[4] Vgl. Kümmerer, K. (1993). Zeiten der Natur – Zeiten des Menschen. In: Held, M. & Geissler, Kh. A. (1993)(Hrsg.). Ökologie der Zeit. Vom Finden der rechten Zeitmaße. Stuttgart: Hirzel. S. 96.

[5] Die drei Beispiele stammen von Altner, G. (1995). Von Lebewesen und Lebensmitteln. Die komplexen Zeitgestalten der Biosphäre. In: Schneider, M., Geissler, Kh. A. & Held, M. (1995). Zeitfrass. Zur Ökologie der Zeit in Landwirtschaft und Ernährung. Politische Ökologie. Sonderheft 8/95. München. S. 15. Dieser wiederum hat sie von Teufel, D. et al. (1989). Leistungen und Funktionen der Biosphäre – ein Systemvergleich mit der menschlichen Zivilisation. UPI-Bericht Nr. 15. Heidelberg. S. 3f. übernommen. Mögen die Wege des Wissens auch verschlungen sein, unergründlich sind sie nicht!

[6] Schneider et al., S. 3.

[7] Gutscher, H. & Mosler, H.-J. (1992). Menschliche Einfalt gegen natürliche Vielfalt. In: UniMagazin. Die Zeitschrift der Universität Zürich. Verlust der biologischen Vielfalt. 3/92. S. 26.

[8] Thiessen, R. (1994). Katastrophenindifferenz. In: Du. Zeitschrift der Kultur (1994). Trotzdem. Kultur und Katastrophe. 2/94. S. 29.

[9] Der Spiegel, 16. 11. 1981; zit. nach Wiener, D. (1990). Manchmal ein bisschen Panik. In: Dossier Klima. Tages-Anzeiger-Magazin 48/90. S. 38f.

[10] Paul Appleby, zit. nach Schenker, M. (1996). Hoher Verbrauch – mehr Vorräte. In: Tages-Anzeiger, 7. 8. 1996.

[11] Breu, V. (1997). Staatlich erlaubte Umweltverschmutzung. In: Tages-Anzeiger, 24. 5. 1997.

[12] Bachmann, I. (1983). Die gestundete Zeit. München: Piper.

[13] Hauchler, I. (Hrsg.)(1993). Globale Trends 93/94. Daten zur Weltentwicklung. Frankfurt: Fischer. S. 308.

[14] Vgl. Wilson, E.O. (1995). Der Wert der Vielfalt. Die Bedrohung des Artenreichtums und das Überleben des Menschen. München: Piper.

[15] Revkin, A. (1992). Der riskierte Reichtum. In: Geo-Wissen (1992). Ökologie und Evolution. 2/92. Hamburg: Gruner + Jahr. S. 42.

[16] Vgl. Pimentel, D., Kleinmann, P.J.A., Pimentel, M. & Held, M. (1997). Immer weniger für immer mehr. In: Kümmerer, K., Schneider, M. & Held, M. (1997). Bodenlos. Zum nachhaltigen Umgang mit Boden. Politische Ökologie. Sonderheft 10/97. München. S. 9f.

[17] Vgl. Scheinost, A. (1995). Entstehen, wachsen und vergehen. Von den Zeitmaßen der Ressource Boden. In: Schneider et al., S. 35–38.

[18] Pimentel, D. et al. In: Kümmerer et al., S. 10.

[19] Hauchler, S. 304.

[20] Vgl. Jacob, K. (1997). Die Erde verdurstet. Grenzkonflikte wegen des Wassers. In: Facts 37/1997; sowie Wottreng, W. (1998). Kampf ums blaue Gold. In: Die Weltwoche, 19. 3. 1998.

[21] Kluge, Th. & Schramm, E. (1995). In die Tiefe der Zeit. Nachhaltiger Umgang mit dem Lebensmittel Wasser. In: Schneider et al., S. 39.

[22] Ebd., S. 41.

[23] Vgl. Rüst, Th. (1997). Klimapflege. In: Tages-Anzeiger, 7. 10. 1997.

[24] Brönnimann, St. (1997). Palmenhaine von Berlin bis Stuttgart! In: WoZ, 6. 6. 1997.

[25] Simonitsch, P. (1996). Ausbreitung von Seuchen befürchtet. In: Tages-Anzeiger, 10. 7. 1996.

[26] Grassl, H. (1993). Umwelt- und Klimaforschung. In: Held, M. & Geissler, K. (Hrsg.) (1993). Ökologie der Zeit. Vom Finden der rechten Zeitmasse. Stuttgart: Hirzel. S. 75.

[27] Ebd., S. 93.

[28] Ebd., zit. nach Müller, Th. (1995). Klimawandel im politischen Treibhaus. In: Tages-Anzeiger, 24. 3. 95.

II.
Im Gezeitenwechsel von Natur und Kultur

[1] McPhee, zit. nach Gould, St. J. (1992). Die Entdeckung der Tiefenzeit. Zeitpfeil oder Zeitzyklus in der Geschichte unserer Erde. München: dtv. S. 16.

[2] Elias, N. (1984). Über die Zeit. Arbeiten zur Wissenssoziologie II. Frankfurt: Suhrkamp. S. XV.

[3] Ebd.

[4] Mainzer, K. (1995). Zeit. Von der Urzeit zur Computerzeit. München: Beck. S. 7.

[5] Vgl. Adam, B. (1990). Time & Social Theory. Cambridge: Polity Press. S. 149.

[6] Vgl. Fraser, J.T. (1991). Die Zeit. Auf den Spuren eines vertrauten und fremden Phänomens. München: dtv; sowie die von ihm edierte Reihe »The Study of Time«.

[7] Lübbe, H. (1992). Im Zug der Zeit. Verkürzter Aufenthalt in der Gegenwart. Berlin: Springer. S. 27.

Beantwortung der Frage: Was ist Zeit?

[1] McTaggart, J. E. (1908). Die Irrealität der Zeit. In: Zimmerli, W. Ch. & Sandbothe, M. (1993) (Hrsg.). Klassiker der modernen Zeitphilosophie. Darmstadt: Wissenschaftliche Buchgesellschaft. S. 67.

[2] Held, M. & Geissler, K. (Hrsg.)(1993). Ökologie der Zeit. Vom Finden der rechten Zeitmaße. Stuttgart: Hirzel. S. 7.

[3] Augustinus (1982). Bekenntnisse. München: dtv. S. 312.

[4] Vgl. Mainzer, K. (1995). Zeit. Von der Urzeit zur Computerzeit. München: Beck'sche Reihe. S. 18.

[5] Ebd., S. 22f.

[6] James, W. (1886). Die Wahrnehmung der Zeit. In: Zimmerli & Sandbothe, S. 45.

[7] McTaggart, S. 69.

[8] Capra, F. (1983). Wendezeit. Bausteine für ein neues Weltbild. Bern: Scherz. S. 51f.

[9] Newton, 1687; zit. nach Coveney, P. & Highfield, R. (1992). Anti-Chaos. Der Pfeil der Zeit in der Selbstorganisation des Lebens. Reinbek: Rowohlt. S. 26.

[10] Nassehi, A. (1993). Die Zeit der Gesellschaft. Auf dem Weg zu einer soziologischen Theorie der Zeit. Opladen: Westdeutscher Verlag. S. 197f.

[11] Vgl. Coveney & Highfield, S. 330.

[12] Gould, St. J. (1992). Die Entdeckung der Tiefenzeit. Zeitpfeil oder Zeitzyklus in der Geschichte unserer Erde. München: dtv.

[13] Coveney & Highfield, S. 331.

[14] Linné, zit. nach Capra, S. 72.

[15] Ebd.

[16] Lyell, zit. nach Wendorff, R. (1980). Zeit und Kultur. Geschichte des Zeitbewusstseins in Europa. Opladen: Westdeutscher Verlag. S. 379.

[17] Vgl. Bateson, G. (1972). Ökologie des Geistes. Frankfurt: Suhrkamp. S. 427.

[18] Vgl. Coveney & Highfield, S. 329ff.

[19] Einstein, zit. nach Cramer, F. (1993). Der Zeitbaum. Grundlegung einer allgemeinen Zeittheorie. Frankfurt: Insel.S.182f.

[20] Vgl. Coveney & Highfield, S. 193f.

[21] Entropie, ein aus dem griechischen »tropos« für »Wendung« und der Vorsilbe »en« für »enthalten« gebildetes Kunstwort.

[22] Eddington, zit. nach Coveney & Highfield, S. 194.

[23] Vgl. Prigogine, I. (1980). Vom Sein zum Werden. Zeit und Komplexität in den Naturwissenschaften. München: Piper.

[24] Vgl. Paslack, R. (1981). Urgeschichte der Selbstorganisation. Zur Archäologie eines wissenschaftlichen Paradigmas. Braunschweig: Vieweg.

[25] Dux, G. (1992). Die Zeit in der Geschichte. Ihre Entwicklungslogik vom Mythos zur Weltzeit. Frankfurt: Suhrkamp. S. 39.

[26] Bischof, N. (1996). Das Kraftfeld der Mythen. Signale aus der Zeit, in der wir die Welt erschaffen haben. München: Piper. S. 96f.

[27] Hawking, St. W. (1988). Eine kurze Geschichte der Zeit. Die Suche nach der Urkraft des Universums. Reinbek: Rowohlt. S. 183.

[28] Herder, 1799; zit. nach Koselleck, R. (1989). Vergangene Zukunft. Zur Semantik geschichtlicher Zeiten. Frankfurt: Suhrkamp. S. 10.

[29] Vgl. Hartmann, N. (1964). Der Aufbau der realen Welt. Berlin: De Gruyter; Popper, K. (1971). »Objektive Erkenntnis«. Ein evolutionärer Entwurf. Hamburg: Hoffmann und Campe; sowie Plessner, H. (1975). Die Stufen des Organischen und der Mensch. Berlin: De Gruyter.

[30] Vgl. Geissler, K. A. & Held, M. (1995). Grundbegriffe zur Ökologie der Zeit. Vom Finden der rechten Zeitmaße. In: dies. (Hrsg.)(1995). Von Rhythmen und Eigenzeiten – Perspektiven einer Ökologie der Zeit. Stuttgart: Hirzel. S. 202.

[31] Held, M. (1993). Zeitmaße für die Umwelt. In: Held & Geissler (1993). S. 14.

[32] Klages, L. (1923). Vom Wesen des Rhythmus. In: Held & Geissler (1995). S. 130f.

[33] Geissler & Held, 1995, S.199.

[34] Ebd., S. 200.

[35] Hawking, S. 66.

78 Oktaven Biomusik oder Die Vielfalt biologischer Rhythmen

[1] Young, M. D. (1988). The Metronomic Society. Cambridge: Harvard Press.

[2] Coveney, P. & Highfield, R. (1992). Anti-Chaos. Der Pfeil der Zeit in der Selbstorganisation des Lebens. Reinbek: Rowohlt. S. 393.

[3] Rifkin, J. (1988). Uhrwerk Universum. München: Kindler. S. 43.

[4] Circadian, ein vom Biologen Halberg (1959) nach dem lateinischen circa, »ungefähr«, und dies, »Tag«, geprägter Begriff. Vgl. Halberg, F. (1959). Physiologic 24-hour-periodicity. Zeitschrift für Vitamin-, Hormon- und Fermentforschung, 10, 224–296.

[5] Fraser, J.T. (1991). Die Zeit. Auf den Spuren eines vertrauten und fremden Phänomens. München: dtv. S.159f.

[6] Vgl. Vonarburg, B. (1997). Wenn es dämmert, wächst das Riff. In: Tages-Anzeiger, 10. 9. 1997.

[7] Vgl. Whitrow, G. J. (1980). The Natural Philosophy of Time. Oxford: Clarendon Press. S. 67.

[8] Vgl. Vonarburg, B. (1998). Auch die Bäume spüren den Mond. In: Tages-Anzeiger, 16. 4. 1998.

[9] Schilliger, P. (1994). Fast tropische Artenvielfalt auf einer subpolaren Hochebene. In: Tages-Anzeiger, 20. 10. 1994.

[10] Vgl. Lindenmann, J. (1997). Alte Seuche – bald wieder neu? Die Grippe und ihr Erreger. In: NZZ, 15. 1. 1997.

[11] Doob, zit. nach Rifkin, S. 48.

[12] Roenneberg, T. (1993). Zeit als Lebensraum. In: Held, M. & Geissler, Kh. A. (Hrsg.) (1993). Ökologie der Zeit. Stuttgart: Hirzel. S. 43.

[13] Zum Begriff des »Chronotyps« vgl. Held, M. & Geissler, K. (Hrsg.)(1995). Von Rhythmen und Eigenzeiten – Perspektiven einer Ökologie der Zeit. Stuttgart: Hirzel. S. 204f.

[14] Roenneberg, S. 43.

[15] Vgl. Zulley, J. & Knab, B. (2000). Unserer Innere Uhr. Natürliche Rhythmen nutzen und der Non-Stop-Belastung entgehen. Freiburg: Herder. S. 13ff.

[16] Zu diesem Hypothesenstreit vgl. Rifkin, S. 50ff.; sowie Aveni, A. (1991). Die Rhythmen des Lebens. Eine Kulturgeschichte der Zeit. Stuttgart: Klett-Cotta. S. 35ff.

[17] Aveni, S. 41; Coveney & Highfield, S.406. Roenneberg, S. 48.

[18] Vgl. Zulley & Knab, S. 98ff.

[19] Vgl. Hildebrandt, G. (1998). Die Missachtung der biologischen Zeitprogramme des Menschen durch Nacht- und Schichtarbeit. In: Adam, B., Geissler, Kh. A. & Held, M. (1998). Die Nonstopgesellschaft und ihr Preis. Stuttgart: Hirzel. S. 125ff.

[20] Vgl. Lemmer, B. (1993). Circadiane Rhythmen und Medizin. Innere Uhren und Arzneimitteltherapie. In: Held & Geissler (1993). S. 63–74; sowie Pflug, B. & Lemmer, B. (1989). Chronobiologie und Chronopharmakologie. Stuttgart: Enke.

21 Ebd., S. 68.

22 Vgl. Spork, P. (1996). Alles hat seine Zeit. In: Die Zeit, 29. 11. 1996.

23 Adam, B. (1990). Time & Social Theory. Cambridge: Polity Press. S. 72.

24 Zulley & Knab, S. 129ff.

25 Imhof, A.E. (1995). Lebensrhythmen und Lebensplan. Organisation der unsicheren und der sicheren Lebenszeit. In: Held & Geissler (1995). S.120ff.

In drei Sekunden von Kuba nach Baku oder Wer die Wahl hat, hat auch die Qual

1 Elias, N. (1984). Über die Zeit. Arbeiten zur Wissenssoziologie II. Frankfurt: Suhrkamp. S. 52.

2 Bischof, N. (1985). Das Rätsel Ödipus. Die biologischen Wurzeln des Urkonflikts von Intimität und Autonomie. München: Piper. S. 540.

3 Ebd., S. 541.

4 Ebd., S. 540.

5 Ebd., S. 541.

6 Vgl. Whorf, B.L. (1984). Sprache – Denken – Wirklichkeit. Beiträge zur Metalinguistik und Sprachphilosophie. Reinbek: Rowohlt.

7 Piaget, J. (1974, orig. 1955). Die Bildung des Zeitbegriffs beim Kinde. Frankfurt: Suhrkamp.

8 Schaltenbrand, G. (1988). Bewusstsein und Zeit. In: Zoll, R. (Hrsg.)(1988). Zerstörung und Wiederaneignung von Zeit. Frankfurt: Suhrkamp. S. 38.

9 Pöppel, E. (1995). Neurophysiologische und psychophysische Untersuchungen zum menschlichen Zeiterleben. In: Weis, K. (1995)(Hrsg.). Was ist Zeit? Zeit und Verantwortung in Wissenschaft, Technik und Religion. München: dtv. S. 146.

10 Vgl. Ruhnau, E. (1998). Zeit als Maß von Gegenwart. Von den acht Zeitbildern der Physik. In: Weis, K. (1998)(Hrsg.). Was treibt die Zeit? Entwicklung und Herrschaft der Zeit in Wissenschaft, Technik und Religion. München: dtv. S. 85.

11 Augustinus, A. (1982). Bekenntnisse. München: dtv. S. 312.

12 James, W. (1886). Die Wahrnehmung der Zeit. In: Zimmerli, W. Ch. & Sandbothe, M. (1993) (Hrsg.). Klassiker der modernen Zeitphilosophie. Darmstadt: Wissenschaftliche Buchgesellschaft. S. 35.

[13] Grüsser, O. J. (1989). Zeit und Gehirn. Zeitliche Aspekte der Signalverarbeitung in den Sinnesorganen und im Zentralnervensystem. In: Gumin, H. & Meier, H. (Hrsg.) (1989). Die Zeit. Dauer und Augenblick. München: Piper. S. 98.

[14] Pöppel, S. 140.

[15] Holub, M. (1998). Was ist der Augenblick? In: Neue Zürcher Zeitung, 24./25. 1. 1998.

[16] Grüsser, S. 109.

[17] Pöppel, S. 142.

[18] Vgl. Pöppel, S. 145; Ruhnau, S. 93.

[19] Elias, S. 191.

[20] Einstein, zit. nach Levine, R. (1998). Eine Landkarte der Zeit. München: Piper. S. 58.

[21] Bischof, S. 550.

[22] Ebd.

[23] Ebd., S. 567.

[24] Vgl. Gehlen, A. (1966). Der Mensch, seine Natur und Stellung in der Welt. Frankfurt: Athenäum.

Das Abenteuer des Zeitbestimmens oder Jede Zeit ist eine eigene Zeit

[1] Müller-Wichmann, Ch. (1984). Zeitnot. Weinheim: Beltz. S. 167.

[2] Vgl. Durkheim, E. (1981; orig. 1912). Die elementaren Formen des religiösen Lebens. Frankfurt: Suhrkamp.

[3] Levine, R. (1998). Eine Landkarte der Zeit. Wie Kulturen mit Zeit umgehen. München: Piper. S. 122ff.

[4] Elias, N. (1984). Über die Zeit. Arbeiten zur Wissenssoziologie II. Frankfurt: Suhrkamp. S. 9.

[5] Ebd., S. 7.

[6] Vgl. Obrecht, A. J. (1998). Im Fadenkreuz der neuen Zeit. Weltzeitsystem, Mobilitätskultur und Widerstände – am Beispiel Papua Neuguinea. In: Widerspruch, 36/1998. S. 10f.

[7] Ebd., S. 11.

[8] Vgl. Schmied, G. (1985). Soziale Zeit: Umfang, »Geschwindigkeit« und Evolution. Berlin: Duncker & Humblot. S. 120.

[9] Vgl. Inhetveen, H. (1988). Zeiterfahrungen der Bäuerinnen. In: Zoll, R. (Hrsg.) (1988). Zerstörung und Wiederaneignung von Zeit. Frankfurt: Suhrkamp. S. 193ff.

[10] Elias, S. 15ff.

[11] Vgl. Wendorff, R. (1994). Die Woche – ein kalendarischer Abriss. In: Rinderspacher, J., Henckel, D. & Hollbach, B. (1994)(Hrsg.). Die Welt am Wochenende. Entwicklungsperspektiven der Wochenruhetage – ein interkultureller Vergleich. Bochum: SWI.

[12] Vgl. Wendorff, R. (1993). Tag und Woche, Monat und Jahr. Eine Kulturgeschichte des Kalenders. Opladen: Westdeutscher Verlag. S. 111.

[13] Ebd., S. 93ff.

[14] Vgl. insbesondere Wendorff, R. (1989). Zeitbewusstsein in Entwicklungsländern. In: ders. (1989)(Hrsg). Im Netz der Zeit. Menschliches Zeiterleben interdisziplinär. Stuttgart: Hirzel. S. 105–117.

[15] Dux, G. (1992). Die Zeit in der Geschichte. Ihre Entwicklungslogik vom Mythos zur Weltzeit. Frankfurt: Suhrkamp. S. 19.

Stop and go oder
Die Hemmung als Zeitzünder eines ungehemmten industriellen Take-off

[1] Burckhardt, M. (1994). Metamorphosen von Raum und Zeit. Eine Geschichte der Wahrnehmung. Frankfurt: Campus. S. 69.

[2] Vgl. Dohrn-van Rossum, G. (1992). Die Geschichte der Stunde, Uhren und modernen Zeitordnungen. München/Wien: Carl Hanser. S. 52ff.

[3] Burckhardt, S. 43.

[4] Ebd, S. 69.

[5] Mumford, zit. nach Dohrn-van Rossum, 1992, S. 39.

[6] Dohrn-van Rossum, G. (1989). Schlaguhr und Zeitorganisation. In: Wendorff, R. (Hrsg.)(1989). Im Netz der Zeit. Menschliches Zeiterleben interdisziplinär. Stuttgart: Hirzel. S. 51.

[7] Dohrn-van Rossum, 1992, S. 39ff.

[8] Nassehi, A. (1993). Die Zeit der Gesellschaft. Auf dem Weg zu einer soziologischen Theorie der Zeit. Opladen: Westdeutscher Verlag. S. 301.

[9] Dohrn-van Rossum, 1989, S. 51f.

[10] Vgl. Corbin, A. (1995; orig. 1994). Die Sprache der Glocken. Frankfurt: Fischer. S. 139ff.

[11] Dohrn-van Rossum, G. (1988). Zeit der Kirche – Zeit der Händler – Zeit der Städte. In: Zoll, R. (Hrsg.)(1988). Zerstörung und Wiederaneignung von Zeit. Frankfurt: Suhrkamp. S. 105.

[12] Vgl. Corbin, S. 300ff.

[13] Dohrn-van Rossum, 1992, S. 220ff.

[14] Ebd., S. 111ff.

[15] Vgl. Messerli, J. (1995). gleichmässig-pünktlich-schnell. Zeiteinteilung und Zeitgebrauch in der Schweiz im 19. Jahrhundert. Zürich: Chronos. S. 20.

[16] Dohrn-van Rossum, 1992, S. 112.

[17] Thompson, E.P. (1973; orig. 1963), Zeit, Arbeitsdisziplin und Industriekapitalismus. In: Braun (1975). Gesellschaft in der industriellen Revolution. Köln: Kiepenheuer & Witsch. S. 89.

[18] Le Goff, J. (1970). Kultur des europäischen Mittelalters. München: Knaur. S. 297.

[19] Cipolla, C.M. (1997). Gezählte Zeit. Wie die mechanische Uhr das Leben veränderte. Berlin: Wagenbach. S. 57ff.

[20] Hohn, H.W. (1984). Die Zerstörung der Zeit. Wie aus einem göttlichen Gut eine Handelsware wurde. Frankfurt: Fischer.

[21] Vgl. Scharf, G. (1988). Zeit und Kapitalismus. In: Zoll, S. 146f.

[22] Thompson, S. 92.

[23] Weber, M. (1979). Die protestantische Ethik I. Eine Aufsatzsammlung. Gütersloh: Gütersloher Verlagshaus. S. 50.

[24] Thompson, S. 97.

[25] Gorz, A. (1989). Kritik der ökonomischen Vernunft. Berlin: Rotbuch. S. 40.

[26] Rifkin, J. (1988). Uhrwerk Universum. München: Kindler. S. 137.

[27] Gorz, 1989.

[28] Marx, zit. nach Hohn, H.W. (1984). Die Zerstörung der Zeit. Wie aus einem göttlichen Gut eine Handelsware wurde. Frankfurt: Fischer. S. 10.

Modern Times oder Vom Leben unter der Herrschaft der Zeit

[1] Linder, St. B. (1971). Das Linder-Axiom oder Warum wir keine Zeit mehr haben. Gütersloh: Bertelsmann. S. 11.

[2] Lübbe, H. (1994). Gegenwartsschrumpfung. In: Backhaus, K. & Bonus, H. (1994) (Hrsg.). Die Beschleunigungsfalle oder Der Triumph der Schildkröte. Stuttgart: Schäffer-Poeschel. S. 131.

[3] Whitehead; zit. nach Whitrow, G.J. (1991). Die Erfindung der Zeit. Hamburg: Junius. S. 7.

[4] Lübbe, S. 131.

[5] Vgl. Koselleck, R. (1989). Vergangene Zukunft. Zur Semantik geschichtlicher Zeiten. Frankfurt: Suhrkamp. S. 353.

[6] Perthes, 1872; zit. nach Koselleck, S. 367.

[7] Koselleck, S. 366.

[8] Lübbe, H. (1989). Zeit-Verhältnisse. In: Wendorff, R. (1989) (Hrsg.). Im Netz der Zeit. Stuttgart: Hirzel. S. 140.

[9] Elias, N. (1989; orig. 1969). Über den Prozess der Zivilisation. Band 2. Frankfurt: Suhrkamp. S. 338.

[10] Luhmann, N. (1971). Die Knappheit der Zeit und die Vordringlichkeit des Befristeten. In: ders. (1971). Politische Planung. Aufsätze zur Soziologie von Politik und Verwaltung. Opladen: Westdeutscher Verlag. S. 145.

[11] Vgl. Wendorff, R. (1980). Zeit und Kultur. Geschichte des Zeitbewusstseins in Europa. Opladen: Westdeutscher Verlag. S. 543.

[12] von Radecki; zit. nach Wendorff, S. 542.

[13] Vgl. Obrecht, J. A. (1999). Im Fadenkreuz der neuen Zeit. Weltzeitsystem, Mobilitätskultur und Widerstände am Beispiel Papua Neuguinea. In: Widerspruch 36, S. 12.

[14] Geissler, Kh. A. (1996). Zeit. »Verweile doch, du bist so schön.« Weinheim: Beltz Quadriga. S. 219.

[15] Weiss, H. (1997). Am Anfang war das Kikeriki. In: Tages-Anzeiger, 12.2.1997.

[16] Vgl. Geissler, Kh. A. (1999). Vom Tempo der Welt. Freiburg: Herder.

Timelag oder Die Beschleunigung überholt uns selbst

[1] Vgl.Wendorff, R. (1980). Zeit und Kultur. Geschichte des Zeitbewusstseins in Europa. Opladen: Westdeutscher Verlag. S. 641.

[2] Nassehi, A. (1993). Die Zeit der Gesellschaft. Auf dem Weg zu einer soziologischen Theorie der Zeit. Opladen: Westdeutscher Verlag. S. 321.

[3] Vgl. Wuketits, F.M. (1993). Die Zeit der Natur und die Geschichte der Menschen. In: Held, M. & Geissler, K. (Hrsg.)(1993). Ökologie der Zeit. Vom Finden der rechten Zeitmaße. Stuttgart: Hirzel. S. 125f.

[4] Dawkins, R. (1996; orig. 1976). Das egoistische Gen. Reinbek: Rowohlt. S. 304ff.

[5] Ebd., S. 309.

[6] Bischof, N. (1985). Das Rätsel Ödipus. Die biologischen Wurzeln des Urkonflikts von Intimität und Autonomie. München: Piper. S. 588.

[7] Dickmann, St. (1995). Evolution vor unseren Augen. Tschernobyl-Unfall wirkt als Zeitraffer bei wissenschaftlichen Untersuchungen. In: Tages-Anzeiger, 6. 9. 1995.

[8] Bischof, S. 588.

[9] Vgl. Milgram. S. (1975). Das Erleben der Großstadt. Eine psychologische Analyse. Zeitschrift für Sozialpsychologie 2/1975; sowie Schultz-Gambard, J. (1983). Crowding: Dichte und Enge als Gegenstand angewandter sozialpsychologischer Forschung. In: Haisch, J. (1983). Angewandte Sozialpsychologie. Bern: Huber.

[10] Kümmerer, K. (1993). Zeiten der Natur – Zeiten des Menschen. In: Held & Geissler, S. 90.

[11] Haber, W. (1995). Zeitmaße der Natur. Ökologische Betrachtungen zur Zeit. In: Held, M. & Geissler, K. (Hrsg.)(1995). Von Rhythmen und Eigenzeiten – Perspektiven einer Ökologie der Zeit. Stuttgart: Hirzel. S. 36.

[12] Ebd., 40.

III.
Ansätze einer sozialökologischen Zeitkultur

[1] Held, M. & Kümmerer, K. (1998). Alles zu seiner Zeit und an seinem Ort. Eine andere Zeitkultur als Perspektive. In: Adam, B., Geissler, Kh.A. & Held, M. (1998)(Hrsg.). Die Nonstopgesellschaft und ihr Preis. Stuttgart: Hirzel. S. 255f.

[2] Held, M. (1995). Rhythmen und Eigenzeiten als angemessene Zeitmaße. Perspektiven einer öko-sozialen Zeitpolitik. In: Held, M. & Geissler, K. (Hrsg.)(1995). Von Rhythmen und Eigenzeiten – Perspektiven einer Ökologie der Zeit. Stuttgart: Hirzel. S.183.

[3] Ebd., S. 184.

[4] Vgl. Ende, M. (1993). Momo. Stuttgart: Thienemann.

[5] Böhme, G. (1992). Natürlich Natur. Über Natur im Zeitalter ihrer technischen Reproduzierbarkeit. Frankfurt: Suhrkamp. S. 16.

[6] von Weizsäcker, C.F. (1991). Geist und Natur. In: Dürr, H.-P. & Zimmerli, W. Ch. (1991)(Hrsg). Geist und Natur. Über den Widerspruch zwischen naturwissenschaftlicher Erkenntnis und philosophischer Welterfahrung. Bern: Scherz. S. 26.

[7] Ebd., S. 15.
[8] Nassehi, A. (1993). Die Zeit der Gesellschaft. Opladen: Westdeutscher Verlag. S. 367.
[9] Vgl. Guggenberger, B. (1987). Das Menschenrecht auf Irrtum. Anleitung zur Unvollkommenheit. München: Hanser.

Carpe diem oder Von Zeitpionieren und Zeitkonventionalisten

[1] Hesse, H. (1973; orig. 1904). Die Kunst des Müßiggangs. Ein Kapitel künstlerischer Hygiene. Frankfurt: Suhrkamp. S. 7.
[2] Seneca, zit. nach Geissler, Kh. A. (1996). Zeit. »Verweile doch, du bist so schön.« Weinheim: Beltz Quadriga. S. 16.
[3] Mezger, M. (1986). Die wichtigste Zeit ist der Augenblick. In: Kirchenbote 7/8, 1986.
[4] Sloterdijk, P. (1983). Kritik der zynischen Vernunft. Zweiter Band. Frankfurt: Suhrkamp. S. 939.
[5] Ebd., S. 952.
[6] Geissler, Kh. A. (1988). Bess're Zeiten. In: Zoll, R. (1988)(Hrsg.). Zerstörung und Wiederaneignung von Zeit. Frankfurt: Suhrkamp. S. 675.
[7] Das Buch Jesus, Sirach 1, 23; zit. nach Stäblein, R. (1994)(Hrsg.). Geduld. Die Kunst des Wartens. Brühl-Moos: Wissenschaftliche Buchgesellschaft/ Elster. S. 166.
[8] Reheis, F. (1996). Die Kreativität der Langsamkeit. Neuer Wohlstand durch Entschleunigung. Darmstadt: Wissenschaftliche Buchgesellschaft.
[9] Nadolny, St. (1983). Die Entdeckung der Langsamkeit. München: Piper. S. 308.
[10] Geissler, 1988, S. 678.
[11] Harvey; zit. nach Künzler, H. (1995). Im Alleingang. In: Neue Zürcher Zeitung, 10. 3. 1995.
[12] Geissler, 1988, S. 678.
[13] Geissler, 1996, S. 157.
[14] Hesse, S. 9.
[15] Vgl. Sloterdijk, S.105.
[16] Geissler, 1988, S. 679.
[17] Hesse, S. 9.
[18] Zit. nach Arendt, H. (1981). Vita activa oder Vom tätigen Leben. München: Piper. S. 317.

19 Vgl. Cacciari, M. (1986). Zeit ohne Kronos. Klagenfurt: Ritter.

20 Carmin, E.R., & Arminger, M. (1989). Das Buch vom Augenblick: lebe hier und jetzt – oder du lebst nie! Zürich: Oesch.

21 Hörning, K. H.; Gerhardt, A. & Michailow, M. (1990). Zeitpioniere. Flexible Arbeitszeiten – neuer Lebensstil. Frankfurt: Suhrkamp. S. 191.

22 Vgl. Scherhorn, G. (1995). Güterwohlstand versus Zeitwohlstand – Über die Unvereinbarkeit des materiellen und des immateriellen Produktivi tätsbegriffes. In: Biervert, B. & Held, M. (1995) (Hrsg.). Zeit in der Ökonomik. Perspektiven für die Theoriebildung. Frankfurt: Campus. S. 147–168.

23 Hörning et. al., S. 157.

24 Vgl. Biesecker, A. (1995). Vom (Eigen-)Wert der Zeit – Normative Grundfragen der Zeitökonomik bezüglich einer Neubewertung der Zeit. In: Biervert & Held, S. 190ff.

25 Vgl. Binswanger, H. Ch., Geissberger, W. & Ginzburg, T. (1969). Der NAWU-Report: Wege aus der Wohlstandsfalle. Frankfurt: Fischer.

26 Vgl. Fromm, E. (1979). Haben oder Sein. Die seelischen Grundlagen einer neuen Gesellschaft. München: dtv.

27 Hörning, S. 60ff.

28 Beck, U. (1986). Risikogesellschaft. Auf dem Weg in eine andere Moderne. Frankfurt: Suhrkamp. S. 212.

29 Hörning, S. 60.

30 Ebd., S. 141.

31 Vgl. Rinderspacher, J. P. (1996) (Hrsg.). Zeit für die Umwelt. Handlungskonzepte für eine ökologische Zeitverwendung. Berlin: Sigma.

Wechselfälle oder Wie das Leben vom Förderband wieder auf die Erde kommt

1 Arendt, H. (1981; orig. 1958). Vita activa oder Vom tätigen Leben. München: Piper.

2 Negt, O. (1988). Der Kampf um die Arbeitszeit ist ein Kampf um die Lebenszeit. In: Zoll, R. (Hrsg.)(1988). Zerstörung und Wiederaneignung von Zeit. Frankfurt: Suhrkamp. S. 534.

3 Gorz, A. (1993). Für eine Zivilisation der freien Zeit. In: WochenZeitung, 26. 3. 1993.

4 Scharf, G. (1988). Wiederaneignung von Arbeitszeit als Lebenszeit. In: Zoll, S. 509.

[5] Sperling, H.J. (1988). Pausen: Zur Innenansicht der Arbeitszeit. In: Zoll, S. 565.

[6] Vgl. Holenweger, T. & Conrad, H. (1998). Arbeit & Zeit. Neue Arbeitszeitmodelle aus der Praxis. Zürich: Kontrast. S. 49ff. sowie 169ff.

[7] Vgl. Pedergnana, M. (1994). Weniger Zeit weniger Arbeit. Arbeitsmodelle der Zukunft. In: DAZ, 25. 10. 1994.

[8] Vgl. Hartz, P. (1996). Das atmende Unternehmen. Frankfurt: Campus.

[9] Vgl. Martens, E. (1999). Atmen im Takt. VW kehrt zum alten Dreischichtenmodell zurück. In: Die Zeit, 28. 1. 1999.

[10] Eckart, Ch. (1993). Normalarbeitstag, Teilzeitarbeit und Frauenautonomie. In: Widerspruch 25. S. 112.

[11] Vgl. Suter, L. (1996). Muss im Hause alles beginnen? In: WochenZeitung, 8. 3. 1996.

[12] Madörin, M. (1997). Der subversive Charme des Abrechnens. In: WochenZeitung, 13. 6. 1997.

[13] Vgl. Mühlberger, V. (1997). 100 Milliarden für die Männer. In: WochenZeitung, 13. 6. 1997.

[14] Vgl. Hasler, B. (1997). Vor dem Bügeleisen kapituliert der Mann. In: Tages-Anzeiger, 14. 2. 1997.

[15] Sichtermann, B. (1988). »Wechselfälle«. In: Zoll, S. 641ff.

[16] Ebd., S. 644.

[17] Ebd., S. 654.

Seasons in the sun oder
Vom Wirtschaften im Rhythmus der Natur

[1] Rifkin, J. (1988). Uhrwerk Universum. München: Kindler. S. 263.

[2] WCED, zit. nach Nutzinger, H.G. (1995). Von der Durchflusswirtschaft zur Nachhaltigkeit – Zur Nutzung endlicher Ressourcen in der Zeit. In: Biervert, B. & Held, M. (1995) (Hrsg.). Zeit in der Ökonomik. Perspektiven für die Theoriebildung. Frankfurt: Campus. S. 219.

[3] IDARio, zit. nach Heim, Th. (1996). Das Prinzip der Nicht-Nachhaltigkeit in der Marktwirtschaft. In: Widerspruch. Beiträge zur sozialistischen Politik 31/1996. S. 73.

[4] Nutzinger, S. 217.

[5] WCED; zit. nach Nutzinger, S. 220.

[6] Loske, R. & Bleischwitz, B. (1996). Zukunftsfähiges Deutschland. Ein Beitrag zu einer global nachhaltigen Entwicklung. Hrsg. von BUND und Misereor. Berlin: Birkhäuser. S. 25.

[7] Majer, H. (1995). Das Leitbild Sustainable Development und seine Folgen für die ökonomische Theoriebildung. In: Biervert & Held, S. 249.

[8] Vgl. Nutzinger, S. 224.

[9] Ebd., S. 224ff.

[10] Vgl. Kümmerer, K. (1993). Zeiten der Natur – Zeiten des Menschen. In: Held, M. & Geissler, Kh. A. (Hrsg.)(1993). Ökologie der Zeit. Vom Finden der rechten Zeitmaße. Stuttgart: Hirzel. S. 99.

[11] Hofmeister, S. (1998). Zeit der Erneuerung – Zur Verbindung von Zeitpolitik und Stoffökonomie im Begriff der Reproduktion. In: Adam, B., Geissler, Kh. A. & Held, M. (1998) (Hrsg.). Die Nonstopgesellschaft und ihr Preis. Stuttgart: Hirzel. S. 195.

[12] Ebd., 197 f.

[13] Vgl. Scheer, H. (1999). Solare Weltwirtschaft. Strategie für die ökologische Moderne. München: Kunstmann.

[14] Stahel, W. R. (1996). Dematerialisierung – mit weniger Material wirtschaften. Langlebigkeit als neue Produktqualität. In: Neue Zürcher Zeitung, 25. 9. 1996.

[15] Vgl. Stahel, W. (1993). Die Strategie der Dauerhaftigkeit. Verkauf von Nutzen statt von Produkten. In: Held & Geissler, 1993, S. 106.

[16] Vgl. Stahel, W. R. (1994). Innovation braucht Nachhaltigkeit. In: Backhaus, K. & Bonus, H. (1994)(Hrsg.). Die Beschleunigungsfalle oder Der Triumph der Schildkröte. Stuttgart: Schäffer-Poeschel. S. 88.

[17] Vgl. Deutsch, Ch. (1994). Abschied vom Wegwerfprinzip – Die Wende zur Langlebigkeit in der industriellen Produktion. Stuttgart: Schäffer-Poeschel.

[18] Zit. nach Steiger, P. (1995). Sonnen-Zeit-Maß. Zur Ökologie der Zeit am Beispiel des Bauens. In: Held, M. & Geissler, Kh. A. (1995) (Hrsg.). Von Rhythmen und Eigenzeiten. Stuttgart.: Hirzel. S. 139.

[19] Ebd., S. 140.

[20] Vgl. Edström, R. (1996). Moderne Forstwirtschaft in Schweden. In: Neue Zürcher Zeitung, 3. 7. 1996.

[21] Vgl. Rey, R. (1997). Grünes Gütesiegel will Raubbau ablösen. In: Tages-Anzeiger, 5. 6. 1997.

[22] Zit. nach Catrina, W. (1998). Hartes Aufforsten nach Raubbau. In: Tages-Anzeiger, 21. 8. 1998.

[23] Vgl. Prill, M. (1995). Reifezeit. Die Rohmilchkäserei der Herrmannsdorfer Landwerkstätten. In: Schneider, M., Geissler, Kh. A. & Held, M. (Hrsg.) (1995). Zeitfraß. Zur Ökologie der Zeit in Landwirtschaft und Ernährung. Politische Ökologie. Sonderheft 8/95. München. S.92f.

[24] Vgl. Jesina, A. (1995). Bier – ein zeitloses Getränk? Die Klosterbrauerei Andechs. In: Schneider et al., S. 94f.

[25] Vgl. Radloff, J. (1995). Brotzeit. Das Beispiel der Hofpfisterei München. In: Schneider et al., S. 96f.

Think global, act local: Plädoyer für eine ökologische Kirchturmpolitik

[1] Illich, zit. nach Schneider, M. (1995). Die Folgen des Erfolgs. Zur Ökologie der Zeit in Landwirtschaft und Ernährung. In: Schneider, M., Geissler, K.A. & Held, M. (1995) (Hrsg.). Zeitfraß. Zur Ökologie der Zeit in Landwirtschaft und Ernährung. Politische Ökologie. Sonderheft 8/95. München. S. 8.

[2] Vgl. Schumacher, E.F. (1995; orig. 1973). Small is beautiful. Die Rückkehr zum menschlichen Maß. Heidelberg: Müller.

[3] Vgl. Mayer-Tasch, P.C. (1996). Europäischer Regionalismus: das Netz mit vielen Knoten. Ein Ausweg aus der Zivilisationkrise? In: Neue Zürcher Zeitung, 10.6.1996.

[4] Vgl. Martin, H.-P. & Schumann, H. (1996). Die Globalisierungsfalle. Reinbek: Rowohlt.

[5] Vgl. Schenker, M. (1999). Ein Jahrhundert der Regionen. In: Tages-Anzeiger, 16.9.1999.

[6] Vgl. Loske, R. & Bleischwitz, R. (1996). Zukunftsfähiges Deutschland. Ein Beitrag zu einer global nachhaltigen Entwicklung. Hrsg. von BUND und Misereor. Berlin: Birkhäuser. S. 259.

[7] Ebd., S. 259.

[8] Schallaböck, K.-O. (1996). Verkehr und Zeit. In: Rinderspacher, J. P. (1996). Zeit für die Umwelt. Handlungskonzepte für eine ökologische Zeitverwendung. Berlin: Edition Sigma. S. 200.

[9] Vgl. Guggenbühl, H. (1994). 225 Energiesklaven unter der Mercedes-Haube. In: Tages-Anzeiger, 24.3.1994.

[10] Loske & Bleischwitz, S. 166.

[11] Vgl. Kraus, J. (1995). Die Küche im Dorf lassen. In: Schneider et al., S. 101.

[12] Loske & Bleischwitz, S. 251.

13 Ebd., S. 188.

14 Vgl. Corbin, A. (1995; orig. 1994). Die Sprache der Glocken. Frankfurt: Fischer.

Timescape I: Von Staus, Spitzen und Flauten und dem Gedächtnis der Landschaft

1 Zit. nach Levine, R. (1997). Eine Landkarte der Zeit. Wie Kulturen mit Zeit umgehen. München: Piper. S. 33.

2 Vgl. Hofmeister, S. & Spitzner, M. (1999) (Hrsg.). Zeitlandschaften. Perspektiven öko-sozialer Zeitpolitik. Stuttgart: Hirzel.

3 Vgl. Giddens, A. (1995; orig. 1984). Die Konstitution der Gesellschaft. Frankfurt: Campus. S. 162.

4 Vgl. Mückenberger, U. (Hrsg.)(1998). Zeiten der Stadt. Reflexionen und Materialien zu einem neuen gesellschaftlichen Gestaltungsfeld. Bremen: Edition Temmen.

5 Zu den Ausnahmen vgl. Geissler, B. (1998). Alltagszeit und die »Zeiten der Stadt« – Von Italien lernen. In: Mückenberger, 1998, S. 35ff.; Meyer, I. (1998). »Die zeitbewusste Stadt« Hanau. In: ebd., S. 169ff.; sowie Heitkötter, M. (1998). Das Modellprojekt Zeitbüro in Bremen Vegesack – ein Werkstattbericht. In: ebd., S. 177ff.

6 Vgl. Henckel, D. (1989). Zeitstrukturen und Stadtentwicklung. Stuttgart: Kohlhammer; sowie ders. (1995). Rhythmen der Stadt. In: Held, M. & Geissler, K. (Hrsg.) (1995). Von Rhythmen und Eigenzeiten – Perspektiven einer Ökologie der Zeit. Stuttgart: Hirzel. S. 162ff.

7 Henckel, 1995, S. 163.

8 Ebd., S. 164.

9 Ebd., S. 165.

10 Vgl. Kunz, A. (1997). Der nächste Zug in vier Minuten. In: Tages-Anzeiger, 25. 4. 1997.

11 Vgl. Baumgartner, P. (1997). »Für einen ist immer noch Platz.« In: Tages-Anzeiger, 4. 6. 1997.

12 Vgl. La Roche, E. (1997). Über die Wupper und über alle Staus hinweg. In: Tages-Anzeiger, 17. 6. 1997.

13 Vgl. Teuwsen, P. (1997). Winken, einsteigen und zu Hause sein. In: Tages-Anzeiger, 25. 6. 1997.

14 Vgl. Adam, B. (1998). Timescapes of Modernity. The Environment & Invisible Hazards. London: Routledge.

[15] Vgl. Hasler, B. (1996). Das Elefanten-Gedächtnis der Natur. In: Tages-Anzeiger, 20. 8. 1996.

[16] Vgl. Schneider, P.P. (1997). Das Gedächtnis der Landschaft. In: Tages-Anzeiger, 15. 12. 1997.

[17] Ruetz, M. (1997). Sichtbare Zeit/Time Unveiled – Photographien 1964–1995. Göttingen: Steidl. S. 233.

[18] Vgl. Müller, J. (1973). Alle Jahre wieder saust der Presslufthammer nieder oder Die Veränderung der Landschaft. Aarau: Sauerländer; ders. (1976). Hier fällt ein Haus, dort steht ein Kran und ewig droht der Baggerzahn oder Die Veränderung der Stadt. Aarau: Sauerländer.

Timescape II: Der Ruf des Muezzin oder Vom Feiern, Fasten und Rasten

[1] Zit. nach Rybczynski, W. (1993). Am Freitag fängt das Leben an. Eine kleine Geschichte der Freizeit. Reinbek: Rowohlt. S. 49.

[2] Zit. nach Kley, H.-D. (1997). Das lange Warten auf den Ruf des Muezzins. In: Neue Zürcher Zeitung, 23. 1. 1997.

[3] Parin, P. (1991). Lederschnüre statt Computer. Lineare, zirkuläre und andere Zeiten. In: WochenZeitung, 5. 7. 1991.

[4] Vgl. Rybczynski, S. 50ff.

[5] Sainte-Exupéry, zit. nach Schmitz, Ph. (1993). Schöpfung – Sabbat – Zeit. In: Held, M. & Geissler, Kh. A. (1993). Ökologie der Zeit. Vom Finden der rechten Zeitmaße. Stuttgart: Hirzel. S. 147.

[6] Benjamin; zit. nach Geissler, Kh. A. (1996). Zeit. »Verweile doch, du bist so schön.« Weinheim: Beltz Quadriga. S. 176.

[7] Geissler, S. 175.

[8] Ebd., S.173.

[9] Vgl. Rinderspacher, J. P. (2000). »Ohne Sonntag gibt es nur noch Werktage«. Die soziale und kulturelle Bedeutung des Wochenendes. Bonn: Dietz.

[10] Rinderspacher, J. P., Henckel, D. & Hollbach, B. (1994)(Hrsg.). Die Welt am Wochenende. Entwicklungsperspektiven der Wochenruhetage – ein interkultureller Vergleich. Bochum: SWI. S. 11.

[11] Rinderspacher et al., S. 11.

[12] Ebd., S. 327.

[13] Ebd.

[14] Rinderspacher, J. P. (1994). Wochenruhetage im interkulturellen Vergleich. In: ders., S. 260.

[15] Ebd. S. 271.

[16] Ebd. S. 266.

[17] Vgl. Rinderspacher et al., 1994, S. 301.

Timescape III: Schützt die Chronotope oder Von Zeitinseln, Zeitoasen und Zeitreisen

[1] Huxtable; zit. nach Geisel, S. (1998). Plasticwelten für die Middle Class. Ein Streifzug durch amerikanische Theme Parks. In: Neue Zürcher Zeitung, 7. 9. 1998.

[2] Ransmayr, Ch. (1985). Ein Leben auf Hooge. Porträt einer untergehenden Gesellschaft. In: ders. (1997). Der Weg nach Surabaya. Reportagen und kleine Prosa. Frankfurt: S. Fischer. S. 9f.

[3] Ebd., S. 12f.

[4] Vgl. Würsten, F. (1998). Geotope – Mehr Schutz für die Gesteine. In: Neue Zürcher Zeitung, 10. 7. 1998.

[5] Ransmayr, S. 13ff.

[6] Vgl. George, U. (1988). Inseln in der Zeit. Venezuela: Expeditionen zu den letzten weißen Flecken der Erde. Hamburg: Gruner + Jahr.

[7] Vgl. Doyle, A. C. (1912). The Lost World. (Die deutsche Übersetzung ist zurzeit vergriffen.)

[8] Vgl. Frehner, M. (1998). Insel in der Zeit. Eindrücke vom Berg Athos. In: Neue Zürcher Zeitung, 7. 9. 1998.

[9] Döblin; zit. nach Döbler, K. (1995). Ein niemals gelüftetes Geheimnis. In: Neue Zürcher Zeitung, 9. 3. 1995.

[10] Vgl. Schulz Meinen, H. (1996). Naturschutz und Zivilisation – eine prinzipielle Unvereinbarkeit? In: Neue Zürcher Zeitung, 18./19. 5. 1996.

[11] Vgl. Geisel, 1998.

[12] Vgl. Huxley, A. (1981; orig. 1932). Schöne neue Welt. Frankfurt: Fischer.

[13] Vgl. Büttner, J.-M. (1995). Neuentdeckung der Langsamkeit. In: Tages-Anzeiger, 17. 3. 1995.

[14] Vgl. Geisel, S. (1996). Die Arche der Gerechten. In: Neue Zürcher Zeitung, 21./22. 12. 1996.

[15] Vgl. Eigenmann, D. (1997). Der Prenzlauer Berg als gallisches Dorf. In: Tages-Anzeiger, 5. 5. 1997.

[16] Bloch, E. (1973; orig. 1959). Das Prinzip Hoffnung. Erster Band. Frankfurt: Suhrkamp. S. 3.

[17] Vgl. Mersch, D. (1993). Umberto Eco zur Einführung. Hamburg: Junius. S. 149.

Epilog: Chillout oder Die Pause nach den Exerzitien

[1] Cage, J. (1969). Silence. Frankfurt: Suhrkamp. S. 41.

[2] Vgl. Kohtes, M. & Ritzmann, K. (1987)(Hrsg.). Der Rausch in Worten. Zur Welt- und Drogenerfahrung der Surrealisten und Beatniks. Ein Essay. Marburg: Jonas. S. 30.

[3] Zit. nach Koch, Th. (1995). Trance. In: Anz, Ph. & Walder, P. (1995)(Hrsg.). techno. Zürich: Ricco Bilger. S. 102.

[4] Goetz; zit. nach Anz & Walder, S. 66.

[5] Steffen, Ch. (1995). Das Rave-Phänomen. In: Anz & Walder, S. 176ff.

[6] Goetz; zit. nach Anz & Walder, S. 179.

[7] Zit. nach Haerle, P. (1996). Eckige Elefanten und gelbe Delfine im Kopf. In: Tages-Anzeiger, 25.3.1996.

[8] Poschardt, U. (1995). Denn Kunst heißt neue Kunst. In: Anz & Walder, S. 145.

[9] Zit. nach Poschardt, S. 146.

[10] Walder, P. (1995). Technodrogen. In: Anz & Walder, S.194.

[11] Gross, P. (1995). Das Schönste sind die Pausen. Chillout – eine Theorie der Ermüdung. In: Neue Zürcher Zeitung, 21./22.10.1995.

[12] Kippe, S. (2000). Ein klösterlicher Meditationsrahmen. In: Neue Zürcher Zeitung, 14.4.2000.

[13] Camus, A. (1990; orig. 1942). Der Mythos von Sisyphos. Ein Versuch über das Absurde. Reinbek: Rowohlt. S. 99ff.

Danksagung

Mag der Computer vieles erleichtert haben, Bücher schreiben sich noch immer nicht von selbst – geschweige denn von alleine. Die Grundidee zu vorliegendem Buch verdanke ich Professor Dr. Heinz Gutscher. Als er mir vor Jahren den Begriff der Verlangsamung als mögliches Dissertationsprojekt vorschlug, war zumindest mir nicht klar, dass Jahre später daraus nicht nur ein Doktortitel, sondern gar ein Buch resultieren würde.

Damit gilt mein zweiter Dank der Lektorin Julika Jänicke. Ich verdanke ihr nicht nur, dass aus einer ursprünglich viele hundert Seiten umfassenden Dissertation ein lesbares Buch entstanden ist. Ohne ihr Vertrauen, von der ersten bis zur letzten Zeile, und ohne ihr Engagement, vom ersten Brief bis zur Drucklegung, wäre dieses Buch zudem nie erschienen.

Der geistigen Väter und Mütter gibt es viele. Allen voran zu danken habe ich dem »Think Tank« der Evangelischen Akademie Tutzing und seinen jährlichen Zeitakademien. Hätte mich Dr. Martin Held vor Jahren nicht an seinem großen Wissensschatz über Zeit teilhaben lassen und mir nicht mit Hinweisen auf die relevante Literatur geholfen, ich wäre wohl im Meer der Zeit(-Literatur) ertrunken.

In diesem Sinne danke ich auch Dr. Barbara Adam, Dr. Manuel Schneider und insbesondere Professor Dr. Karlheinz A. Geissler, der sich bedenkenlos zur Verfügung gestellt hat, als Koreferent auch im akademischen Zirkel den Kopf für mich hinzuhalten. Er hat ihn noch!

Kaum mit Worten ausdrücken lässt sich der Dank an meine Familie. Meiner Frau und Lebenspartnerin Christine Schwyn, die nicht nur alle Höhen und Tiefen hautnah miterlebte, sondern mit ihrem Einkommen unser Auskommen erst ermöglichte. Unserem Sohn Lucas, der seinen Vater zeitweise mehr tele- als kommunikativ erleben musste. Und zu guter Letzt unserer Tochter Rebecca. Viel zu früh geboren, brachte sie nicht nur alle Zeitpläne gehörig durcheinander. Mit ihren 960 Gramm Geburtsgewicht war sie zudem der lebendige Beweis, welche Risiken Verletzungen von Systemzeiten bergen. Dieses Buch ist ihr gewidmet.

Naturwissenschaft im dtv

John D. Barrow
Warum die Welt mathematisch ist
dtv 30570

William H. Calvin
Der Strom, der bergauf fließt
Eine Reise durch die Chaos-Theorie
dtv 36077
Wie der Schamane den Mond stahl
Auf der Suche nach dem Wissen der Steinzeit
dtv 33022

Antonio R. Damasio
Descartes' Irrtum
Fühlen, Denken und das menschliche Gehirn
dtv 33029

Paul Davies
John Gribbin
Auf dem Weg zur Weltformel
Superstrings, Chaos, Komplexität
dtv 30506

David Deutsch
Die Physik der Welterkenntnis
Auf dem Weg zum universellen Verstehen
dtv 33051

Hoimar von Ditfurth
Im Anfang war der Wasserstoff
dtv 33015

Hans Jörg Fahr
Zeit und kosmische Ordnung
Die unendliche Geschichte von Werden und Wiederkehr · dtv 33013

Robert Gilmore
Die geheimnisvollen Visionen des Herrn S.
Ein physikalisches Märchen nach Charles Dickens
dtv 33049

Karl Grammer
Signale der Liebe
Die biologischen Gesetze der Partnerschaft
dtv 33026

Jean Guitton, Grichka und Igor Bogdanov
Gott und die Wissenschaft
Auf dem Weg zum Meta-Realismus
dtv 33027

Lawrence M. Krauss
»Nehmen wir an, die Kuh ist eine Kugel...«
Nur keine Angst vor Phy-